那仁敖其尔　赛音德力根（著）

岱钦（译）

成吉思汗与蒙古文化

内蒙古出版集团

内蒙古人民出版社

图书在版编目（ＣＩＰ）数据

成吉思汗与蒙古文化/那仁敖其尔,赛音德力根著;

岱钦译.—呼和浩特:内蒙古人民出版社,2015.11

ISBN 978-7-204-13780-0

Ⅰ.①成…Ⅱ.①那…②赛…③岱…Ⅲ.①成吉思汗

（1162～1227）—人物研究②蒙古族—民族文化—研究—

中国Ⅳ.① K827=47 ② K281.2

中国版本图书馆 CIP 数据核字 (2015) 第 297225 号

成吉思汗与蒙古文化

作　　者	那仁敖其尔　赛音德力根
译　　者	岱　钦
责任编辑	于汇洋
封面设计	苏德佈仁
出版发行	内蒙古人民出版社
地　　址	呼和浩特市新城区中山东路 8 号波士名人国际 B 座 5 楼
印　　刷	内蒙古爱信达教育印务有限责任公司
开　　本	710×1000　1/16
印　　张	14.75
字　　数	235 千
版　　次	2016 年 1 月第 1 版
印　　次	2016 年 3 月第 1 次印刷
印　　数	1—3000 册
书　　号	ISBN 978-7-204-13780-0/I · 2661
定　　价	28.00 元

图书营销部联系电话：（0471）3946298 3946267
如发现印装质量问题，请与我社联系，联系电话：（0471）3946120

作者简介

那仁敖其尔

1936 年 9 月生,蒙古族,内蒙古兴安盟科右中旗坤都冷人,中共党员,教授。1979 年在内蒙古党校任教研室副主任、主任;1990 年调至内蒙古林学院,先后任党委副书记兼纪委书记、党委书记;1998 年被内蒙古自治区政府聘为参事、内蒙古高级人民法院特级咨询员;现任中国领导科学研究会常务理事、中国管理科学研究院学术委员会特约研究员、内蒙古科学社会主义研究会副会长。出版专著有《蒙古族传统家教》(蒙古文)、《奇颜精神》(蒙古文)等。主编出版《中国领导科学文库》(少数民族卷)、《社会主义民主论》《中国社会主义领导学》等著作,发表《关于实现领导问题》《领导科学的主要范畴及范畴圈》《论领导性质、领导本质及其规律》《学习邓小平核心论思想》等数十篇论文,参与组织领导召开了全国第一次毛泽东领导思想研讨会、全国高校系统第二次领导科学研讨会和全国第七次领导科学研讨会。主持完成 1996 年度社会科学国家基金资助项目《邓小平核心辩证法》(最终成果)和 2005 年度社会科学国家基金资助项目《成吉思汗与蒙古文化》。现主持 2007 年度社会科学国家基金资助项目《成吉思汗言论考》,研究的方向或重点是成吉思汗思想和古代蒙古文化。曾荣获内蒙古哲学社会科学优秀成果一等奖 1 次、二等奖 2 次,在全国第二次领导科学优秀成果评奖中获二等奖 2 次。1993 年被推选为有突出贡献的专家学者,享受政府特殊津贴。

赛音德力根

1963 年生,蒙古族,佛教文化博士,教授,硕士生导师,现任河套学院院长。先后给本科生和研究生系统讲授了哲学、现代管理学、现代政治学、市政学、学术前沿等课程。共承担完成省部级以上课题 10 多项,出版专著 4 部,主编 6 部书,主编教材 5 部,发表学术论文 60 多篇。获教育部优秀教材一等奖 1 次、内蒙古自治区哲学社会科学优秀成果政府奖二等奖 2 次,全国高校学生工作优秀学术成果特等奖 1 次、一等奖 1 次,全区高教思想政治教育研究一等奖 1 次,2010 年被评为"内蒙古自治区劳动模范"。

岱钦

　　蒙古族,中共党员,高级记者。1949 年 4 月出生于内蒙古哲里木盟库伦旗。1968 年 12 月于内蒙古蒙古文专科学校翻译专业毕业并参加工作,2009 年 6 月退休。曾在昭乌达盟巴林右旗旗委(1969—1974)、辽宁日报(1974—1979)、内蒙古日报社(1979—2009)工作,从事新闻工作 35 年。先后担任记者、驻地方记者站站长及内蒙古日报社记者部主任、副社长、副总编辑,兼任内蒙古记协副主席、内蒙古大学蒙学院客座教授、内蒙古作家协会会员等社会职务。曾获得"内蒙古自治区优秀新闻工作者""内蒙古自治区有突出贡献的中青年专家"等荣誉称号。已出版著作《岱钦新闻作品集》《岱钦小说散文选》以及汉译蒙、蒙译汉译作等 16 部,500 多万字。18 篇新闻作品荣获国家、自治区新闻奖。政论散文《自己的事情自己来做》,获第九届内蒙古自治区文学创作索龙嘎奖;散文《草原的生命河》,被选入内蒙古普通高中语文自读课本;汉译蒙传记文学作品《新中国蒙古族开国将军孔飞传记》,于 2013 年获得第二届朵日纳文学奖翻译大奖。

前 言

　　"那仁敖其尔成吉思汗丛书"这套书分为《圣祖成吉思汗》《成吉思汗箴言》《成吉思汗与蒙古文化》三个册子编辑出版,今与读者见面。为此,我们感到非常高兴和欣慰。

　　成吉思汗思想,对于我们民族乃至全世界众多先进国家和民族之历史及未来具有深远意义,是取之不尽、用之不竭的智慧之结晶、精神之宝库。因此,有必要实事求是地阐述成吉思汗思想的深远意义和现实的启示意义,如实地还原作为伟大思想家的成吉思汗的本来面目,深入研究成吉思汗为全人类历史文化宝库所做出的贡献。为此,一方面我们觉得,只有充分研究以成吉思汗实践来书写的"传记"——他笃行的一生,才能够更翔实、更准确地表述他的信仰和他的远大理想以及他走过的光辉历程。因为,成吉思汗整个思想贯穿于他的事迹和实践之中,又通过他的实践得到了检验,进而数百年来在统领全体蒙古人的同时,又成为全体蒙古人强大的思想武器,抚育他们兴旺发达;另一方面,我们争取做到客观地、全面地收集成吉思汗箴言。现在把《成吉思汗箴言》(课题批准号:07X2X012),作为国家计划前期成果纳入这套丛书中,目的是为了使其质量更好、内容更完整。因为,伟大的思想家成吉思汗留给全体蒙古人的宝贵财富——"箴言",数百年来在广大人民群众中广为流传,为宣传、普及成吉思汗思想发挥了不可替代的作用。但由于历史和文化的众多客观原因,从文献、书籍中找到它的真实"依据"仍很难,从而也很难确定这些一定就是"成吉思汗箴言"。在此需要说明的是,我们把它出版发行,仅供学习、研究成吉思汗思想时做参考!

那仁敖其尔

壬辰仲夏于"伊克额耶"书斋

序

一、关于本书的书名

本书是 2004 年国家社会科学研究课题"成吉思汗与古代蒙古文化·思想"（批准号：04BZX065）研究成果。今以《成吉思汗与蒙古文化》的书名出版发行。书中所说的古代蒙古文化主要是指成吉思汗创建大蒙古国时期的文化，即 1206年以前那一时期的蒙古文化，也就是说直接影响成吉思汗的成长及其思想观念形成的古代奇颜文化。古代奇颜部落的思想观念及其活动的巨大的文化力量孕育出了一代又一代的英雄豪杰，使他们成为蒙古民族的形成和蒙古社会发展的中坚力量。其实，任何一个民族的文化，都是通过其思想观念来巩固和发展自己的地位，发挥自己的作用的。因为，思想乃文化的核心和精髓。它在形成文化的诸多要素中居于关键地位，发挥着主导和协调作用。因此，在探讨文化与人们的思想的发育、成熟的关系时，必须明确该文化思想的主体和主流是什么。这里所讨论的古代蒙古文化思想，不是要以历史教科书的眼光去分门别类地研究蒙古历史的发展轨迹，而是仅从文化与重要历史人物关系的视角，以古代蒙古思想观念为主线，来探讨成吉思汗及其宏伟业绩。具体地说，一方面阐明了在奇颜文化的哺育下，成吉思汗是如何成长和建功立业的，另一方面阐明了作为一代杰出的政治家、伟大的思想家的成吉思汗对蒙古文化的形成、发展和升华所产生的影响。需要说明的是，本书的主题是仅从文化哲学的视角来阐释成吉思汗与蒙古族思想观念的形成、发展的。换言之，这是仅以蒙古族思想观念为切入点,以成吉思汗思想为重点,集中研究探讨成吉思汗与古代蒙古文化的关系的一部作品而已,而不是全面研究成吉思汗和整个蒙古文化发展史的著作。

二、该书的创作目的和主要内容

成吉思汗是如何由弱到强,最终成为一个享誉世界的杰出的政治家、伟大的思想家和卓越的军事家,他是怎样不断从胜利走向胜利,成为"人类历史上最大的成功者"? 这在人才研究,或在蒙古学研究中都是一个难解之"谜"。而蒙古人为什么没有像那些北方其他强悍的游牧民族那样"被征服者所征服"而消亡,这也是世界蒙古学学者们非常感兴趣的另一个"谜"。蒙古族著名作家莫·阿斯尔有一年春节在一副蒙古文楹联中曾经这样写道(汉译大意):

> 解不开的一个谜底
> 识不透的一个民族
> 横批——蒙古

这副楹联十分精彩地表述了蒙古文化的深邃涵义。事实上,这两个谜并不是不可破解的。本书中在"成吉思汗是伟大的思想家""古代蒙古文化"等篇章中的阐述,就是试图揭开这些谜底的尝试。长期以来,人们只认同成吉思汗是杰出的政治家和卓越的军事家的一面,而没有认识到成吉思汗作为伟大思想家的一面。这里当然有诸多原因。但究其根本,乃是对成吉思汗思想和蒙古文化的优秀传统之研究略浅,重视程度不够,这也是这个"谜"长期得不到破解的主要原因之一。也就是说,如果真正认识到成吉思汗还是一个伟大的思想家,并且能够对蒙古文化传统有一个深刻而又正确的认识,那么,自然会认识到成吉思汗宏伟业绩的成因和蒙古民族的生存和发展是历史发展的必然,是不以人们意志为转移的客观事实。所以,还原和树立成吉思汗伟大思想家的本来面貌,将蒙古文化优秀传统上升到历史和逻辑上的统一,理论和实践上的统一,继承和发展上的统一,民族精神和时代精神上的统一做出明确地阐释,就是这项研究的主旨了。

实质上,这两个问题具有明显的同一性。成吉思汗是在古代蒙古文化的滋养下成长并成就其伟业的,这是蒙古文化奇迹所在;反过来说,在成吉思汗的天才和伟大思想指导下,古代蒙古人克服了延续千百年的各种艰难困苦,一方面把部落联盟推展到统一的蒙古民族实体的形成,使"蒙古"这个名字遐迩闻名,另一方面将部落联合体社会推演成为政权社会,从而使蒙古民族屹立于世界先进民族之林。这在蒙古史上是具有革命性的飞跃,而这种飞跃,必然要以先进而又统一的思想观为前提。成吉思汗思想正是顺应了这一时代要求应运而生的,并且不是以想象,而是经过历史发展的实践所检验了的伟大思想体系。成吉思汗思想创造性地继承和发扬了古代蒙古文化优秀传统,成为蒙古文化传统的核心和精髓。

三、本书的特点

无论哪一个民族,其文化传统都是以自己的思想为核心和生命线的。如果说,汉文化传统是以儒家的"仁、义、礼、智、信、恕、忠、孝"等思想为主,而西方文化崇尚的主要是利益、力量和理性等观念,那么,蒙古族传统文化历来崇尚的是"约孙"观念、"额耶"观念和奇颜精神等。然而,在蒙古文文献史书中把这些思想提升到理论高度加以研究和宣扬方面尚很欠缺。值得注意的是,在蒙古传统文化中有"以史说为鉴,以祖训为本"这样的传统说法和习俗。这不但在《蒙古秘史》《史集》等文献中有明确的记载,而且在当今蒙古人民中间,特别是牧区蒙古族家庭教育乃至社会上的谚语、格言当中一直在传承不息。在这类谚语、格言当中蕴含的最基本理念就是力量、威风、和睦、道德、故土等理念。要用传统观念来表述,就是奇颜、"约孙""也可额耶"和故土等等。本书在详细阐述这些理念和涵义的基础上,揭示了它们之间的内在联系,从文化哲学的角度系统地阐述了它们在整个蒙古文化史中的地位和意义。例如"约孙"观念在体现了蒙古文化内涵的同时,不但成为成吉思汗思想的重要来源之一,又通过成吉思汗的继承和发展,还成为成吉思汗思想中具有基石性质的组成部分;成吉思汗继承和发展古代蒙古文化的"额耶"观念,使其升华为"也可额耶"观念,在政权建设中将其提升到"以额耶治理"的新高度、新范畴,发挥政权治理的"敬畏"意识,创立了具有蒙古民族特征的民主传统。可以说,"也可额耶"乃是成吉思汗

思想的最高境界。

　　成吉思汗的"约孙"观念、"也可额耶"观念,丰富和发展了古代蒙古奇颜文化传统,使之升华到整个民族精神的高度,用九斿白旗象征奇颜智慧和奇颜精神,进一步规范和增强了整个民族的思想意识,从思想和理论高度巩固和强化了蒙古民族的统一体。我们将成吉思汗祖先——奇颜部落的思想观念、活动和传统归纳为奇颜文化、奇颜精神和奇颜智慧三个层次来研究,但将其本质最终归结到成吉思汗的信仰观。成吉思汗的信仰观不是人类本质的异化信仰,而是人类本质的直接信仰。只是由于受蒙古地区的自然条件和生产方式的限制,它未能得到充分发展,但是作为科学信仰观的范畴仍然为人类信仰学说做出了不可磨灭的贡献。

目　录

第一章　成吉思汗与奇颜文化

第一节　奇颜苏力德

一、古代蒙古文化

在伟大的思想家、杰出的军事家、卓越的政治家成吉思汗的领导下,蒙古人于1206年建立了蒙古帝国,向全世界宣布:已经形成了一个民族共同体——蒙古民族。此前的蒙古人,史称古代蒙古人。在古代蒙古人中发挥过骨干核心作用的是奇颜①部。通过对奇颜部的历史做多方面分析研究,追寻其历史发展的轨迹,评述在这一历史过程中涌现出来的那些智者、贤能、英雄豪杰的事迹和言论,从历史名人与文化的渊源关系的视角,将当时的蒙古文化认定为奇颜文化。奇颜文化,作为蒙古文化的核心和渊源,对于研究蒙古历史文化,有着不可忽视的重要地位。

(一)德薛禅②名言的历史意义

关于也速该巴特尔③到翁吉剌惕部首领德薛禅家为儿子铁木真说亲定亲之

①奇颜:古代蒙古部落之一。史书有"乞颜""奇渥温""乞牙惕"等多种拼写法。传说,古代蒙古人被突厥部所打败,仅剩二男二女,躲入额尔古纳深山密林,其中一户名奇颜,后繁衍为奇颜部,强盛后走出大山,奇颜又分两支,其中一支"奇颜—孛儿只斤"为成吉思汗祖先。本书以《元史》写法,拼为"奇颜"。——译者

②德薛禅:也作"特薛禅",人名,翁吉剌惕部首领,成吉思汗岳父,其女孛儿帖为成吉思汗正妻。"薛禅",蒙古语,聪慧之意。神箭手,也被称之为"薛禅"。

③也速该巴特尔:也写"也速该把阿秃儿",蒙古奇颜部首领,成吉思汗之父。史书有"把阿秃儿""把秃儿""巴图尔"等几种写法。本书一律统一为通常写法"巴特尔"。—— 译者

事,在蒙古族最早的史书《蒙古秘史》第 61～66 节中就有详细的描述:"铁木真九岁时,其父也速该巴特尔带他前往诃额伦①之娘家处,欲从母舅亲斡勒忽讷兀惕部住地说亲。当他们走到扎克彻儿山、赤忽儿古两座山之间时遇见了翁吉剌惕氏人德薛禅。"

德薛禅:"也速该亲家要到哪里去?"

也速该:"到斡勒忽讷兀惕百姓处,去给儿子说亲。"

德薛禅曰:"你这个儿子可是个目中有火、面上有光的孩子啊!也速该亲家呀,昨夜我做了个梦,梦见一只白海青抓着日月二者飞落我手上。日月乃是用眼观望之物,可那白海青则抓着它落到了我手上。我曾对人讲,不知此梦是什么吉兆?如今,你领着儿子来到了这里,我的梦便有了答案啊!原来是你奇颜百姓的苏力德②(神灵)来预告我的呦。"接着,他又说道:

> "我们翁吉剌惕氏百姓,自古以来:
> 以外甥的相貌(堂堂而盖世),
> 以女子的姿色(艳美而闻名),
> 从不与人争夺国土与百姓,
> 让脸蛋俊秀的女子们,
> 乘坐在您的可汗的高轮大车里,
> 驾驭着黑青色的公骆驼。
> 颠跑着去,
> 与可汗并肩坐在合敦的座位上。
> 我们不与别人争夺国土与百姓,
> 俺养育着姿色俊美的女子们,
> 坐在您的可汗的有沿的篷车里,

---

①诃额伦:又称诃额伦兀真、诃额伦夫人,成吉思汗生母,斡勒忽讷兀惕部人。

②苏力德:蒙古语,为旗纛、纛之意。在汉文文献中有"速勒迭""苏鲁德""苏鲁定""苏利德"和"速勒迭儿"等多种写法,其含义没有区别。它是古代蒙古各部的精神象征和神灵,在本书汉译中统一为"苏力德"。——译者

驾驭着黑青色的公驼,

同可汗并肩坐在高位上。"

"我们翁吉剌惕自古美女多,我们一直以外甥之貌、女儿之色生活。男人生来守营地,女儿则要出嫁到他乡。也速该亲家,我家有一小女,请到家里看看!"说罢,领着也速该朝他家走去。

也速该前去一看,他的女儿果然貌美秀丽。名为孛儿帖,长铁木真一岁,是年正好十岁。也速该看孛儿帖较为合意,便在第二天向德薛禅提起了亲事。听罢,德薛禅说:"虽然多次求婚才答应则显尊贵,刚一求婚便答应,而予之则轻贱;但女儿之名必在他家,将我女儿许配给你儿子吧。请把你的儿子留在我家便是了。"

也速该说:"我把儿子留下。不过我儿子自幼怕狗,请不要让狗惊吓着我儿。"说罢,便把牵来的马当作聘礼送给德薛禅,留下儿子回家去了。①

历史已经证明,对于铁木真来说,这是一堂最大、最初和最深刻的"社会教育课"。也速该巴特尔严格遵循古代蒙古的传统礼教,毅然让自己年仅九岁的儿子离开身边,让其去经受独立生活的洗礼,在开拓新生活之路的同时,去体验一个特殊的受教育环境。这的确是也速该巴特尔敏锐观察、深刻思考和正确选择的结果。通过德薛禅和也速该巴特尔之间的对话,我们可以清楚地看到古代蒙古文化的博大精深。在这里,德薛禅的话语虽然简短,但他那洗练的话语却体现出他敏锐而准确的政治洞察力、深刻而又全面的表述力。它触及了古代蒙古文化的核心概念和理念,同时也涉及了当时社会政治、经济的若干重要话题。德薛禅果然是名实相符的"薛禅",他思维深邃、明智而又聪慧。如果德薛禅对奇颜部的历史不甚了解,进而对当时蒙古社会的诸多部落氏族的矛盾斗争没有准确的认识和把握,怎么能够预示奇颜部将会有"可汗"诞生? 如果不是德薛禅深信铁木真的祖先是"天之降生"②的传说,怎么会说出"奇颜百姓之苏力德来告之也"的判断? 这里一方面证明当时天降、天赐之说在社会上普遍流传并被

---

①参见特·官布扎布、阿斯钢译:《蒙古秘史》(现代汉语版),新华出版社 2006 年版,第 20 页;阿尔达扎布:《新译集注〈蒙古秘史〉》,内蒙古大学出版社 2005 年版,第 109 页。

②《蒙古秘史》第 1 节有"孛儿帖·赤那奉上天之命而生"。——译者

人们所笃信,另一方面说明蒙古高原那些形形色色的部族散乱纷争的局面行将结束,况且,这个象征和谐的"苏力德",便是奇颜孛儿只斤氏。也就是说,奇颜部从"阿兰豁阿①传奇"起始,将"天降""天赐"作为理论纲领,将"合汗"作为政治纲领,用家谱承袭的形式世代相传,经过十几代的艰苦斗争,特别是合不勒汗②复兴奇颜,开启了奇颜众氏族联合的"合木黑·忙古勒"③新时代,奇颜部走上了统一蒙古高原形形色色的部落的统领岗位。德薛禅的话正是这个历史必然的反映。万语千言,千言万语,归根结底,德薛禅的话语,是对当时奇颜部的理论纲领、政治纲领、组织纲领和经济纲领的概括或者诠释。其集中表现是奇颜部的"苏力德"(《蒙古秘史》称"奇颜苏力德")理念。无论任何概念和理念,都必然由其政治、经济发展的要求形成,进而完善巩固并且发挥自己的奇特作用。关于奇颜、可汗、苏力德、"努图克"(故土)、奇颜苏力德等理念和概念,是蒙古高原社会发展需求的必然产物,也就是说,以奇颜部为核心的部落联合体的建立和巩固,是与做故土的主人,过上平安、和睦、幸福的生活的诉求应运而生的。

为了更全面、更准确地理解奇颜苏力德这一理念,我们有必要将古代蒙古历史上出现的奇颜、苏力德、可汗、故土的概念、演变和奇颜部、合不勒汗、男儿守故土等一些重要课题展开来叙述。只有这样,才能深刻理解成吉思汗之所以能够成就如此伟业的历史脉络和文化缘由,进而才能对蒙古族的形成,"蒙古时代"的开启在蒙古乃至全世界社会历史文化发展中所产生的前所未有的影响的历史事实,有一个深刻、准确和全面的了解。

(二)乞牙惕和奇颜文化

"乞牙惕"(又作奇颜惕)一词,是奇颜人的复数音译。"乞牙"在《恒河之流》一书中就有记载,书中说:"合不勒汗逝世后,其次子把儿坛巴特尔继位。其

---

①阿兰豁阿:成吉思汗十一世祖母,也作"阿兰果火"等。

②合不勒汗:成吉思汗的曾祖父,蒙古孛儿只斤氏首领,约在公元12世纪,他在位时恢复奇颜姓氏,统一蒙古各部,以"合木黑·忙古勒"(全体蒙古人)之名建立了统一的汗国。——译者。

③[清]衮布扎布:《恒河之流》,全名《成吉思汗黄金家族史略恒河之流》(蒙古文版),乔吉校注,内蒙古人民出版社1980年版。

五子蒙哥土乞牙、捏坤太石、也速该巴特尔、斡塔尔歹诺彦、乌哲呼诺彦……"①;《黄金史纲》中称"乞牙惕部族孛儿只斤氏"②;《金轮千辐》一书中称作"乞牙惕部族"③。根据蒙古史文献的记载,"奇颜"(或"乞颜")一词是人名、部族名和氏族、部落名称,这是确定无疑的。在目前已知的蒙古史籍中,有关奇颜的历史是最早、最著名的,也是最有权威性的。孛儿帖赤那、豁埃马阑勒、阿兰豁阿、孛端察儿、海都、合不勒汗、忽都剌可汗、也速该巴特尔等众多智者、贤能、英雄豪杰和领袖人物,都出自奇颜部,这不但说明了当时奇颜部在蒙古高原诸部落的统一中起到了主导核心作用,也完全证明了它为奇颜文化的形成、完善、发展和传承,对于成吉思汗的成长和为他创造惊世大业奠定了坚实的基础。

奇颜人是奇颜文化的主体。蒙古高原自古有许多部族、氏族、部落群体、部落联盟和政权更替出现。可是在这历史纷乱变迁的过程中,奇颜人却令人称奇地将自己的历史不间断地保存并一代一代地延续了下来。他们逾越了各种艰难险阻乃至濒临灭亡的危险,最终以蒙古高原各部的统领者的姿态登上了历史舞台。具体地说,复兴奇颜部落的合不勒汗时期,为蒙古民族的形成和发展建立了不可磨灭的历史功勋。诚然,这其中还有诸多因素,但是奇颜人在组织方面的骨干作用和他们所信守和传承下来的古代蒙古文化传统显然是起到了至关重要的作用。缘于古代蒙古高原的自然条件、社会条件,特别是游牧经济条件的大环境,当时蒙古人的主体意识、集体主义意识、英雄主义意识的磨炼和提高,是通过家史家谱、故事传说、古训(圣训)、箴言名句、格言和谚语以及各种祭祖、祭苏力德、孛额(萨满)等活动来陶冶和提升人们的思想意识,规范人们的行为的。这些活动造就了以奇颜为核心的古代蒙古文化。我们可以将这一极具典型性的文化称之为"奇颜文化"。

奇颜文化是在蒙古高原的自然和社会经济环境孕育下产生并具有独特内

①[清]衮布扎布:《恒河之流》,全名《成吉思汗黄金家族史略恒河之流》(蒙古文版),乔吉校注,内蒙古人民出版社1980年版。

②佚名:《黄金史纲》,全名《蒙古诸汗源流黄金史纲》(蒙古文版),留金锁校注,内蒙古人民出版社1980年版;宝力高校注,内蒙古人民出版社1989年版。汉文版有朱风、贾敬颜译本,内蒙古人民出版社1985年版。

③[清]答里麻顾实:《金轮千辐》,蒙古史文献,乔吉校注,内蒙古人民出版社1987年版,手抄本藏于丹麦哥本哈根和俄罗斯圣彼得堡,尚无汉文译本。

涵的精神和智慧的产物,它造就了像阿兰豁阿、孛端察儿、海都、合不勒汗、忽图刺汗、也速该巴特尔等众多英雄豪杰和贤能智者,最终在伟大的文化先驱、思想家成吉思汗的领导下建立了蒙古族的统一体,随之古代蒙古文化,即奇颜文化也跃上历史发展的新阶段,形成了震惊世界的统一的蒙古文化。

据此,说奇颜文化是蒙古文化的渊源、雏形,是主要构成或主要内容,是理所应当的。

(三)奇颜文化三层内涵

古代蒙古文化或奇颜文化,是以奇颜部为主体的蒙古高原诸多部落氏族共同创造并传承下来的。我们可以从民族智慧、民族精神和民族文化关系角度将它分成奇颜智慧、奇颜精神和奇颜文化这样三个层次来理解和掌握。

奇颜智慧主要是指奇颜人的智慧。可以说它是整个奇颜文化的核心层次,它反映了奇颜人的世界观、生存观和价值观的原有水平。它的主要特点是崇信自身的力量和崇拜自然力量相结合,坚持人的主体意识,集中表现在英雄崇拜上。这种认识在奇颜人的家谱传承和《孛儿帖赤那、豁埃马阑勒的传说》《额尔古纳昆的传说》等民间文学代表作中得到了充分反映。在游牧经济条件下,在那战乱连绵的年代,特别是在文字记载的条件尚未具备的情况下,能将家史家谱以口口相传方式传承记忆十代、二十代之遥,难以想象,这是怎样的智慧、怎样的精神、怎样的文化认识才能做到的呀? 如果没有一个相当成熟的、相当发达的主体意识,怎么会那样注重奇颜文化,怎么会那样传承和发展奇颜文化呢? 据此可以推断,古代奇颜人的主体意识就是崇信自身的力量。这难道不是人类智慧的一种体现吗? 拉施特在《史集》[①]中谈到奇颜人的智慧时写道:"蒙古语'奇颜'意即'从山崖跌落的激流',[因此]奇颜氏乃刚毅、勇敢、大无畏,故取此名。"这是非常生动、非常准确和非常恰当的解释。实质上,这就是崇信自身力量的一种智慧。我们就把它称作奇颜智慧。对"奇颜"一词的真正含意的解释在学者中不尽相同,但是在古代蒙古人称自己为"奇颜","奇颜"乃是崇信力量这一点上倒是没有什么歧见。对于奇颜的历史,专家学者们还有一些不同见解,但奇颜是蒙古族最古老的姓氏,是成吉思汗祖先一脉相承的姓氏,在这一点

---

①[波斯]拉施特:《史集》,余大钧、周建奇译,商务印书馆1983年版。

上更是没有争议。古代奇颜人,是曾经在历史上辉煌一时的智者,这也是学者们的共识。青年学者 H·S·巴特尔在《蒙古礼仪思想史》①一书中写道:"奇颜精神中有智慧和谋略的光芒。"这实际上就是对奇颜智慧是奇颜文化的核心这一说法的肯定。

奇颜精神,是指以奇颜智慧为其灵魂的一种精神。事实上,这是以奇颜部为领导的古代蒙古族的民族精神的基本内涵。这种精神,是奇颜人在依靠大自然解决物质生活需求的过程中,既崇尚自然神力,同时又坚持与自然灾害做艰苦卓绝的斗争及内部和睦团结,并在坚持与外来侵略、压迫和奴役斗争过程中形成、发展和传承下来的。概括起来说,奇颜精神就是奇颜人坚持自力更生、艰苦奋斗的精神。奇颜精神大体是在合不勒汗时代从奇颜"复兴"开始,奇颜人的意识升华到整个奇颜联盟思想的高度。合不勒汗倡导实施的"合木黑·忙古勒",就是奇颜精神的胜利。拉施特在《史集》中记载的"额尔古纳昆",则是关于奇颜精神的更为古老的赞歌。

作为一种独立的文化,奇颜文化和世界上许多民族所创造的文化一样,有其广泛而又深邃的内涵。在这里只是从其主体的角度来论述一下根基于奇颜人生产方式所形成的奇颜文化的内涵和主要特点。奇颜文化是在蒙古高原上过着游牧生活的古代蒙古人——奇颜人创造的古代蒙古文化的一面"镜子"、一把"钥匙"或一个"灵魂"。这里之所以将奇颜文化称之为古代蒙古文化的一把"钥匙",是因为奇颜文化在古代蒙古人——奇颜人启迪智慧、振兴部族的过程中发挥了决定性作用。早在 300 年前蒙古学者就曾指出"以学识而勉之,则谓文化也"。② 奇颜文化作为奇颜智慧和奇颜精神的支柱,力求协调人与自然、人与人、人与思维之间的关系。它一方面力求"和谐",另一方面又不忘"斗争"。总之,奇颜文化就是以奇颜人为主体,以奇颜苏力德为旗帜(或者神灵的象征),以自然为根基的文化。这种以奇颜文化为灵魂的蒙古游牧文明与工业文明和农业文明显然不同,它十分注重人与自然的和谐。需要指出的是,蒙古游牧文明与自然保持和谐这一基本特点,虽然有利于生态环境的保护,但这一文化传统也阻碍了蒙古地区工业生产、科学技术的发展。奇颜文化的突出特点是以珍

---

① H·S·巴特尔:《蒙古礼仪思想史》,内蒙古人民出版社 2002 年版。

② 内蒙古历史语文研究所:《二十一卷本辞典》,内蒙古人民出版社 1977 年版,第 538 页。

爱大自然,崇信自然的力量,保护自己赖以生存的沃土,倡导主体意识,崇拜英雄来体现。诚然,从人类文化的普遍性来说,奇颜文化的基本特点在其他许多民族文化中都会有所体现,但是奇颜人强调和珍视的自然和人的有机和谐统一的这一基本特征又与其他民族文化有着明显的区别。奇颜文化的这些优秀传统,是以成吉思汗为代表的蒙古众多仁人志士、英雄豪杰们成长壮大,成就震撼世界伟业的真正的内因所在。

(四)以奇颜为起源的蒙古文化的某些特点

在这里并不是从研究的各个视角去探讨蒙古文化的特点,而是只从个体与文化关系的视角来论述蒙古文化的一些本质特征。

1. 个体性

在文化研究中所提到的文化主体性的基本要求是以个人或者个体作为基础和根据的。首先,蒙古文化中的个人事迹或者英雄行为和成就,都是为着山水故土、为着民族大业而进行英勇果敢的斗争。所有这些在蒙古英雄史诗、传说故事中都有充分的体现。诸如《江格尔》《格斯尔》等,都是最为鲜明、最为可靠的佐证。那些英雄们是:

> 从他诞生那天起,
> 保家之意就藏在心间。
> 从他降世那天起,
> 卫国之愿就藏在心间。①

这铿锵有力的誓言和为国为民族的豪迈信念,感染和鼓舞着一代又一代的蒙古人。在蒙古族人民群众中广泛流传已久的那达慕中的"男子三技",也是以个人努力奋斗为基础的竞技和竞赛。而且那些争先恐后的竞争者们首先想到的是为自己的家乡故土、为自己的部族增光添彩。关于蒙古文化的这种特点,蒙古国著名作家达·那楚克道尔吉在他的诗《我的祖国》里是这样表述的:

---

①仁钦道尔吉、道尼日布扎木苏:《那仁汗传》,民族出版社1981年版,第60页。

> 蒙古这一名字为世人所久仰,
> 为了蒙古这一思想连接着我们心房,
> 自幼所学的民族语文是不可遗忘的文化,
> 至死安身的生身故土是不可离开的地方,
> 这儿就是生育我的祖国,
> 美丽怡人的蒙古地方。①

我们还可以用清朝时期的一首蒙古民歌《西术梅林》来作进一步的例证。当西术梅林带兵出征时,其夫人用这样的歌送别他:

> 像那高耸的山岩,
> 挺起你的腰杆;
> 啊呼呀,梅林哪呼,
> 黑夜处处有危险,
> 擦亮你的双眼。
>
> 风雨道路多艰险,
> 你要提防敌人的暗箭;
> 啊呼呀,梅林哪呼,
> 蒙古百姓的利益,
> 你要时刻牢记心间。②

对于蒙古文化的这一特点,罗布桑却丹做了敏锐的观察,他在《蒙古风俗鉴》一书中指出,蒙古地方"自古以来英雄豪杰层出不穷矣","他们乃不忘古时英雄之事迹,建敖包以祭之,传颂英雄之美德及其世袭家谱","古时将英雄之作

---

①[蒙古]达·那楚克道尔吉:《达·那楚克道尔吉》,内蒙古人民出版社1979年版,第8页。
②中国民间文学集成内蒙古分卷编委会:《蒙古民歌集成》(蒙古文版),内蒙古文化出版社1993年版。

为,英雄之业绩传教于族人及子嗣,以英雄为楷模,力求为之"①等等。在这里,他一方面突出记述了古代蒙古人中英雄豪杰层出不穷,另一方面还认真记述了这些英雄豪杰的社会地位、影响,特别是在教育子孙后代中所起到的作用。对英雄的这种无限崇敬,以及英雄主义的教育,是涌现英雄人物的思想方面的重要条件和因素,但是归根到底,其最深刻的决定性因素是私有制形式的草(牧)场所有制基本未形成和完善,以及他们还面临着自然的更大考验。这些因素虽然对个人英雄主义形成和发展是十分有利的沃土,与欧洲文化所倡导的主体性具有相似之处,但是由于上述原因所致,为了部落氏族,为了故土、牧场这样一些更公共化的舆论需求,这些英雄行为和思想自然而然地转化成风俗习惯、礼仪道德。他们信服"生在毡包,死在荒野"〔直译:生在哈纳(蒙古包的支架)下,死在哈达(岩石)下〕、"以志取胜,以讯得物"的道理。相比之下,这种思想与汉族的传统道德要求仍有一些区别,它不像汉族传统文化道德那样束缚人们的个体性,而是提倡鼓励和激发人的个体性。原因是蒙古文化的个体性是以群体利益为基础的。不过由于经济单一、人口分散和意识的脆弱,蒙古文化的这些特点未能得到充分的发展和发挥更大的影响。这进一步说明,只有在发展现代经济、科学技术和公有制的基础上,通过培育出更多的时代的英雄,才能开创蒙古文化的崭新时代。因此,要发扬蒙古文化的个体性,首先要正确评价它,接受其积极的一面,同时,又要深刻认识其消极的一面,并彻底克服之。例如,在一些蒙古人中有时出现不团结,或者缺乏凝聚力,各行其是,各自为政的现象。这当然与历史上清朝等统治阶级的挑拨离间有着直接的关系,但是究其内因,还是蒙古文化个体性所附带的弱点未能做到科学地陶冶和升华所致。其次,必须要努力学习和吸收其他民族文化的优秀之处,来丰富和充实自己的民族文化。罗布桑却丹在《蒙古风俗鉴》一书中记载了这样一种现象:"外蒙古人之性格观其表略显粗犷,而观其内则刚毅且具远虑者居多。内蒙古人之性格观其表则略显机敏,然缺乏沉毅和远虑且只顾眼前利益者居多。"②为什么在一种文化形态下

①罗布桑却丹:《蒙古风俗鉴》(蒙古文版),哈·丹碧扎拉桑校注,内蒙古人民出版社1981年版,第103、324、352页。

②罗布桑却丹:《蒙古风俗鉴》(蒙古文版),哈·丹碧扎拉桑校注,内蒙古人民出版社1981年版,第103、324、352页。

会形成两种不同性格的群体？究其原因，是受内地文化中封建思想的"伪善"和"利己"观念影响较大、较深所致。凡是混合型的优选品（文化）往往具备较大优越性，其主要原因是这些事物在混合过程中能够"弃其糟粕，取其精华"，根基于自己传统的优秀传统，又能吸收其他传统的优秀基因。文化的发展也必须遵循这个规律。

2. 激发性

激发性，这和在有关文化研究中所说的西方文化的"激进性"的提法大致相似。它主要表现在推崇英雄史诗，宣扬冒险精神；在美学观方面欣赏风流倜傥；在思维方式和哲学思想上是以极端主义对抗习惯势力的束缚，追求创新。激发性的这些表现在我们文化的全部历史中都可以得到印证。

首先，在蒙古英雄史诗和其他各种民间文学作品中所表现出来的蒙古人那种对不可阻挡的力量的无比崇拜的心理，就是蒙古文化中激发性的一种体现，这在世界其他许多民族历史中是罕见的。汉族民间文学中的英雄豪杰或者义士侠客，主要表现是智谋、忍耐，或者忍辱负重、委曲求全，最终达到目的；而蒙古民间文学作品中那些英雄人物则主要是有力量、英勇顽强、"宁可头断，不可名败"，在你死我活的激烈战斗中寻找方法策略，最终达到战胜敌人，过上平安幸福生活这样一个目的的形象。这好比有些人喜欢惊涛骇浪、高山苍松，而有些人则喜欢涓涓溪流、鸟语花香一样。如果从美学的角度看，前者可以说是"壮美"，后者可以说是"秀美"。如果壮美、秀美二者结合起来，那可就是"十全十美"吧！因此，应该从有关文化的研究角度去深刻理解斯大林所指出的"将俄罗斯人的革命气概和美国人的实事求是精神相结合，是我们党和政府工作中的列宁主义实质"这句话的含义。

其次，在习俗方面，蒙古人崇尚气势威武、热情奔放、激情四射、襟怀坦白、忠厚老实，而古代中原文化则倡导中庸之道，少说为佳。在行为方式方面，如同古代欧洲文化一样，蒙古文化较为崇尚冒险主义，"老虎屁股也敢摸""男子汉有七凶八吉""怕狼就别养家羊"等说法就具有一定的代表性。而古代中原文化则崇尚隐忍，倡导"小不忍则乱大谋"的思想。如果对蒙古文化的这些特性不加以正确引导和掌控，那么气概、热情、忠贞、挚爱和冲动心理往往会演变成狂妄、浮躁、轻率，乃至真正陷入冒险主义而不能自拔。

在思维方式上,抓住要害、开拓进取、抓住事务的主要矛盾或者矛盾的主要方面,这是蒙古人思维方式的另一特点。譬如,与汉民屠宰动物的方式相比,蒙古人屠宰鸡禽时采用断脊方式,屠宰牛羊时则用刺颈神经、断腔动脉方式进行。从这一点上也可以看出,不同民族的思维方式的截然不同。在军事思想方面,蒙古人自古以来采取以少击多、以寡敌众的战术,抓住敌人的弱点和防卫薄弱之处,重点进攻目标一旦确定,便用突袭和歼灭相结合的战术,取得战争的胜利。这是蒙古历史上许多成功战例的典型特点。其最杰出的代表当属成吉思汗。当然,这种思维方式的特点是虽然在抓住问题的实质和关键方面很出色,但由于蒙古社会经济文化长期以来相对落后,这种思维和行为方式往往显得不成熟和不够细腻。千百年来蒙古高原战乱不断,政权更迭频繁,在这种历史条件下,人们的心理已经比较适应这种环境了,因而心理和思维显然不像当时欧洲人那样偏执。究其根源,可能同蒙古人的"独贵"①思维不无关系。对这种思维,我暂且将其称为"独贵观"。对此,我在《独贵观》一文中做了比较详细的说明,在此不多赘述。毫无疑问,随着现代工业、科技的发展,继承和发扬本民族思维方式的优秀传统,就会有利于本民族更加兴旺发达。

虽然可以说有什么样的人类群体,社会就产生什么样的文化,但是反过来,什么样的文化一旦成型之后,又会深刻影响人们的思想意识,形成第二种性格。因此,可以说,有什么样的文化,就会造就什么样的人。所以,人们对不同文化沃土上哺育出来的杰出人物都有不同的评价。古代希腊的杰出人物被誉为"智者""科学思想家";古代中国杰出人物被誉为"圣人",或"道德思想家"。以此类推,蒙古族古代杰出人物可以被誉为"圣洁的英雄"或者是"圣洁的思想家"是矣。

二、苏力德及奇颜文化的升华

(一)奇颜部的苏力德

奇颜部的主要象征,就是德薛禅所说的"奇颜百姓的苏力德"。"奇颜百姓的苏力德",是反映奇颜部落整体面貌的代名词,也是德薛禅名言的灵魂或者说是基本理念所在。下面我们就具体来说明这一点:

---

①独贵:蒙古语,意为圆形、圆圈,如"独贵龙运动"。"独贵观"的提法,详见《内蒙古社会科学》杂志(蒙古文)1987 年第 3 期。

1. 很显然,人们对于苏力德的认识已经达到了一个抽象化的程度。抽象化是文化发展的重要象征。德薛禅所说的"梦""托梦"的功能和法术以及札木合被成吉思汗所击败时所说的"被安答①苏力德所击败",均为有关苏力德的抽象化的认识。如果我们将奇颜苏力德与古代蒙古人以"奇颜"作为本部族的名称并规范自己思想的努力相比较的话,显然是前者的思维境界已经发展到了一个更高更新的水平了。这也是古代蒙古人集体意识已经形成和升华的具体表现。

2. 很显然,人们在对苏力德的认识抽象化的同时,对苏力德的表现形式的认识也更加灵活多样,对苏力德的内容和形式的区分也越发具体化了。仔细观察可以发现,他们这个苏力德并不是天或天的化身,又与图腾信仰不尽相同,而是具有古代蒙古思维特色的文化思维的抽象化。也就是说,奇颜苏力德一方面以特殊的力量、法术的抽象概念来体现,另一方面又以"日月""白海青""白色"等具体物质来体现。

3. 奇颜部落的苏力德,是古代奇颜人智慧的光辉杰作。德薛禅坚信也速该巴特尔家族将会出现大汗,在提到苏力德时,他讲的并不仅仅是家族和民族的苏力德,而明明白白讲的是奇颜部落的苏力德,以此突出奇颜。这是缘于当时奇颜部落的社会地位和支柱作用。反过来说,奇颜人以自己卓尔不群的智慧和能力造就了具有奇颜特点的苏力德,以此表明其历史作用和地位,统一了思想认识,巩固了团结,在社会和公众里声名远播。如果说德薛禅的名言是给苏力德的权威赋予了神奇的力量,那么《蒙古秘史》中记录了这样三件历史事实:其一,诃额伦夫人举起也速该的奇颜之旗(苏力德),继承其遗志,为保持氏族部落的团结而努力的事迹。这显然与后来建树的"九斿白旗"②的基本内涵有着直接的关系或成其渊源。其二,札木合在表述自己的失败时说"被安答的苏力德所击败"。其三,唐兀惕③汗亦鲁忽·不儿罕在投降成吉思汗时表示"愿为君右手而效力","我向闻成吉思汗的威名,为之恐惧,今君'苏力德'之身来临,而惧

①安答:又作安达,蒙古语,意为"同盟者""同志"。《蒙古秘史》第291节,札木合说:"今被安答制胜了。"

②九斿白旗:又作"九尾白旗""九足白纛"等。"纛"音dào,古时军中的旗帜。成吉思汗1206年建立蒙古汗国时有九条用九九八十一匹公马马鬃做的缨穗儿的旗帜。

③《蒙古秘史》第249节续集卷一。唐兀惕即西夏,其国主为亦鲁忽·不儿罕。阿尔达扎布:《新译集注〈蒙古秘史〉》,内蒙古大学出版社2005年版。

'苏力德'（威灵）也"。从以上三条信息中可以看出,当时有关苏力德的崇拜和畏惧,苏力德的思想和信念已经深入人心,并且发生着深刻的影响,比起早年德薛禅的名言已经更进了一步,表明当时苏力德的权威,以及人们的信仰何等深刻而广泛。当年,德薛禅正是充分利用这种文化氛围和社会崇拜心理,与也速该巴特尔一起敲定了铁木真和孛儿帖的婚事,并且进一步确认和强化了自己所说的奇颜部将要出"可汗",将成为蒙古各部的核心的著名论断和预见。

概括起来说,奇颜苏力德是奇颜智慧、奇颜精神和奇颜文化的集中体现。换言之,奇颜苏力德体现了当时奇颜文明的程度,体现了它在当时社会公众中的威信、地位,特别是完成了实践德薛禅著名论断的历史任务。

(二)苏力德的含义,哈日(黑)苏力德和查干(白)苏力德

苏力德的含义丰富而又深刻。纵观古代蒙古人苏力德的来历、发展变化以及其形式和内容的关系,苏力德所表达的含义自古以来就是很丰富、灵活和繁杂的。著名蒙古学者阿尔达扎布在最近出版的《新译集注〈蒙古秘史〉》[①]一书中对苏力德的含义分门别类做了分析,其中包括吉兆、福祉、威武、黑苏力德、白苏力德、象征、精神、生命力、护佑和慈悯、徽记、旌旗和国家苏力德(国徽)等十多个方面的内容,解析了苏力德的历史形态、发展变化、现实意义等方面的问题。苏力德在不同历史时期,或在不同地区和不同部族中曾有多种表现方式,例如"嘿毛日"[②]、白纛、骏马、海青、鹰等。特别是他们的祭祀祭奠活动更是各具特色,多种多样和灵活多变。这一方面说明了苏力德在其久远的历史过程中经历了许多复杂的历史环境,它并不是偶然产生的;另一方面说明了蒙古人的苏力德是具有独立特点的文化体系。人们只有从包括苏力德的内容、形式、发展沿革以及对它的信仰崇拜、祭祀等多个方面去深入研究苏力德文化,真正了解它和掌握它,才能认清它对整个蒙古文化所产生的重要作用及影响。

苏力德内涵的形成,经历了一个复杂的过程。首先,古代蒙古人崇拜大自然,崇拜力量,崇拜白色,特别是崇尚自己先民"刚毅、勇敢、大无畏"的传统,以"奇颜"来作本部族的名称,可以为奇颜苏力德是如何形成的这个问题做出回

①阿尔达扎布:《新译集注〈蒙古秘史〉》,内蒙古大学出版社2005年版,第109页。
②嘿毛日:蒙古语,汉语音译有"赫依摩力""赫慕热""海木勒""海莫日"等多种写法,意为"运气""神马",翻译成汉语为"风马旗""禄马风旗""禄马旗幡"等。——译者

答。也就是说,古代蒙古人认为只有以"奇颜"为象征的这一自然力量,才能像一面洁净的镜子一样照出自己的本性和反映自己部族的英雄传统。以"奇颜"称呼自己,塑造了他们苏力德心理的雏形,夯实了苏力德概念的文化根基,充实了苏力德文化的内涵。它以最质朴的方式反映了自己的历史。它不是某个贤能智者借助某种力量去拥戴图腾,而是笃信自身的刚毅、勇敢和大无畏,用"奇颜"("激流""瀑布"之意)的气势和力量作为自己部族的象征,这是一种奇特的睿智,是人类睿智的胜利。其次,"阿兰豁阿的传说"中,一方面用"感光成孕"①的故事,宣扬奇颜人崇拜天神的思想,另一方面用"折箭教五子"的故事,继承奇颜人强调自身力量的传统,通过教育 5 个儿子只有形成一个"额耶坦"②,才能无往而不胜的道理,强调依靠自身力量的重要。其特点,将"天赐"的力量和自身的力量合二为一的观点在苏力德文化中有着深深的印记。这也许是德薛禅论断中关于具有托梦之神力的苏力德的渊源吧。再者,随着孛额(萨满)教,尤其是佛教等宗教在蒙古族中占据统治地位,苏力德文化以"运气之神"(嘿毛日)崇拜的形式在蒙古各地,特别是在科尔沁等地区广为流行。其基本做法为,人们在白旄旗上绘制骏马(一匹或者数匹)、四个力士、七件宝物、玛尼字等。这一方面反映在清朝对蒙古实行的残酷统治下,佛教影响在蒙古地区多么广泛和深远;另一方面也反映蒙古人仍然坚持依靠自己力量的基本精神。这里受研究课题要求所限,虽然不能全面探讨蒙古苏力德文化,但是力图准确反映无论在什么情况下都能够坚持苏力德文化优秀传统的民族文化传承的特色。

在探讨苏力德含义的基本思想的时候,必须重视鄂尔多斯苏力德文化并加以研究。在苏力德文化中鄂尔多斯苏力德文化最具典型性。在诸多因素中,主要是由于鄂尔多斯达尔扈特③部的传统使命和鄂尔多斯地区自然环境的特殊性,使得那里传承下来的苏力德文化遗存尚很完整。虽然佛教影响从各个方面

①阿兰豁阿是成吉思汗的十一世祖母,是朵奔篾儿干之妻。该故事中说,阿兰豁阿丈夫去世后,她寡居而生 3 个儿子,她是梦中感阳光而怀孕的。后 3 个儿子中的孛端察儿为成吉思汗直系祖先,这 3 个儿子的后裔称奇颜部中的"尼鲁温蒙古","尼鲁温"意即"腰",表示他们生自阿兰豁阿的"纯洁之腰",是感受天光所生的不平凡的人,亦即黄金家族。——译者

②额耶坦:又作"额依"或"额耶",蒙古语,"和"之意,"也可额耶"即"大和谐",后文将会深入论述。——译者

③达尔扈特:蒙古族部落姓氏,意为"有功者""匠人"和成吉思汗守陵人等。现主要分布在鄂尔多斯以及内蒙古中部地区。——译者

渗透到鄂尔多斯地区,但是苏力德文化原貌、基本特点没有被磨灭掉。苏力德的内容和形式虽然在鄂尔多斯人中间也不尽相同,但是哈日苏力德、查干苏力德的称谓和祭祀活动,能够最普遍、最广泛和最为代表性地反映苏力德文化的特性。哈日苏力德,是当年成吉思汗在征战中携于军旅之中的,蒙古语叫"道克辛喀剌苏力德"①。很多蒙古文文献中根据"苏力德桑"和"祝词"里的苏力德一词,称白苏力德为"九斿白旗"。如果把"哈日苏力德"解释为"畏之者",那么,"查干苏力德"则可以解释为"敬之者"。这是令人叹服地领会人类自古以来就有的敬畏、崇拜心理基础上的发明创造,是对苏力德含义理解中所反映出的蒙古文化优秀传统的集中表现。蒙古帝国时期的官令牌上常看到"ayutugai""bushiretugai"的字样,前者意为"畏之",后者意为"敬之",合起来意为"诚惶诚恐"。这些徽志与前面所述一样,都有异曲同工之妙。

如果对蒙古族传统苏力德九斿白旗做一解剖分析,解释其结构、形态和含义:在历史发展过程中,九斿白旗也可能在不同地区和不同部族中有过不同形式,在这一点上学者们都有共识。但是作为其基本结构和基本形状,如其白色、长矛形、火焰状、圆盘和白鬃、九个的象征数等,是最主要的特征和具有象征意义的组成部分。如果把矛尖比作火焰,象征着升腾的火焰,那么,圆盘沿边下垂的穗儿(九九八十一匹公马的鬃毛),如同从高峡跌落的瀑布、激流("奇颜"一语的原意),象征力量,也可以理解为威严。其圆盘形的用意应该是"和谐""也可额耶"是也,这是团结的象征。这些都是与蒙古文化的总体构成浑然一致的。

公元 1206 年,成吉思汗竖起九斿白旗,大蒙古国宣告成立。从那一天起,奇颜部落的苏力德完成了自己的历史使命,奇颜文化也随之升华为统一的蒙古文化。从那时到今天,在 800 多年间,蒙古人历经许多艰难险阻,特别是清朝时期,统治者对蒙古人实施宗教愚昧、武力镇压、分而治之等政策,压迫蒙古民族。然而,蒙古人没有被压倒,他们坚持以苏力德为其象征的传统信念未曾动摇。在这艰辛的道路上,人们好像是从年幼无知时的恐惧、感恩和依偎在父母怀抱中那样的原始情感逐渐演化到信仰感或者崇敬感那样,来认识和对待蒙古祖先的力量、精神,并且以自己的独特方式让这个基因顽强地延续了下来。苏力德

①道克辛喀剌苏力德:汉译为"威猛黑纛",意为"威猛的黑神灵"。蒙古苏力德有多种形式,黑苏力德常携于军旅之中。——译者

正是蒙古人这种情愫和文化心理的表现和象征。

这里顺便说明的是,以上只是探讨苏力德的基本含义,而不是从祭祀的角度去说的。由此可见,苏力德并不是什么神化之物,即使是人们采取祭祀形式,就它的本性、本质来说,就是象征祖先的力量和崇拜自己力量的文化心理的反映而已。只有这样认识,才能正确理解蒙古苏力德的意义。从这个意义上说,蒙古人通过苏力德体现出的基本思想,无疑是人类思想史上一次伟大尝试和开拓实践。

(三)苏力德的灵活性

苏力德的灵活性与在恶劣的自然环境和艰苦的生产生活条件中产生的文化思维和风尚有着直接的关系。他们坚持不断适应那无法卜知的艰苦环境,并且进行坚韧不拔的斗争。因此,苏力德的形式和含义也具有了多样性、复杂性和灵活性。苏力德是作为古代蒙古文化的象征而诞生和发展起来的。它的形式和内容的多种变化,也是缘于蒙古文化的发展演变之故。但是,它作为古代蒙古文化基本因素、本质特点和传统文化继续得到传承和发展。例如:由以适应大自然为主导的世界观,崇尚人的力量的生存观、价值观以及由思维的基本方式等组成的古代蒙古文化优秀传统,这种传统表现为无论社会多么复杂、宗教观影响多么严重,他们仍然孜孜不倦地坚守苏力德的真谛,并使查干苏力德光芒四射,经久不衰。也就是说,历史上萨满教、佛教等宗教都曾对蒙古文化产生过严重的冲击,但是蒙古文化的优秀传统却一直没有被冲散消失掉,反而反作用于那些宗教。例如,在祭火仪式上的《祝词》中这样唱道:

"愿我们祖先和民族,
福祉快快降临。
按着我们的祈求,
一切都圆满实现。
蓝色蒙古的子孙,
依靠火神的显灵。
蒙古血脉的传人,

像火焰一样升腾。

呼来,呼来,呼来!"(hu rai,hu rai,hu rai)①

而在祭敖包的《祝词》中唱道:

"愿苍天的神灵,

赐苏力德予我们!

愿年年幸福,

岁岁安康,

愿草原常绿,

江河欢唱!"

由此可见,一方面在萨满教中渗透着苏力德那种依靠力量的理念,但是另一方面,人们祭火祈求苍天,其最终目的显然是把给予自己力量放在首位。

在《成吉思汗祭典》的赞颂词中说道:

"请赐予增添睿智的法术吧,

请赐予增添力量的法术吧。"

可以说,这是各种各样祭祀活动中的丰富多样的赞颂词中具有典型性的核心或精髓。如果说古代蒙古人认为"在九斿白旗上包含着(成吉思汗的)威严"②,那么,后来的蒙古人则把它理解为以成吉思汗威严为代表的蒙古人的威严包含其中,因而直到现在,有的蒙古居民还在自家门前竖立"嘿毛日"苏力德,用以证明自己的蒙古人身份。

事实上,从文化思维上来讲,蒙古人早就有了这种悟性。《蒙古秘史》中记载了成吉思汗这样一段话:"当严以治军,要诚心祷告长生天,去降伏豁里秃马

①S·纳日松:《鄂尔多斯风俗》,内蒙古人民出版社 1989 年版,第 280 页。

②[蒙古]珠格德尔:《封建主义形成时期的蒙古社会——政治、哲学思维》,乌仁其木格转写,内蒙古教育出版社 1994 年版,第 197 页。

惕的百姓吧。"又说道:"蒙天地保佑,增加了权力。你们从札木合安答那里,投诚于我,与我做伴,不是应该位居元老之列,做我吉祥的友伴吗?"①在德都蒙古民歌《快骏马》中有这样一段歌词:

> 将那反攻过来的敌人,
> 要用伊金(主)的苏力德来降服;
> 将那包围过来的敌人,
> 要用可汗的苏力德来降服;
> 英明可汗的子孙们,
> 像格斯尔汗一样勇敢;
> 光辉照人的可汗,
> 像神佛一样再现。②

对蒙古文化的真谛有深刻理解的学者札奇斯钦先生在《〈蒙古秘史〉新译并注释》一书中将"tengerin kuchun—dur"一句汉译为"蒙天地增加力量"③。以其他民族文化心理,不能够理解"蒙天地增加力量"的含义,故许多译文中都译为"天地赐予力量"或译为"上帝赐予威严"。波·拉赫巴、哲·伦布、策·策仁浩尔拉娃翻译的[韩]金正洛《千年历史人物》一书中,将近似于上述说法译得相当漂亮:"成吉思汗说道,啊,我们神佛!我要向残害我俺巴孩汗的金人报仇雪恨,请给予我力量吧,让他们的血液流淌,我的神佛。给我们全体属民、将士们以及我予以力量吧。"④可以说,对苏力德的信仰不是神化的信仰,而是属于对自己祖先的信任、尊重和崇拜相关的固有力量、本质的信仰。所以,以成吉思汗为代表的诸多思想家们对于世界上那些不同宗教信仰并没有采取否定和敌视的政策,而是主张与他们的信徒团结和睦,并在苏力德祭词中增加"神的恩惠""苍天给予"这样一些词语。更加奇特的是,解放后,在萨满教和佛教中产生了一些

①《蒙古秘史》第125节。汉译摘自阿尔达扎布:《新译集注〈蒙古秘史〉》,内蒙古大学出版社2005年版,第227页。其中"秃马惕"乃蒙古古代部落之一,原居贝加尔湖一带,是今土默特部先民。——译者
②民族语文办公室:《德都蒙古民间文学精粹》,内部资料,青海海西州文化局。
③札奇斯钦:《〈蒙古秘史〉新译并注释》,联经出版事业股份有限公司1979年版,第150页。
④[韩]金正洛:《千年历史人物》,民族出版社2003年版,第156~157页。

新的变化,人们思想意识中那种崇拜心理虽然已经大大削弱了,但是有关"嘿毛日"和"苏力德"之类的信仰却丝毫没有减弱。这一点可以从蒙古人喜欢唱的歌曲《蒙古马》中得到印证。其歌词大意是:

光荣伟大的祖国,
从胜利走向胜利;
每当高举起战旗,
我们和骏马在一起。
蒙古人的意志坚如钢,
蒙古马的力量大无比。

善良友好的蒙古人,
有过辉煌的历史;
为了美好的事业,
骏马为我把功立。
蒙古人的意志坚如钢,
蒙古马的力量大无比。

为了幸福的明天,
为了未来的希冀;
吃苦耐劳的战马,
勇往直前不停蹄。
蒙古人的意志坚如钢,
蒙古马的力量大无比。

歌词中"每当高举起战旗,我们和战马在一起"和"为了美好的事业,骏马为我把功立"等,不只是指一般生活中的战马,而是指那些"力大无比、吃苦耐劳"的战马,"勇往直前不停蹄"的战马,这里实际上指的是蒙古人崇信的运气之神"嘿毛日",也只有这样来解释,才能感知蒙古文化并且和蒙古人的心理特点相吻合。人们赞颂《蒙古马》,赞颂骏马的英姿,无论是在城里,还是在乡村,都把骏马作为蒙古文化的象征,作为运气的象征,做成雕塑作品。从今日之蒙古人的情感中,难道不可以看到实现现代化,建设中国特色社会主义的奇颜精神吗?

当年我也曾写过一首诗,那是在党的十一届三中全会精神照耀下,把曾在"文革"中被砸碎了的"白骏马雕塑"①重新竖起来时的感叹诗:

　　　凌空飞腾白骏马,
　　　迎着雷雨在呼啸;
　　　坚强意志击不垮,
　　　奇颜精神冲九霄。

总之,奇颜、查干苏力德等等,都是蒙古人自古以来的精神支柱。它是以民族精神为基础或者为主体演变发展而来的。它有时用苏力德、嘿毛日,或者用骏马来体现,有时用海青鸟、日、月和旌旗来表达。不过,万变不离其宗,蒙古人一直坚持着"嘿毛日"、苏力德的精神,也就是古代奇颜的那种精神,毫不动摇。

(四)苏力德的历史意义

以奇颜作为自己的姓氏是一种既抽象而又进步的规范性举动。与此相应出现的"额尔古纳昆的传说"显然是在思想意识方面做的舆论准备。人是社会性的动物,他们首先要把自己的思想认识规范化,这是人的社会性的必然要求。蒙古高原上的恶劣自然环境和千百年延绵不断的残酷战争,自然要求人们具备刚毅性格。谁能够顺应这种要求,了解时代的需求,用某一种形式来规范自己的思想认识,谁就能发挥主观能动性和创造性,他的事业就能兴旺发达。从这个意义上说,人类的历史就是不断规范自己思想认识和不断提高自己事业成效的历史。但是,规范的形式随着历史发展和文化进步的趋势,可以是多种多样。譬如:约定俗成的风俗性规范,自觉规定的纪律性规范,道德、法律和信任崇拜性的规范,生产生活、经济活动及政治性的规范,等等。国徽、党旗,是政治性的规范的一种形式,它所象征的意义、目标是代表和保证人们思想认识、信仰的统

---

　　①指内蒙古博物馆顶部的白马塑像。——译者

一和规范。再譬如:国际共产主义者,根据自己国家和地区,特别是根据自己特有的文化来设计各种不同的旗帜和徽志,表达各自的目标和志向,但是他们的基本信念和目标是消灭一切剥削阶级,进而消灭阶级,消灭私有制,在全世界范围内实现共产主义。他们以红色为这一神圣事业和根本目标的象征色,所以他们的各种标志往往用红色来表示。不过民族的苏力德与党和国家的象征还是有不同之处的。它是依据该民族历史发展的实际情况、民族文化精髓和最基本的观点自然形成和完善起来的。它表现出文化的力量和传统的力量。

由于德薛禅所讲的"奇颜部的苏力德",从概念意义上讲已经相当成熟和完善,所以它对后来的苏力德文化的发展具有不可忽视的影响。仅举他所说的"白色落之"这一例子,所谓白色,是指白海青,或者是指白海青携来的白色日月之光。

前面已经说过,祭苏力德、祭敖包或祭火等活动的形式、内容,在各个地区虽然不尽相同,但是它们都是象征运气、精神、威严,在这一点上都是相同的。在整个蒙古地区,对白旗幡、查干苏力德的崇拜相比对哈日苏力德的崇拜更加普及,但是它们的基本内容和要求却没有什么区别,都是以运气、精神和威严为主要象征的。因为古代奇颜人也是经历过像突厥人的杀戮以及自然灾害的侵袭等各种磨难。所以,苏力德的基本意义和要求不仅仅是以黑色或是白色来区分,而是以其内容和形式的统一来体现。在面对民族遭受涂炭、家园被毁灭、百姓被蹂躏的情况下,作为民族的英杰,如果不是怀着刚毅、勇敢和不怕牺牲的精神去斗争、去抗争直至取得胜利的话,如何能表现他们爱国爱民的赤胆忠心,如何去表达他们保家卫国而不辞万难、勇于牺牲的坚强决心呢? 所以,哈日苏力德或是查干苏力德的统一,反映在蒙古英雄豪杰们为人民鞠躬尽瘁,对敌人疾恶如仇的斗争上面。归结起来说,"白色"就是奇颜和巴特尔(英雄)的化身。只有忠心耿耿地为民族、为国家奋斗终生者才能称得起为巴特尔(古汉文记载中往往拼为"把阿秃儿"等)。据此哲理,蒙古苏力德之"白色"为巴特尔的渊源和目的,巴特尔为白色的保障和体现。

关于奇颜、白色和苏力德三者的关系问题,需要补充说明的是,三者内容和形式的统一体,非常精准地体现了蒙古人文化思维的特点。为了更清楚地理解奇颜、白色和苏力德三者关系,让我们看看近代蒙古著名思想家、作家和学者尹湛纳希对此是如何理解的。尹湛纳希在长篇历史小说《青史演义》中说也速该巴特尔是"奇颜部可汗氏族",并记述了也速该巴特尔逝世后,铁木真祭悼词中的一段话：

> "我仁慈的父亲，
> 您为年幼的儿子奔波，
> 把自己的生命失掉。
> 我威严的父亲，
> 您为幼小的儿子操劳，
> 折断了苏力德之腰。"①

在同一书中，描绘成吉思汗赞扬自己部族的英雄陶克统古时说：

> "苍天赐给的无敌英雄，
> 黄金家族的无比英雄，
> 孛儿只斤氏的福禄英雄，
> 白色氏族的伟大英雄。"②

尹湛纳希所写的"奇颜部族""苏力德之腰""白色氏族"等等，一句话，就是苏力德、奇颜和白色的同义词。这些描绘绝不是随意编写的，而是内容和形式有机地融合在一起的，是不可分割的历史规范的说法。它的基本意思就是从高山峡谷倾泻而下的激流或瀑布，或者是锐不可当地照耀整个世界的白光。所以，部族、姓氏，也可以称之为奇颜、白色和苏力德。不过还不能说是完全相同，这里奇颜是最基本的内容，而白色和苏力德是从不同侧面解释奇颜，表明奇颜的作用和地位的。从唯物主义角度讲，奇颜是第一性的，苏力德是第二性的，奇颜精神是奇颜和苏力德的有机统一。它不只是自然现象的具体名词，也不是像苏力德那样抽象而又神化的概念，而是成了社会科学范畴的概念，成了渗透于整个蒙古文化的民族精神。这绝不是忽视和否定苏力德的概念，而仅仅是要从苏力德和精神的关系方面说明民族精神的固定的含义。实际上，苏力德是作为民族精神或民族文化精华而存在的文化现象。但

---

① 尹湛纳希：《青史演义》(第 1 卷)，内蒙古人民出版社 1979 年版，第 106 页。
② 尹湛纳希：《青史演义》(第 1 卷)，内蒙古人民出版社 1979 年版，第 649 页。

是,要用一种科学的说法去表述它,尚有难度。因此,需要指出的是,苏力德这个概念在民族问题研究中仍然是一个不可忽视的课题。

概括起来说,"苏力德"是内容和形式的结合体,它已成为蒙古族精神的象征并且世世代代传承了下来。

鄙人愿用自己的一首诗来描绘苏力德:

九斿白旗高高飘扬,
锋芒闪闪威震四方。
毡庐民族团结紧,
犹如激流不可阻挡。
我战无不胜的苏力德,
是蒙古祖先的白色神灵。

成吉思汗的英名,
闻名遐迩传远方。
成吉思汗的箴言,
让蒙古人心里亮。
我战无不胜的苏力德,
是蒙古祖先的白色神灵。

圣贤教诲记心上,
祖先信仰不能忘。
苏力德崇拜代代传,
奇颜智慧指方向。
我战无不胜的苏力德,
是蒙古祖先的白色神灵。

传统文化威力大,
圣洁之纲放光芒。

奇颜精神传万代，

生命之本显力量。

我战无不胜的苏力德，

是蒙古祖先的白色神灵。

这首诗中，把白色苏力德的火焰状箭锋称作"锋芒"，把用九九八十一匹公马的鬃毛做的环状装饰可称作"激流"（或者山涧和瀑布），把"激流"和"锋芒"紧紧系在一起的铁环，解读为蒙古族传统的"力量""和睦"的理念。

把奇颜智慧与宗教观念相比较，可以把它视为崇拜依靠自身力量的一种奇特的文化模式。古代蒙古人以奇颜命名，进而高举"奇颜苏力德"这面精神之旗，形象而准确地昭示了依靠自身的力量来发展自己的这种民族精神。

三、守故土

德薛禅所说的"生男以守故土"这句话，在蒙古文原文中是"nutug harayu"①。"nutug"（努图克）在蒙古语中可以有广义和狭义的含义，但学者们一般都认可在德薛禅讲话里，代表的是"故土"（营地）和"祖国"。著名学者策·达姆丁苏荣对这句话做了非常贴切的解读。② 所以，汉译时将这句话译为"生男以守故土"。这样完全符合蒙古历史文化的实际情况，也符合逻辑。德薛禅把"奇颜部""可汗""故土"三者非常巧妙地连接在一起，揭示了它们之间的内在联系，特别强调了游牧经济条件下"nutug"（以下称"故土"）的地位和影响。同时说明了在战乱不已的蒙古社会环境下，守卫故土是多么的重要。

（一）守卫故土，是蒙古人以生产生活的基本需求为出发点的优秀文化传统

关于这一点，有蒙古民歌为证：

湖泊和海洋，

是禽鸟的天堂；

故土和牧场，

---

① 额尔登泰、阿尔达扎布：《〈蒙古秘史〉还原注释》（蒙古文版），内蒙古教育出版社 1986 年版，第 124 页。

② 参见策·达姆丁苏荣：《蒙古秘史》（蒙古文版），内蒙古人民出版社 1957 年版，第 50 页。

是我们的天堂。
黄河的岸上，
是禽鸟的天堂；
故乡的热土，
是我们的天堂。①

　　游牧经济依靠大自然的观念是带有世界观性质的，也就是说，是哲理性认识。当然，它也必然是属于蒙古族人民的哲学思想。

　　作为蒙古族人民的哲学思想，它不但强调人们的主观能动性，更重要的是在强调主观能动性的同时，注重人们在自然界以生存、生活斗争为前提。因此，它与一般哲理中所说的客观与主观的关系所解释的主观能动性有所不同，这一点是要注意的。

吃草的嘴巴终会变成白骨，
被吃掉的青草终会长满山谷。

　　这是在蒙古族人民中广为流行的一句谚语。有道是"不理解蒙古谚语，就不能理解蒙古人"，前边所举的这句蒙古谚语十分深刻而准确地反映了人与自然的关系。"留得青山在，不怕没柴烧。"在蒙古族的心目中，只要故土存在，人们就可以安居乐业。因此，他们在祭敖包的祭词中说：

"愿年年呈吉祥，
岁岁保安康；
愿草原四季常青，
河水日夜流淌。
愿亲友和乡党，
福禄万年长；

---

①魏·巴特尔：《阿拉善民歌》（一），内蒙古人民出版社1988年版，第146页。

愿大地保佑，

幸福从天降。"①

　　那些为了自己眼前的利益,只管向自然界索取,不知道保护环境的短视者,
虽然口中念念有词谈论什么物质和精神的和谐统一、客观和主观的和谐统一,
却在实际行动中反其道而行之;那些肆意破坏生态环境的和逆自然规律而行、
污染环境的短视者,他们无论如何也不像蒙古人那样深刻而正确地认识自然环
境。他们往往与自然规律相对抗,肆意破坏大自然,受到大自然的惩罚之后才
有所醒悟,才知道去寻找客观和主观的统一,人与自然环境的平衡。我们再选
择一些民间文学和历史文献中的语句来说明这一观点:

　　　　"生男以守故土";

　　　　"养育子嗣必促其保护故土";②

　　　　"起义造反的嘎达梅林,

　　　　是为了蒙古人民的土地。"③

　　如果把上面这些例子中的"守故土""保故土""为了人民的土地"等,只看
成是政治行为,那未免有些偏颇。它更深层次的意义在于蒙古人对待大自然的
深思远虑,在于他们摆正了人与自然的关系。也就是说,蒙古人提倡在自然的
客观性和人的主体性的统一中寻求主体的能动性,而厌恶那些破坏自然环境、
去追求一己眼前利益的短视行为。这也是蒙古人长期不懈倡导的"众人之道,
宇宙之理"的因由。蒙古人从宇宙观的角度来理解众人之道,也就是人之本,是
令人惊奇的。如果蒙古高原的生态一旦遭到毁坏,草原沙化,使之变得像非洲
大陆那样的话,其灾难绝不仅仅是波及蒙古高原,而是将使整个国家的气候会
变成另外一种情况,人们也不得不去服从变化了的"宇宙之理"了。所以,蒙古

---

①S·纳日松:《鄂尔多斯风俗》,内蒙古人民出版社1989年版,第267页。

②策·达姆丁苏荣:《蒙古秘史》,内蒙古人民出版社1957年版,第217、267页。

③中国民间文学集成内蒙古分卷编委会:《蒙古民歌集成》(1),内蒙古文化出版社1993年版,第1
页。

人为了保护自然环境,保护自己的土地而不惜牺牲性命。"降生的土地金不换,喝过的水赛过圣泉",正是出于此种观念,才会视自己的土地为比什么都金贵,代代相传不可丢弃的遗产。

(二)守故土,保故土,做故土的主人,是蒙古英雄史诗永恒的主题

任何一个民族都会传唱自己民族的英雄事迹。由于蒙古高原的恶劣环境和蒙古社会矛盾斗争的尖锐复杂,蒙古人自古就十分崇尚英雄和英雄行为,创作出大量英雄史诗,并以此闻名于世。蒙古英雄史诗中的勇士(巴特尔)消灭芒古斯(恶魔),砍断它们那十根黑根,在自己的乡土上播下幸福的十白福根,与自己的平民百姓过上安乐祥和的日子,这是他们浓郁的乡情的集中体现。

值得注意的是,在《蒙古秘史》中记述了铁木真这样一段话:"你那好好守着三河源头,不要叫别人做营盘。"①在《元史·太祖纪》中有"三河祖宗肇基之地,毋为他人所有!"的记载。这些记载可以说明,故土概念是与那些民间英雄史诗的观念是一脉相承的。

在《满都海夫人誓言诗》中对这一信念有更加直接和有力的表述:

> 但愿能生下七个儿子……
> 若生下七个儿子,
> 让七兄弟都叫博鲁特②;
> 让他们继承您的香火,
> 让他们守望您的故土。③

这真可谓是对"生男以守故土"这句古训的最生动、最明确、最清晰的诠释。

(三)"生男以守故土"是蒙古政治史的主题和核心

根据《蒙古秘史》记载,从合不勒汗领导建立的具有部落联盟性质的"合木黑·忙古勒"开始,蒙古社会已经开始向以部落领域为基础的政权国家过渡。

---

①"三河源头"之三河为今鄂嫩河、克鲁伦河、图拉河。巴雅尔译注:《蒙古秘史》,内蒙古人民出版社1986年版,第716~717页。

②博鲁特:蒙古语,意为"钢",又作宝鲁德。句中指七兄弟名字中都有"宝鲁德"(史书写"博罗特"),如巴尔斯宝鲁德、乌鲁斯宝鲁德等等。——译者

③策·达姆丁苏荣:《蒙古古代文学一百篇》(第2卷),内蒙古人民出版社1979年版。

合不勒汗及其第三子忽都剌及孙子也速该均被称为"汗"①，由此可见，蒙古高原上的部族之间的争战主要在于政权之争。所以，德薛禅所说的"可汗"和"守故土"，是反映新时期要求和愿望的进步思想。值得注意的是，德薛禅所说的话中的"男儿"，绝不只是指男人们，也不只是对奇颜部所寄予的期待。如果那样去理解，那将是不全面的。随着统一的蒙古政权和蒙古民族的形成，生活在蒙古高原的诸多部落、氏族，需要形成共识，需要肩负起共同的使命，那就是要做自己领土的主人，并且必须保卫她。当家做主，这其中奇颜部只是起到核心和主导作用，而不是他们来独霸。纵观蒙古的历史，所谓"努图克（故土）的主人"这个概念在逻辑上可以理解为三个层次，即人的权利、民族的权利和政治权利的有机结合。然而，在现实生活中，它们可能由这三个层次中的某一项作为主旨体现，这几乎是一种规律。具体说，人的权利是以领土的主人和守卫领土为前提或者基础；民族的权利则是一个人不管在哪一个国家生活，都由爱护和保卫自己民族的名誉、语言、信仰、传统习惯、故土和历史文化的权利来体现的；政治权利是由热爱和尊重自己的祖国，由当家做主和保卫她的权利来体现的。只有政治权利得到保证，民众的"故土的主人"的权利才能真正得到保障。

蒙古民族历史上人口稀少、土地广袤，以游牧经济为主，他们分散在广阔的蒙古高原地区，甚至由于历史的诸多原因，也分散在不同的国度里生活。因此，"生男以守故土"这一概念必须要结合现在这个"大分散，小聚居"的现实局面并且正确理解和使用人的权利、民族的权利和政治的权利。中国共产党根据中国蒙古族这个"大分散，小聚居"的现实局面，在我们国家相继成立了内蒙古自治区、新疆巴音郭楞蒙古自治州、博尔塔拉蒙古自治州，以及其他一些省、市的蒙古族自治县、乡，行使民族区域自治的各项权利。这也是传统的"生男以守故土"思想的继承和发展。还必须指出的是，如果脱离蒙古族历史文化和生存的现实状况将"生男以守故土"抽象化，甚至片面化，就会犯错误。

---

①额尔登泰、阿尔达扎布：《〈蒙古秘史〉还原注释》（蒙古文版），内蒙古教育出版社1986年版，第114、685页。

第二节　成吉思汗与奇颜精神

一、民族精神与民族英雄

成吉思汗,是在蒙古民族发展和壮大的关键时刻,擎起蒙古文化发展大旗的刚毅、勇敢、大无畏的奇颜孛儿只斤氏的杰出继承者,是为整个蒙古族统一、兴盛做出了巨大贡献的伟大的民族英雄、文化先驱者。从 12 世纪末到 13 世纪初叶,蒙古文化虽然步入了发展新阶段,但由于受历史上的种种原因所困,与世界上一些先进民族相比较,尚未达到最好的发展水平。可是,在蒙古文化的土壤中怎么就会孕育出"千年第一人"——蒙古族的英雄、伟大思想家成吉思汗了呢? 乍一看起来这似乎很奇怪,很偶然,实则不然,实际上成吉思汗的出现是蒙古文化发展的必然,后来的一系列相关研究成果正在证实,并将继续证实这一点。更可喜的是从 20 世纪下半叶开始,随着全球民主与科学发展潮流的滚滚向前,蒙古人以其对本民族历史、文化和语言有着直感的先天优越,真正以主人翁的态度,用新时代的民族观和科学的历史观来审视和回味自己民族的过去,特别是有关成吉思汗成就伟业的历史背景的研究更加深入,使这项研究成为世界性的研究课题。因为,成功者以及他们成长的足迹,创造伟业的成功经验,往往成为当今世界人们所关注的焦点。尤其是那些极富创造性的政治家、军事家、企业家、科学家、文化名家们沿着成吉思汗的历史足迹,潜心研究成吉思汗创造性地建功立业的主观和客观原因,掀起了一个潜心研究的新高潮。这是在新的历史条件下发展和繁荣我们民族的具有现实和长远意义的良好机遇。

民族文化传统和发展方向,对一个人的成长乃至事业成功有着至关重要的作用。民族英雄人物恰好是在这样民族文化传统的滋养下成长,反过来又成为对民族文化传统施以指导和推动的伟大力量。换言之,民族英雄是传承和弘扬民族文化传统,即对民族新文化的探索、建设起到关键作用的人物。衡量一个民族的文明发展程度,往往要看其英雄伟人,其代表性人物的业绩和实践,这在民族研究领域是约定俗成的事实。我们以上论述,也证明了这一点。那么,古代蒙古文化是如何影响新两千年伟大历史人物铁木真——成吉思汗的成长和成就伟业的呢？成吉思汗又是如何认识和掌握民族文化并带领自己的民族创造惊世伟业的呢？这正是我们所关注和研究的课题。要想搞清这个问题，就必须首先要了解蒙古文化，尤其要科学地研究阐述，正确地认识作为民族文化的精华的民族精神。民族精神是民族文化的重要组成部分，是它的精华和灵魂所在。它伴随着民族的形成而形成，它是民族兴盛发展的思想支柱，是民族团结和睦的聚合力，是激发朝气蓬勃的战斗力、推动民族事业发达的原动力。任何一个民族的英雄人物，都是在民族文化的哺育下成长，他的号召力反过来又凝聚人心，引发向上，继续推动民族的兴旺发达。这就是民族精神的实质，也是反作用于民族发展的基本规律。

二、奇颜精神与古代奇颜人

成吉思汗之所以能取得巨大成功，是有其诸多方面的原因的。这其中，随着蒙古民族的形成和发展而完善起来的民族精神的作用是不可忽视的。这是一个必须深入研究、认真了解的重要问题，随着理论和实践的深入发展越加证明了这一点。对于蒙古民族的民族精神可以从多方面来概括说明。在这里，我们主要以《蒙古秘史》《史集》和《黄金史纲》等历史文献为依据，对蒙古文化的起源和发展的历史来做全面系统地研究后，认为奇颜精神是蒙古民族精神的最集中、最准确的体现者。"奇颜"一词在《蒙古语词根词典》中就解释为"古代民族名称"，有"白色""大无畏"等意思。这主要依据的就是拉施特《史集》的解释："蒙古语'奇颜'一词，意为'从山崖跌落下来的激流'。"那么，奇颜精神又是如何成为整个蒙古民族的民族精神了呢？起初，它是从古代蒙古人用"奇颜"来做自己部族名称这一点开始的。在拉施特《史集》中有这样的记载："奇颜人性刚毅、勇敢、大无畏，故以此为名矣。"

在那部族之间战乱纷争连绵不绝的年代，用"奇颜"一词来做自己部族的名称，绝不是个简单的事情，它象征着历史上蒙古民族意识的一个跨越或者是一场革命。这是因为，首先，蒙古人此前虽然具备了"刚毅、勇敢和大无畏"的精神和典型性格，但是尚未形成在统一的、思想一致的苏力德大旗下的自觉共识。只有形成人们的自觉认识并上升到理念的高度，才有可能让人们自觉地执行和保护它。古代蒙古人在狩猎、游牧等生产活动中加深了对自然的认识，知道要与自然和谐相处的道理,对自然现象和自然界的力量有了一定的认识。所以他们对从山崖上倾泻而下的瀑布的力量有了深切的体会。或者说,他们对水的力量,对水和自己生命的联系有着很深刻的认识,希望自己部族也能够拥有如此不可阻挡的力量和顽强的生命力,所以,用奇颜来做自己姓氏。他们关于刚毅和勇敢的固有认知自然成了以"奇颜"命名的前提。从思维角度看,他们在部族间的残酷斗争中曾被击败的惨痛教训和万众一心、顽强抗争的决心,是他们以"奇颜"命名的直接原因。这反映他们由开初的共识模糊或尚未规范,逐步形成共识,这些共识虽然尚显朦胧、模糊和浅显,但毕竟是走上了理念化的道路。究其原因,在部族联合刚刚开始的时候,用什么样的名称来凝聚自己、震慑敌人,是思想认识方面的重大问题。"奇颜"名称,作为旗帜和神灵的象征出现在蒙古文化史上。所以,"奇颜"这一名称就成了蒙古人的民族精神的重要起源。其次,关于当时的蒙古人为什么崇尚共同的勇敢斗争精神,并以"奇颜"作为自己的名称?拉施特的《史集》中有明确的记载。在《额尔古纳昆传说》(又名《化铁熔山》)①这个古老传说中记述道:"在大约二千年前,有一个叫'蒙古'的部落同另一个叫'突厥'的部落发生了内讧,彼此厮杀。结果蒙古部落战败,遭到了其他部落的残酷的杀戮,以致(蒙古部落)中间仅存两男两女。"所谓"仅存两男两女",想必是以一种传说的手法生动描绘了之后的大蒙古国是由两对男女繁衍生息,经过艰苦斗争,由少变多,由弱变强的发展过程,以此表现蒙古文化伟大的生命力。根据历史文献的考证,奇颜和捏古思,其实是堂兄弟,分别为自己部落的首领。不管史实如何,他们在战争中虽然蒙受重大挫折,但是没有悲观绝望,也没有与强大的敌人蛮干而导致全军覆没,而是总结经验教训,统一思想,凝聚力量,选择了一条艰苦努力、恢复生机、重整旗鼓的道路。这是以"奇颜"命名的历史原因。可以说,奇颜是一种总结。其三,蒙古人在奇颜精神鼓舞下,面对凶悍的敌人进行战略性的"撤退"或转移,退居"额尔古纳昆"山中,开辟奇颜部的新"根据地","在那些山脉和茂密的森林里,生齿日繁,住地越来越显得狭窄拥挤,于是大家共同商议,设法迁出这严寒的山谷和狭窄的山国。他们终于

---

① [波斯]拉施特:《史集》(汉文版),余大钧、周建奇译,商务印书馆1983年版,第252~253页。捏古思,古代蒙古氏族之一,传说蒙古部被突厥所败,余二对男女,逃入额尔古纳昆山中,其中一户名奇颜,另一户名捏古思,他们历经数百年,繁衍生息,化铁熔山,走出峡谷,最后成为蒙古人的祖先。

找到了一个老铁矿,一块儿炼过铁的地方。他们聚集一起,从森林中准备了整驮整驮的柴和炭,宰了七十头牛和马匹,剥下整张的皮革,制造了风箱,(接着)在那座山麓下堆起了柴炭,准备停当,用七十个大风箱,同时鼓起了火焰,一直鼓到山麓熔解。这样,不仅获得了无以计数的铁,同时也打通了通道。他们迁出了狭窄的山谷,来到了辽阔的草原。据说,用鼓风箱熔铁的主要是奇颜部那个支系的人……所以,人们没有忘记这些山脉以及熔铁炼铁的事业,而且在成吉思汗的氏族中,存在着一种世袭家风,即在除夕之夜,准备好风箱、熔矿炉和煤炭,把少量的铁块烧得通红,将它放在铁砧上,用锤锻打,使它延伸(成条),以示感激(解放自己的恩情)"。由此可见,奇颜不仅在蒙古历史上成为社会斗争和战争的思想武器,在与自然的斗争中也同样发挥了积极作用,应该说这是令人惊奇的现象。人们如果能将自己的物质成果和精神成果用"礼仪"或者"风俗"的形式固化下来,那它就将成为文化的力量,从而影响自己的人性和世界观。这便是有什么样的文化,就造就什么样的人的道理。如果奇颜人不是将那些历史有意识地融入"礼仪""风俗"的模式中,用一种文化的要求自觉地加以传承下来,那么,他们就不会在众多部落历史大搏斗中脱颖而出,也不会培育出像孛端察儿、合不勒汗、成吉思汗等民族英雄、伟大思想家、杰出政治家,更不会带来蒙古民族的崛起。

综上所述,古代蒙古人将自己氏族命名为奇颜,在额尔古纳昆深山中经历了数百年、十几代人的休养生息,韬光养晦,造就了如同"从山崖上倾泻而下的瀑布"那种性格的蕴含着"力量""生息"和"兴旺"的奇颜精神。它具有以下几个特点:1. 从一开始,"奇颜"就以思想觉悟的共同规范形式出现了;2. 其内容在初期主要是倡导"刚毅、勇敢、大无畏"等精神,而经过额尔古纳昆几百年的磨炼,奇颜人的集体英雄思想更趋于成熟和完善,在坚持依靠自身的力量发展自己的同时,把这些力量凝聚成"激流""瀑布"般的团队力量,更加理性化;3. 把原来共同崇尚的以部族名称激发群体力量的简单方法升华到"礼仪""风俗"这样带有规定、规范性的活动,使之拥有了更长久、更广泛的影响力。由此可见,奇颜精神由起初的仅仅为部落氏族思想武器,到后来它已经完全规范化了,成为一种固定的思想和精神了。也就是说,它已经成为符合当时时代要求和奇颜部的实际的思想武器了。《额尔古纳昆传说》里所反映出的思想是深刻而又有影响力的。德国大哲学家黑格尔在论述史诗和民族精神时指出："史诗是某一个民族的'传说''书籍''圣经'。任何一个伟大的民族都是用这个不可比拟的原创来表现自己民族古代的精神的。从这个意义上看,史诗的这种忆念是该民族特有的思想觉悟的基础。可是如果不包括英雄史诗后来人的作品的话,史诗就是民族原貌的博物馆。"[1]在研究和了解蒙古族古代历史时,如果忽视或者脱离那众多的英雄史诗和传说的话,就不可能得出正确的判断和可靠的成果。

三、合不勒汗"复兴"奇颜的历史意义

历史发展的道路是曲折的。奇颜精神鼓舞和激励了古代蒙古人,特别是在额尔古纳昆的辉煌成绩惠泽了奇颜部落十几代人。但是,出于历史上的种种原因,从阿兰豁阿直到合不勒汗时代,即从孛端察儿—合必赤巴特尔—篾年土敦—合赤曲鲁克—海都—伯申豁里多黑申—屯必乃薛禅时代,"奇颜"这个名称曾一度被忽视,甚至弃之不用。在《多桑蒙古史》中说:"至朵奔伯颜时代,人口众多,遂分解诸多氏族,各自命名,奇颜之名乃被弃之,现又重新用。"[2]这是一个非常奇怪并且十分复杂的问题。要搞清这个问题虽然会涉及众多相关历史问题,况且搜集查阅相关史料又非常困难,但是当时那些思想认识方面的斗争的主要内容和脉络似乎可以为我们提供了探讨研究这个问题的可能。蒙古地区当时是以依靠自身力量发展为主,还是以依靠天神的恩赐为主的思想认识争论十分激烈。这场争论乍一看似乎是思想认识方面的问题,其实这是历史发展的必然。这是因为,这个历史时期,正是蒙古高原的社会刚刚从部落联盟转向国家政权转型时期。奇颜这个概念和奇颜精神,是在部落联盟的需要下应运而生的,而且在实际生活和斗争中发挥了真正的作用,它增强了蒙古各部的团结,振奋了他们的精神,成为他们在部落斗争和同自然斗争的有力武器,使他们从胜利走向胜利。这也是古代蒙古人在奇颜精神激励下依靠自身力量发展壮大的思想的胜利。当时,关于自力更生方面完整的科学理论机制虽然尚未形成,也不可能形成,但是他们毕竟还是以"奇颜"命名部族,并通过将奇颜光辉事迹纳

---

①[德]黑格尔:《美学概论》(蒙古文版),内蒙古人民出版社1988年版,第71页。
②《蒙古秘史》中共记述了成吉思汗22世祖先,从13世的孛端察儿到19世的屯必乃薛禅,曾放弃了奇颜的名称。——译者

入自己的"礼仪""风俗"方式,将奇颜精神传承了十几代之久。毫无疑问,奇颜的传说虽然有广泛的传承和影响,但当时的奇颜精神也仅仅是部落族群团结奋斗的思想武器而已。其后的蒙古社会开始向为建立国家政权的斗争转型时,这种精神就难以满足新的斗争形势的需要了。因为,随着人口的繁衍,领土的扩大,人与人之间的关系更趋复杂,特别是随着私有制和阶级的明朗化,人与人的关系中政治因素显得更突出了。正是在这个关键时期,以阿兰豁阿为首的部落上层提出了"天之子""众汗之汗"①这样全新的理论纲领和政治纲领,拉开了将战乱和分散的蒙古社会组合成国家实体的序幕。阿兰豁阿的政治主张和理论要求虽然对当时的社会团结统一和稳定有巨大指导意义,特别是其子孛端察儿"人要有首领,衣要有衣领","去将那些无大小、无强弱、无首尾之分的平庸庶民征服于掌中"(《蒙古秘史》)的思想论点,更是将其母亲阿兰豁阿的思想具体化了,但是其后的合必赤巴特尔至屯必乃薛禅等六七代汗一直未能成就大业。也就是说,谁也未能"奉上天之命"(《蒙古秘史》)做可汗来统治"合木黑·忙古勒"。阿兰豁阿及其子孛端察儿在宗教信仰方面到底是什么样的,目前难以考证加以确认,但是她(他)们显然是坚持"奉上天之命"观念的。所以不管她(他)们是萨满教徒或是其他什么信仰者,对蒙古地区流行广泛的"奉上天之命"观念肯定是起到过推波助澜的作用的。由此,我们可以想象合不勒汗"恢复奇颜"(或者称为"复兴奇颜")②的目的,以及在努力"恢复奇颜"的过程中所面临的困难。一方面是,把弃之不用且已经长达六七代的奇颜这个名称重新恢复过来,其难度是可想而知的;另一方面"奉上天之命"思想观念本来在社会上根深蒂固,加之阿兰豁阿、孛端察儿等一代又一代的部落上层长期加以支持和弘扬,使得"恢复奇颜"难上加难。在这种条件下,合不勒汗以坚强的毅力和大无畏精神,克服种种艰难险阻,团结奇颜人,经过长期艰苦卓绝的斗争,最终以不儿罕·哈勒敦③山区为中心,在蒙古高原的东北部建立起最初的奇颜政权——

①[瑞典]多桑:《多桑蒙古史》(上册)(蒙古文版),内蒙古人民出版社1990年版,第71页。

②"恢复奇颜"或"复兴奇颜":蒙语为"sergeeh",不仅是恢复奇颜的称呼,更包括奇颜精神和文化,本书两种提法并用。合不勒汗是成吉思汗的曾祖父,在奇颜名称被停止使用数代后,到他的时代恢复了这一名称,并且建立了蒙古部落联合的政权实体。

③不儿罕·哈勒敦:蒙古高原古代山名,具体位置说法不一,一说在肯特山的某个区域,一说为贝加尔湖南侧之山。

合木黑·忙古勒。"合不勒汗掌控合木黑·忙古勒。"①

　　把合不勒汗建立"合木黑·忙古勒"——全体蒙古人的政权以及他所获得的成功与其"恢复奇颜"的政治思想的努力相联系，这是理所当然的事情，也是可行的研究方法。所以，一些学者认为，从孛端察儿第8世孙合不勒汗到也速该巴特尔把自己称作"尼鲁温－奇颜"，不赞成"奉上天之命"之观点。这种认识是符合合不勒汗的政治观点和具体情况的。无论如何，现在看来，合不勒汗"恢复奇颜"，是有重大历史意义的事情，它也为后来"依靠自身力量"和"奉上天之命"思想的历史性统一和相结合创造了极为有利的条件和可能。

　　纵观奇颜精神的发展历程，它和历史上所有其他进步思想一样，是从初级阶段逐渐向高级阶段发展的。但它的发展不是沿着一条完全笔直的道路一帆风顺地走过来的，而是经过否定之否定蹒跚而来的。具体地说，阿兰豁阿哈屯主张的"奉上天之命"思想，是对奇颜的"依靠自身力量"的思想之否定，而合不勒汗"恢复奇颜"，则是对"奉上天之命"思想的又一种否定。合不勒汗"恢复奇颜"虽然在说法上和崇尚英雄主义方面保留了古代奇颜的说法，但它自然是更具鲜明特色的、更高一层的奇颜。毫无疑问，对这种新的奇颜精神的集大成者当属铁木真——成吉思汗是也。对此我将在下一章中展开来讲，在这里不再赘述。

　　合不勒汗所恢复的奇颜精神的主要特点，就是使奇颜精神为政权事业服务。如果不是合不勒汗把诸多部落、氏族凝聚在以奇颜为支柱的共同观念上来加以正确引导和共同奋斗，奇颜政权——"合木黑·忙古勒"的建立是不可能实现的，继而"尼鲁温－奇颜""也速该奇颜""奇颜孛儿只斤氏"等在蒙古史上占有重要地位的这些神奇名词也就不复存在了。

　　归纳起来说，合不勒汗的"恢复奇颜"，绝不仅仅是恢复一个部落的姓氏名称的事情，而是在蒙古思想史上重新恢复奇颜精神的大事情。从此以后，开始了"尼鲁温－奇颜"政权建设的实践，其后又经过"也速该奇颜"阶段，最终由成吉思汗创建大蒙古国，掀开了奇颜部孛儿只斤氏的历史新篇章。合不勒汗以极大的毅力和坚定的决心恢复和继承奇颜精神，是对当时蒙古社会普遍存在的

———————

①详见巴雅尔：《蒙古秘史》（蒙古文版），内蒙古人民出版社1980年版，第75页。

"奉上天之命"思想进行的变革。他一方面在削弱"奉上天之命"思想的影响，鼓励倡导依靠自身力量的观念；另一方面又继承了阿兰豁阿夫人所推行的"众汗之汗"的政治纲领，这才得以创建自己的国家政权。所以，值得强调指出的是，合不勒汗所恢复的奇颜，不仅仅是为了出生于阿兰豁阿夫人"纯洁的腰（尼鲁温）"之声誉，而是提升到"众汗之汗"，国家民族之支柱这一高度。因此，奇颜精神也由原来的作为氏族群体的徽记意义的旗帜，到了合不勒汗时代，已经变成了具有全体蒙古人的国家徽记意义的旗帜了。

合不勒汗，是杰出的政治家、伟大的思想家。合不勒汗"恢复奇颜"，在思想意识方面力主弘扬艰苦奋斗，在依靠自身力量发展精神的同时，对阿兰豁阿夫人的思想观念也做了批判性的对待。他淡化了"奉上天之命"思想，却创造性地继承了"众汗之汗"思想，在蒙古政治史上第一次建立了国家实体，增强了蒙古人的政权意识，对整个蒙古的发展，特别是对成吉思汗伟大事业的成功摸索了经验，夯下了坚实的基础。因此，必须正确评价合不勒汗"恢复奇颜"，创立奇颜部政权——合木黑·忙古勒，在整个蒙古政治史上具有划时代的意义。倘若把成吉思汗建立的大蒙古国与其曾祖父合不勒汗政权理论和实践割断开来，那么，蒙古历史的继承和发展的内在联系就会断层，也就不能够正确理解它。成吉思汗建立的大蒙古国，是合不勒汗创建的"合木黑·忙古勒"政权的直接继承和发展。合不勒汗生有七个儿子，但是他却把桑昆必勒格之子俺巴孩推举为全体蒙古之汗，这说明他是以政治大局为重的。[①] 这在《蒙古秘史》中有明确记载。在蒙古社会向封建社会发展的关头，合不勒汗能够从大局出发，不从自己以骁勇闻名的七个儿子中确立大汗，而是让奇颜部的泰赤兀惕氏俺巴孩做可汗，当属非常之举。这只能用奇颜的集体主义觉悟来解释。如果合不勒汗没有把整个蒙古事业放在头等地位的思想觉悟，那他绝对不会有此壮举的。只因为合不勒汗把整个蒙古的利益、整个蒙古的政权放在首位，从"恢复奇颜"的认识高度出发，才正确处理了这个问题。可惜的是，俺巴孩汗后来犯了重大政治错误，事后虽然认识到自己的错误，但为时晚矣！关于此事《蒙古秘史》中记载了俺巴孩之遗言："身为全体之可汗、一国之主，而亲送出嫁女，应以我为戒，我被

---

①合不勒汗建立全体蒙古政权后，将领导蒙古政权的大任交给其父堂弟桑昆必勒格之子俺巴孩，立他为汗。俺巴孩是奇颜部另一支，与孛儿只斤氏并存，后称泰赤兀惕。

塔塔儿百姓所擒矣。"①

众所周知,以国家利益和集体利益来做指导自己行为的准则,这才能称作政权意识。可是俺巴孩汗却把政治与生活、政权需要和家庭关爱混淆起来,亲自送出嫁女,招致敌人擒获和杀害。当然,他在遗言中从政权和国主的高度来总结汲取这个教训,做了自我批评,说出"以我为戒"的训诫。值得一提的是,这对蒙古人来日增强政权意识有着重要的意义。

在《多桑蒙古史》中也有合不勒汗"有七子,均以骁勇闻名,其称为奇颜惕"的记载。这一方面说明了合不勒汗的家教成功之处和对奇颜的认识,另一方面也说明他们在社会上的影响和口碑。在《蒙古秘史》第 139 节中还有一段这样的相关记载:"这些主儿勤百姓,成了主儿勤的原委是:当初合不勒汗的七个儿子当中,最年长的是斡勤巴剌合黑。他的儿子名为沙儿合秃主儿乞。由此,他们被称之为主儿勤氏。因为他是合不勒汗诸子中年长的,就从百姓当中拣选出了:

> 肝上的胆儿大的(作战勇敢的),
> 拇指的挽力大的(拇指强有力,能远射),
> 胸腔里心脏大的(有雄心壮志的),
> 说话的口气大的(满口傲气的)。

在所有武艺高强的男子中,选拔年富力强者给了他。这些人成为了有气魄、有胆量、有勇气、有雄心的群体。因此,就叫主儿勤氏。②"

"合不勒"这个名字因其奇特而引起人们的注意。学者满昌先生在其《新译注释〈蒙古秘史〉》中写道:"在呼伦贝尔盟额尔古纳旗有三河而闻名,三河即哈不鲁河、得尔布尔河和根河。哈不鲁河即以合不勒汗的名字命名。"③所以"合不勒"这个名称或许是合不勒汗的长者们所赐,或许是合不勒汗自己起的名字,

---

① [蒙古]达·策仁索德诺姆:《蒙古秘史》(蒙古文版),民族出版社 1993 年版,第 46 页。

② 《蒙古秘史》第 139 节,汉文译文摘自阿尔达扎布:《新译集注(蒙古秘史)》,内蒙古大学出版社 2005 年版,第 249 页。

③ 满昌:《新译注释〈蒙古秘史〉》,内蒙古人民出版社 1985 年版,第 34 页。

都使人们不由联想起古代蒙古人用奇颜命名,以及"额尔古纳昆"等等。也就是说,"恢复奇颜",对于合不勒汗来说是与他的名字一致的,"合不勒"就是奇颜的别名,也是关于额尔古纳昆的回忆和归宿。

四、诃额伦兀真擎旗亲征与苏力德教育

经历了从"额尔古纳昆传说"到"阿兰豁阿哈屯的传说""孛端察儿的传说"所反映的时代,再到合不勒汗的"合木黑·忙古勒"的时代,随着在蒙古高原上出现大统一的需求,将不可避免地孕育出一个伟大的历史人物,并由他担起建立大蒙古国的重任,这是历史发展的必然趋势。任何一个必然性都是通过某一个偶然性来出现的。蒙古高原上的这一历史必然趋势怎么就会由也速该之子铁木真来完成了呢?研究这一问题,必须从诃额伦兀真的家教影响着手。诃额伦兀真的教育正确反映了当时社会发展的总趋势,继承了奇颜部的英雄传统,并将其极为深刻、极为灵活和极为坚定地传承和发扬下去。这对铁木真——成吉思汗的健康成长并成就大业起到了十分重要的作用。对于这一点,当今的国内外学者都有共识,并为之惊叹。诃额伦兀真的成功家教可以从多方面去研究和总结,但是关于苏力德旗的教育却是诃额伦兀真家教中令人叫绝的部分。

在也速该巴特尔去世之后,包括他们的血缘部落泰赤兀惕都认为"深水已涸矣,明石已碎矣"。[1] 故迁徙而去。当时,晃忽坛[2]部蒙力克之父察剌合老人上前劝阻泰赤兀惕部,不要弃诃额伦兀真孤儿寡母而去,泰赤兀惕人不仅不理睬,还向察剌合老人的脊背上刺了一枪。当铁木真去看望老人时,察剌合说:"当你贤父属民散去时,我前去劝阻,被他们扎上了。"铁木真听了哭着走了出去。闻此消息,"诃额伦兀真跨上马背,举起大纛,去追散去的部众。经诃额伦兀真的努力,有部分百姓回到了营地"。

让我们回顾分析这件事情:首先,诃额伦兀真手擎也速该巴特尔的"大纛"(旗帜),跨上马背,奋力去追泰赤兀惕百姓,就这一点,给当时年幼的铁木真以极深刻的印象和教育,这是显而易见的。这次,也速该巴特尔的"大纛",在诃额

①特·官布扎布、阿斯钢:《蒙古秘史》(现代汉语版),新华出版社 2006 年版,第 80 页。
②晃忽坛:也作"晃豁塔歹"。蒙古尼鲁温部一支,奇颜后裔,蒙力克曾照管诃额伦一家,铁木真尊其为父。

伦兀真手里就代表着苏力德,虽然没能把泰赤兀惕百姓全部震慑过来,但这是诃额伦兀真以现身说法和苏力德的信念给铁木真所进行的深刻的教育。如果说在此之前,也就是德薛禅在见到也速该巴特尔带领铁木真去相亲时说的"也速该亲家呀,昨夜我做了个梦,梦见一只白海青抓着日月二者飞落我手上。日月乃是用眼观望之物,可那白海青则抓着它落到了我手上。我曾对人讲,不知此梦是什么吉兆? 如今,你领着儿子来到了这里,我的梦便有了答案啊! 原来是你奇颜百姓的苏力德(神灵)来预告我的呦"。这一段话的深邃内容,当时年仅九岁的铁木真不完全听得懂,但是,通过这一次诃额伦兀真擎旗追回百姓这一事件,完全可以使铁木真受到一次深刻的苏力德教育。可以想象得出,铁木真的曾祖父合不勒汗"恢复奇颜",德薛禅对也速该巴特尔讲的话,以及诃额伦兀真擎旗追百姓的举动,都是为了表示一个信念,就是在奇颜苏力德的指引下,继承和发扬古代奇颜人的光荣传统,磨炼意志,坚持把合不勒汗、也速该巴特尔等人开创的事业传承并向前推进。倘若没有奇颜苏力德这样的精神象征,没有也速该巴特尔等人的继承和发展,就不会有诃额伦兀真那"擎旗"的果敢行为,也就很难理解诃额伦兀真的战斗精神。尤其是后来成吉思汗的九斿白旗也就不会有那样深刻的文化底蕴。归根结底,奇颜苏力德也罢,诃额伦兀真擎旗也罢,都是传统奇颜理念所表达的力量象征。相比于古代蒙古人以奇颜的部族名称来规范自己,这在思想意识方面是更加进步和更加科学化的方法和象征了。

《蒙古秘史》第 198 节中对"纳忽昆山崖之战"有很详细的记载。历史证明,这是在大蒙古国建立中具有决定性作用的战役。成吉思汗清晰而深刻地认识这场战役的重要意义和其在自己成就大业中的重要地位,所以,他认真细致地做了这场战役的准备。这里结合这个题目仅举一个例子,那就是成吉思汗选择了吉日,于"鼠儿年(甲子,1204 年)夏首(4 月)十六日红望日,祭了旗纛出征",向乃蛮之首塔阳汗发起了毁灭性的进攻。由此可见,祭旗(祭苏力德),不仅仅是奇颜传统仪式,而是一种信念、信仰的象征。

其次,教育内容的原则性和以身作则的统一性,是诃额伦兀真教育方法的又一特点。诃额伦兀真用克服困难、勇敢斗争的行为教育子女的"示范教育"的故事在《蒙古秘史》中用几句诗词非常精辟地做了描述,这里不妨选两段为例:

贤能美丽的诃额伦夫人，

手握铁器和弯钩，

穿行沟壑无阻拦，

挖来野菜满屋香，

养育儿女快成长。

贤能坚强的诃额伦，

用野菜喂养的孩子，

出类拔萃地成长起来！

贤达美丽的诃额伦，

用野菜喂养的孩子，

气色不凡地壮实起来！

诃额伦夫人养育的孩子，

个个长成英雄模样；

诃额伦夫人养育的孩子，

个个长成俊杰的模样。[①]

包括家教在内的所有理论和实践都证明，教育成果的好坏、大小，与其世界观、信仰有着直接的关系。奇颜精神的教育在铁木真身上显现出如此巨大的成果，其主要原因是诃额伦兀真的伟大精神所施予的强大影响。在诃额伦兀真的刚毅形象影响下，成吉思汗成长为刚毅、勇敢和足智多谋的人。诃额伦兀真对奇颜部的英雄史，对其传统深刻敬仰和充满信心，并以此教育自己的后代，所以其后人尊称她为"方正夫人"。

再次，诃额伦兀真的教育方法既灵活，又具针对性，同时也显示出其个性特征。作为蒙古族古代教育杰出代表的诃额伦兀真，她深知如何提高自己教育的权威性和实际效果。例如，她在对子女教育中常常是"以古语为据，以祖训为鉴"。一方面表明她的教导来之有根有据，是有原则性的"方正"之言；另一方面则提高了自己教育的权威性，这说明她十分注重教育的方式方法和内容效果。

[①]转引自特·官布扎布、阿斯钢：《蒙古秘史》（现代汉语版），新华出版社 2006 年版，第 26 页。

令人佩服的是,诃额伦夫人在引经据典时,没有把古训祖训教条化,而是采取将历史和现实相结合,古代和现代相结合,外部和内部相结合的灵活多样的方式进行。奇颜人古代的"阿兰豁阿折箭教子"的传说就包括了依靠自身的力量和"奉上天之命"两种力量的结合,共同存在。诃额伦兀真针对当时的社会现实和子女们面对的问题,进行有的放矢地和新鲜有趣地指教。她在自己子女们发生矛盾时说道:"你们怎么又像过去阿兰豁阿的五个儿子一样互不团结呀?你们不要那样,好不好?"正如《蒙古诸汗源流黄金史纲》中关于阿兰豁阿折箭教五子的传说记载的一样:"你们兄弟五人合力在一起,就如这五支箭在一起一样坚实。"①这是何等精彩的教育!这个记载要比《蒙古秘史》中记载的传说更为直截了当,主题鲜明。由此证明,奇颜传统甚至可以说是"力量的传统"或者是"依靠自身力量的传统"。

概括起来说,诃额伦兀真擎起也速该巴特尔的"大纛"(旗帜),以力量的教育为中心,把古训教育和以身作则的楷模教育结合起来,把家庭教育和社会教育结合起来,进行了深刻而又富有成果的教育,这才孕育出了铁木真这样的儿子,并使其成长为完成世界历史上最为震撼人寰的业绩的成吉思汗。当然,我这里讲的是诸因素之一,成吉思汗的业绩的成因并不排除安答团队的因素、个人拼搏努力的因素和诸多客观环境的因素。

五、成吉思汗奇颜精神的时代特征

从在额尔古纳昆中繁衍生息的古代蒙古人的精神到后来的阿兰豁阿时代被"奉上天之命"思想所取代,到了合不勒汗时代又恢复奇颜精神,完成了奇颜精神的否定之否定,使奇颜精神步入了发展新阶段。而成吉思汗从合不勒汗和也速该巴特尔那里承袭下来的"尼鲁温－奇颜"和"也速该奇颜",特别是诃额伦兀真那"方正"(有原则的、正统的)教育所给予的影响,使他成长为坚强、睿智和卓尔不群的人。在历尽千辛万苦创建大蒙古国的进程中开创了奇颜孛儿只斤的新时代,给奇颜精神注入了具有新时代特征的活力。这些特征主要表现在奇颜精神的实践性、政治性和哲学性上。

---

①佚名:《黄金史纲》(蒙古文版),留金锁校注,内蒙古人民出版社1980年版。

　　要说奇颜精神在成吉思汗时期的发展特点,首先需要再一次强调的是,奇颜精神的一般内容的最早定义是"刚毅、勇敢、大无畏"。它从一开始便以氏族团体精神的特征来出现。学者巴根那先生在《蒙古族哲学思想史中的"天"与"人"的关系》的论文中对"刚毅、勇敢和大无畏"精神做了具体而又明晰地诠释。在成吉思汗少年时期,为了躲避泰赤兀惕人的袭击,躲在深山老林时,他一方面克服"天之恩赐"观念的影响,另一方面下定决心,勇于挑战,战胜艰难险阻,从泰赤兀惕人手中脱逃。分析起来,这其中包括以下四个方面的素质:"其一是信心。信心是指一个人对自己生存的企望和实现这一企望所必备的精神和遵循的方向。在人的一生中,信心就如同苏力德旗帜一样指引前进之路并且使他不断地拼搏。当时铁木真怀有与其等死,不如拼搏求生的信心。其二是英勇果敢。英勇果敢就是一个人面对困境和灾难决不惧怕,而是奋起抗争的精神。其三是智慧。智慧是人们对事物的正确认识和把握,并有正确处理这些事物的能力。铁木真躲入深山密林中,无饮无食九天,面临饿死的危险,他再也不能指望苍天会给他任何舍施,只有依靠自己的力量,走出森林,为自己找到生路。这是他睿智开启,思想觉悟的实际表现。其四是诚实。"①巴根那先生总结的这四个方面的素质,正是依靠自身力量努力奋斗的奇颜精神的具体写照。特别是从当代思维学研究的新成果角度来观察、分析,这对研究成吉思汗智慧特点具有特别重要的意义。"刚毅、勇敢、大无畏",是古代蒙古人自古保持的优秀传统,这一点已由奇颜命名而得以证明了。但是"刚毅、勇敢、大无畏"只有在互为条件、互为补充和共同信守的条件下才真正变成健全的素质,这是当代心理学研究领域中的科学结论。由这三项内容组成的古代蒙古人的英雄本色后来通过用"奇颜"来命名,并赋予它"像激流、瀑布一样有锐不可当的力量"这样新的内涵和要求,进一步丰富和强化了蒙古人的奋斗精神的理念。毫无疑问,如同奇颜、激流和瀑布的形成必须以有山谷和高崖作为先决条件一样,成吉思汗之所以能够继承和发扬奇颜精神,就是因为成吉思汗准确把握了社会发展的趋势,正确代表了人民群众的要求,所以才能成就伟业。与此同时,铁木真从一开始就不是死板地去理解和运用奇颜精神,而是在克服天命思想的同时,又将自

---

①巴根那:"蒙古族哲学思想史中的'天'与'人'的关系",载《内蒙古社会科学杂志》2001年第6期。

己的志气、信心和智慧充分发挥出来而形成的。

在这里我们要简单归纳一下成吉思汗奇颜精神的实践性:那就是以诃额伦兀真和祖辈的教导为依据的"方正"(正统)教育哺育出来的铁木真——成吉思汗创造性地继承和发展了奇颜精神,从孤儿寡母那时起就能够克服和战胜一个又一个的艰难险阻,在从 12 世纪末到 13 世纪初的二十余年时间里,经过无数的残酷战争,把分散在蒙古高原上的诸多部落统一起来,最终于 1206 年在鄂嫩河畔建立起大蒙古国,九斿白旗高高飘扬在草原上。这就是成吉思汗奇颜精神的实践性。成吉思汗奇颜精神的实践性,是他的政治性、哲学性的基础,同时,也在政治性和哲学性之中贯穿始终。因此,研究成吉思汗奇颜精神的实践性的内容和特点时,就应该与它的政治性和哲学性这两个特点相结合。

所谓成吉思汗奇颜精神的政治性,是指蒙古高原上在阿兰豁阿提出的"众汗之汗"这一政治纲领或指导思想下,经过合不勒汗创立的"合木黑·忙古勒"的政权,最后由成吉思汗建立大蒙古国,奇颜精神变成了大蒙古国的国家精神。它的集中体现就是九斿白旗。这样,奇颜部的苏力德旗帜转而变成了整个大蒙古国国家的徽旗。这种转变在形式上是由原来的白海青象征改为九斿白旗。从此以后,奇颜精神——九斿白旗就不仅仅是部落联盟团结的象征,而是蒙古封建王朝的政治象征了。当然,对成吉思汗奇颜精神的政治性,仅仅用其国家徽旗——苏力德精神来解释是远远不够的,而是主要以成吉思汗的"札撒"和"大札撒"①的全部内容来解释才算全面。所以,如果要对成吉思汗奇颜精神的政治性做全面研究和了解,就必须从"大札撒"的研究着手。

成吉思汗奇颜精神的政治性内容,也随着时代的发展而深入发展。1206年,成吉思汗建立大蒙古国后,把"刚毅、勇敢、大无畏"的要求自然而然地转向了保护政权,维护大蒙古国团结和巩固,使之永远存在这一政治目标上来了。所以成吉思汗对自己的子嗣和家族提出了这样的训诫:

---

①"札撒"和"大札撒":蒙古语,"札撒"是成吉思汗有关军队的法规、制度;"大札撒"就是"大法典",是蒙古帝国最早的法律、法规、制度的综合体,包括政治、经济、军事等多方面内容。它对大蒙古国的思想道德传统的确立,对维护帝国的统治,对军事扩张的胜利,乃至社会生产生活都产生了重大的、长久的影响。——译者

> 我的子嗣和家族们,
>
> 今后务必珍视和护卫这,
>
> 来之不易的皇权和荣誉;
>
> 务必保持这辛苦而来的,
>
> 政权的稳定和巩固。
>
> 我的子嗣和家族们,
>
> 今后务必守卫这,
>
> 奋斗而来的国家。
>
> 如果不能保卫和巩固她,
>
> 我们的努力将付之东流。
>
> 比起创建这个国家,
>
> 守卫好她是更重要的。①

这清楚地说明要维护大汗的地位和尊严,保障国家政权的巩固,保卫大蒙古国,就是当时奇颜精神的主要特征。更为引人注目的是关于"成吉思"这个名字的来历问题。有关"成吉思"这一名字,国内外学术界已经研究了数百年,可以说是众说纷纭,莫衷一是。例如:有的从蒙古语构词学角度来解释,有的认为来源于萨满教,有的联系到白海青鸟,等等。我个人则倾向于学者达·策仁索德诺姆先生的解释。达·策仁索德诺姆先生说:"波斯拉施特对该名词的解释总体来说是正确的。'qing'这一词在蒙古语中是'坚固'的意思,'qinggis'是它的复数形态。"②(汉语将其拼作"成吉思",准确发音应为:qing。)也有人解释说"qinggis",是古代蒙古语,如宝音贺什格先生在《〈成吉思〉名称考》一论文中说"成吉思"一词在厄鲁特方言中是常用词,在民歌中有"qib qige Urusgal tai qing-gis qagan usun"③这样的唱词。在《祭火颂》中有"qinggis qiloon"这样的词句,也有"成吉思"是"qing"和"is"两个字组合而成的书法,解释为"平定巩固"之意。

---

①孛儿只斤·额尔敦宝鲁德、S·纳尔森、克列·那楚克新:《成吉思汗金书》,内蒙古文化出版社2000年版,第138页。

②[蒙古]达·策仁索德诺木:《蒙古秘史》(2),民族出版社1993年版,第345页。

③该句的意思是"铁一样父亲、石一样母亲",其中"石"的形容词正是"成吉思",是"坚固"的意思。——译者

我认为,当时的晃忽坛部首领蒙力克之子胡克楚萨满①是个非常聪明的人。他在当时极为敏锐地察觉到铁木真的意图和心理,在他看来,铁木真巩固汗权,让大蒙古国江山永存是问题的关键所在。所以,胡克楚萨满正是迎合了铁木真的这种愿望,提出了以"成吉思汗"命名的建议。这不但合乎"长生天"之意,也完全符合当时蒙古上层阶级的意愿,因而理所当然地得到了大家的一致赞同。概括来说,奇颜部发展到成吉思汗时代,在原来的"刚毅、勇敢、大无畏"精神的基础上进一步"坚固",更能体现出蒙古政权的牢固、有力量这一层意思。

所谓成吉思汗的奇颜精神的哲理性,就是说奇颜这一称号已经不再仅仅局限于蒙古人的英雄性格、素质和国家政权的象征这一点上,而其理性含义则升华到了力量的标志和象征上来了。成吉思汗思想的核心就是力量。作为伟大思想家的成吉思汗充分发挥其智慧,清楚地分析和区分了身体的力量和思维的力量,人的力量和自然的力量,人的力量和天的力量,个人的力量和集体的力量的关系及区别,使其相互结合,提出了一系列的哲理箴言,做出了一系列的政令指示。著名蒙古学者、俄罗斯人符拉吉米尔佐夫就指出:"成吉思汗将自己辽阔的国土分封给自己的子嗣,又将他治理国家的'札撒'和'必力克'留给了后人。"②他所留下的"札撒"和"必力克"中贯穿的基本观点就是"力量"。不过他把传统的奇颜精神所表达的"力量"变得更具有哲理性了。我们可以试举成吉思汗"必力克"训诫的两个例子来阐述:

> 吃肉的牙长在嘴里,
> 吃人的牙长在心里。
> 身强者可胜一人,
> 心刚毅则胜众敌。③

---

①胡克楚萨满:成吉思汗身边的萨满(巫师),是"上天意志的传递者",他能"与天对话",因而当时他的话往往成为上天的旨意。

②[俄]符拉吉米尔佐夫:《成吉思汗传》,宝音德力格尔译,内蒙古人民出版社1981年版。

③罗卜桑丹津:《黄金史》,乔吉译注,内蒙古人民出版社1999年版,第401页。

身强者可胜独夫，

智高者可胜众敌。

与力士交友可成力士，

与智者交友可成智者。①

上述两个例子中有两处使用蒙古语"buke"，这两处"buke"我们汉译成"心刚毅"和"身强者"，在罗卜桑丹津的《黄金史》中记载道："心诚者志坚"。② 有关成吉思汗所说的"sedgelin kulug"（心之骏），专家们有各种各样的解释，我倾向于达·策仁索德诺姆先生"心刚毅"，即智高的解释。如果孛斡儿出没有那种刚毅的性格和坚强的决心，就不会在当时那样险恶的斗争环境中一心一意地跟随成吉思汗，忠心辅佐他，成为他的忠实战将和安答。所以，我认为在《蒙古秘史》中成吉思汗对孛斡儿出说："你以心之骏与我交友。"③此话意为"你以坚强的决心与我结为朋友"。再举一个例子，在赛熙亚乐编著的《成吉思汗传》一书中这样写道：

既然国家在掌控之中，

成了一国之主也。

蛮力要抑之，

睿智要扬之。

如果知道阴阳相辅，

就能制服一切强者。

如果不懂阴阳相辅，

写在掌心的东西也记不住也。④

成吉思汗最先将奇颜的力量分为"气力"和"智力"两种力量，这里的"气

---

①赛熙亚乐：《成吉思汗传》，内蒙古人民出版社1987年版，第514页。

②罗卜桑丹津：《黄金史》，乔吉译注，内蒙古人民出版社1999年版，第532页。

③［蒙古］达·策仁索德诺姆：《蒙古秘史》，内蒙古人民出版社1999年版，第963页。

④赛熙亚乐：《成吉思汗传》，内蒙古人民出版社1987年版，第514页。

力"指蛮力,或者理解为武力,"智力"指手段、方法和策略等。他认为既善于使用武力,又善于使用谋略方法的人,才能征服天下。回想当年成吉思汗的征战史,哪一次胜利不是气力和智力的完美结合? 对此,蒙古族著名作家和学者尹湛纳希就十分犀利地观察到这一点,他深刻地指出:

> 身体英雄者乃一代之英雄,
> 智慧英雄者乃万代之英豪。①

成吉思汗是理论和实践的统一论者。所以,能够成为千古英雄的杰出代表。刚毅、智慧和果敢,是扎根于蒙古文化沃土的蒙古人的思维特点和语言表述的精彩体现,这一点,其他语言是难以完整表达的。在蒙古语中"必力克巴特尔"这个词虽然可以译为"智勇双全的英雄",但言尽意不尽,其引申出来的更深邃的涵义,有着只能意会不可言传之绝妙。

成吉思汗将奇颜的"力量"(气力)分解为多种含意的名词,它可以包括身体的力量和思维的力量,个体的力量和团队的力量,人的力量和自然的力量,人的力量和天的力量等,把力量归结为具体的和抽象的两大类,或者是普遍性和典型性,这就将它上升到哲学思想的高度来认识了。它带有辩证的性质。我们知道,普遍性和典型性,抽象和具体的关系本来就是辩证法的核心所在。正因为成吉思汗在许多问题上善于运用辩证法,才能将自己的"必力格"(智慧)充分地发挥出来,用以启迪和唤醒蒙古民族,从而实现自己的目标。认清关于力量的辩证关系,并且出色地运用之,是他聪明智慧的集中体现。例如,成吉思汗完全理解个体力量和集体力量的关系,道出了像"众人可畏,深水可殆"②这样意义深邃的哲理之言。在个体力量和集体力量的统一上成吉思汗可称为光辉的典范。所以,忽视成吉思汗充分发挥集体力量的实践活动,把他曾经说过的"天的恩赐""天之气力"等思想与当时的时代背景割裂开来,把他的思想推定

---

①尹湛纳希:《青史演义》(蒙古文版),内蒙古人民出版社1979年版,第1454页。参见尹湛纳希:《青史演义》,黑勒、丁师浩译,内蒙古人民出版社2010年版。

②巴雅尔:《蒙古秘史》(蒙古文版),内蒙古人民出版社1980年版,第1410页。这句话各版本译法不同,如"众人可怕,深水溺人""人多则人惧,水深则人死"等等。本书采用此种译法。——译者

为只依靠天力,那将是有失公允的。成吉思汗信仰天的气力的思想到底达到什么程度,对此还很难断定。不过,作为杰出的政治家、伟大的思想家的成吉思汗成功地运用了"天之恩赐"和"天之气力"的思想,这倒是毫无疑问的。

"众人可畏,深水可殆",是成吉思汗伟大实践活动的科学性总结。它实际上是最集中、最准确地反映了成吉思汗的世界观的经典表述。在萨满教影响广泛而深刻的社会历史时代,只有利用"天之恩赐"论和"天之气力"思想,才能动员群众,发挥群众的力量,这是完全可以理解的。那么,成吉思汗是如何解决个体力量与天之气力思想的关系的呢?历史证明,将以奇颜为象征的依靠自身力量的传统观念同"天之恩赐""天之气力"的思想进行最巧妙、最艺术、最灵活的有机结合,使之为自己宏伟事业服务的正是成吉思汗。依靠个体力量和依靠"天之气力",这是一个非常棘手的、非常复杂的和涉及多方面观念的大问题。这一问题在当时来说是常人所难以回答和解决的。可是成吉思汗非常出色地解决了这个问题,这一点在现代学者们看来意见是基本一致的,但在具体如何解决的问题上仍存在不同的看法。俄罗斯蒙古学者符拉吉米尔佐夫在《成吉思汗传》中引用《史集》《元史》的记载写道:"这一天,作为他的朋友的伯剌诺颜问他(成吉思汗)说道:'汗王如此英明,所向披靡。斗胆请教您,到底是什么征兆在启迪您?'成吉思汗答道:'敝人在登基前,曾有独自出征的经历,遇六人在途中把守,一时不能通过,敝人持刀猛冲之。箭矢如雨点般袭来,未及伤身,敝人将该六人全部杀死,并通过了关口。当敝人返回时,看到六匹战马还在六个尸体旁停留。便将那些骑乘驱赶回来,所谓征兆,只此而已。'"①根据这一段记载,符拉吉米尔佐夫得出以下结论:"'长生天托付敝人,治理民众,乃大任也',这就是'天才的野人'的哲学。"②学者格·孟和先生在《成吉思汗哲学思想研究》一书中写道:"首先,他将人的力量放在天地力量之前,这是铁木真思想上的最基本的变化。""把天和人的影响对比起来,铁木真更重视人的力量,这是毫无疑问的。"③

前面提到的成吉思汗独自一人出征,"持刀猛冲之,箭矢如雨点般袭来,未

---

① [俄]符拉吉米尔佐夫:《成吉思汗传》,内蒙古人民出版社1981年版,第192页。
② [俄]符拉吉米尔佐夫:《成吉思汗传》,内蒙古人民出版社1981年版,第193页。
③ 格·孟和:《成吉思汗哲学思想研究》,辽宁民族出版社1997年版,第165页。

及伤身,将六人杀死……"等等,都是他英勇无畏所取得的胜利,是无敌力量的人性化,是奇颜精神的胜利凯歌! 如果忽略成吉思汗持刀冲向敌人的实践斗争,把这种勇敢行为看成成吉思汗是仅仅靠天的力气和运气来行事,从而把靠天的气力说成是成吉思汗的哲学理念的话,那只能是极粗浅、极片面的结论。同样,也不能根据成吉思汗说过"众人可畏,深水可殆"这样关于力量的深刻哲理论述,就认为他是一个成熟的历史唯物主义者。作为一个伟大的政治家,他在当时的蒙古社会中,深知当时人们的思想认识及其信仰。那时的情况正如彭大雅先生在《黑鞑事略》一书中所说的"他们在日常谈话中必然会说:托付长生天的气力,可汗的福荫云云。自己想做某件事,就说:托天之赐;说到别人做的事,则说:苍天会知道的。无一事不归于天,鞑靼人从主子到平民百姓,无不如此"。① 这大体与成吉思汗少年时期蒙古社会的实际情况相吻合。成吉思汗在自己领导的政治斗争和战争中组织和动员民众,建立政权,创立大蒙古的过程中无论如何也不会忽视当时社会现实,也就是萨满教和天神信仰的现实存在。众所周知,只有马克思主义政治家才会向世界宣布自己不是任何有神论者。其他所有政治家们几乎都会说自己同自己所领导和号召的民众属于同一个信仰者。因为只有这样才能领导自己的民众以达到自己的目标。这其中有的和自己所号召的民众有着真正的共同信仰,有的是另一种信仰,还有的则根本不相信自己原来的信仰。例如,清朝皇帝不信仰佛教,但是他们在蒙古地区大肆推动佛教传播,这是出于他们政治利益和政治目的所必须采取的策略。那么,成吉思汗是个萨满教信徒也好,或者是天神论者也罢,或者是一个以朴素的客观辩证法观察世界的人,从他的全部实践活动,特别是政治斗争和军事斗争的实践中看,他还是依靠和发扬了传统的奇颜精神。用他自己的话来说,则是:

> 沿着高山的山麓走,
>
> 向着大海的渡口去;
>
> 不要惧怕路途遥远,
>
> 坚持走就能抵达,

---

①彭大雅:《黑鞑事略》(蒙古文版),孟和吉雅译,黑龙江人民出版社1979年版,第200页。

> 不要畏惧担子沉重，
> 只要扛就能举起。
> 吃肉的牙长在嘴里，
> 吃人的牙长在心里。
> 身强者可胜独夫，
> 智强者可胜众敌。①

这就是成吉思汗的"刚毅"精神，主要依靠自己的英勇顽强的斗争精神，去实现建立政权的宏伟目标。纵观人类全部文化历史，没有一位政治家是不依靠自己的力量和人民群众的力量，而只依靠所谓天的恩赐、天的力量来实现自己的政治目标的。

作为伟大思想家的成吉思汗"以古训为本，以祖训为据"，传承和发扬民族文化优秀传统，特别是他不是机械地和教条地，而是创造性地继承和发扬了合不勒汗的"尼鲁温－奇颜"精神，建立和巩固大蒙古国政权，开启了"奇颜－孛儿只斤时代"或者"蒙古时代"。那么，"尼鲁温－奇颜"是怎样变成"奇颜－孛儿只斤"的呢？这是一个十分有趣且非常有意义的课题。综上所述，"尼鲁温－奇颜"，是合不勒汗恢复奇颜名称时所产生的古代蒙古部落名称，是人的名号或哲学思想。说它是古代蒙古社会思想的体现，是因为合不勒汗恢复奇颜，倡导依靠自身力量而获得了巨大成功，所以用统治阶级的最高层——可汗的家族姓氏"尼鲁温－奇颜"来表现是最恰当不过的。另一方面或许因为在阿兰豁阿夫人的"天之恩赐"思想影响几乎占统治地位的情况下，与合不勒汗的继承者们当时不能彻底解决"奇颜"和"尼鲁温"两个世系的关系有某种联系，因而作为"天之恩赐"思想的象征，仍把"尼鲁温"放在前面。可是，成吉思汗在继承和发扬奇颜精神，创立大蒙古国的过程中虽然对在当时社会中业已根深蒂固的"天之恩赐"和"天之气力"的思想观念仍予以宣传和信仰，但还是注重突出"奇颜"，把"孛儿只斤"放在首位。这虽然在某种程度上弱化了合不勒汗时期把"尼鲁温"放在首位的传统，但重新重视"孛儿只斤"，也是值得研究的问题。从这时开始，"孛

---

①罗卜桑丹津：《黄金史》，乔吉校注，内蒙古人民出版社 1999 年版，第 401 页。

儿只斤"不但作为姓氏而永久固定下来,而且更进一步成为蒙古社会政治地位最高的权势家族——黄金家族的专用名称而延续下来。也就是说"奇颜－孛儿只斤"这个名称就是从这时开始盛行的。对于其中的原因,可以从阿巴拉嘎其巴特尔用突厥文、波斯文编著的《蒙古诸汗源流》①一书中的记载里得到准确而有力的证明。书中记载道:"这夜阿兰豁阿母睡至天晓,梦中醒来时突见一缕白光从天窗而入,白光中闪现出一浅黄面碧眼睛男子,倏而不见。自那日起,阿兰豁阿母便身怀有孕","也速该巴特尔的子孙们多为浅黄面碧眼睛。阿拉伯人称此眼色为'查嘎拉',蒙古人则称'博尔吉温'。"当年,阿兰豁阿母说随白光而来与其幽会者为浅黄面孔,青灰色双眼。此人的圣洁面孔至第九世方转世显现,所以取名为"孛鲁察干"。"孛鲁察干"即后来的孛儿只斤氏也。铁木真之所以能够登上大汗之位,早在阿兰豁阿时代"天之恩赐"观念鼎盛时期就有舆论和理论上的准备来做铺垫了。而成吉思汗诞生时传说其"右掌握有羊踝骨般大的血块"。② 这与蒙古族英雄史诗中的英雄在出生时往往在掌中握有石块的传说是相吻合的,在这类传说中还有生命来自血液的古老传说。蒙古人的拜血传统正是与手握血块的说法相互印证,握血而生就预示握着生命而来的,能够战胜一切的圣上大汗。所以,孛儿只斤氏所传承和发展的历史中许多文化思想积累使他们注定会成为整个蒙古发展的主导和核心。

概括来说,奇颜精神在蒙古思想史上成为先进的精神力量,是它能够适应历史发展趋势,顺应潮流而不断变化来实现的,进而成为蒙古文化的主要成分,成为蒙古传统哲学思想的主流理念。作为蒙古族民族精神,对成吉思汗的成长并成就伟业有着深刻的影响和决定性作用。同时它又在成吉思汗的智慧的陶冶下形成闪烁着光辉的思想体系。如果沿着时代的足迹追溯其渊源的话,似乎可以分解为以下三个阶段:第一阶段是古代蒙古人将自己部族称为奇颜,在额尔古纳昆中生活,将奇颜传统以风俗、礼仪形式固化下来的初始形成阶段。这个时期的奇颜精神的主要特征,一以氏族的共同英雄主义来体现,二以依靠自身力量来发展壮大;第二阶段,阿兰豁阿夫人的"天之恩赐"观念开始占据统治地位,原来的依靠自身力量的奇颜精神失去了在社会思想中的主导地位,乃至

①参见阿巴拉嘎其巴特尔:《蒙古诸汗源流》,内蒙古文化出版社1999年版,第71、72页。
②参见《蒙古秘史》第59节。

"奇颜"这个称呼也被弃之不用的阶段。虽然这时还有"阿兰豁阿折箭教子"的传说影响,团结一致就有力量的观念尚存一息,但因孛端察儿之后几代人的尘封,奇颜这个名称被弃之不用了。这绝不仅仅是用不用"奇颜"这个名称的问题,而是用"天之恩赐"观念替代了奇颜精神;第三阶段,合不勒汗恢复奇颜称谓,成吉思汗进一步发展和弘扬这种精神,建立大蒙古国,是奇颜精神兴旺发达时期。在第三阶段中还可以分成"尼鲁温－奇颜"和"奇颜－孛儿只斤"两个分阶段。这是依靠自身力量的观念逐渐趋于主导地位的过渡阶段。作为大蒙古国的政治理念的奇颜精神,通过成吉思汗的"大札撒""必力克",成为影响和指导蒙古人思想行为的核心力量。

特别需要指出的是,成吉思汗的"必力克",是包括概念系统的民族哲学的许多思想观念的,特别是反映成吉思汗的智慧和奇颜精神的专用名词和概念的综合体。伟大的革命导师马克思在强调认识世界、解释其发展规律的同时,更强调改造世界。这是大家所知道的。可是,成吉思汗是发扬自己奇颜精神和智慧的,对分散在蒙古高原广袤地区的、长年战乱不息的、落后的蒙古氏族社会进行改造的伟大实践者和思想家。在成吉思汗看来,有了力量就有了世界,就有了生机,但是只有刚毅性和智慧性的力量才能征服一切,才能改变世界。如果成吉思汗没有掌握和智化古代蒙古的奇颜精神,并且用自己的"必力克"去进一步固化这种精神的话,就不可能创建并且巩固统一的大蒙古国。所以,成吉思汗的哲学首先是实践的哲学,是他在改造世界的过程中所制定出的一系列稳定、清晰和有系统的观念的浓缩和结晶,也就是以奇颜精神为主,吸纳了成吉思汗智慧的思想基础。

六、新时代奇颜精神的特点

一种民族精神,必须顺应历史潮流,与时俱进,不断发展,才能成为这个民族发展的坚强支柱和指路明灯,才能弘扬民族精神,推进民族的发展。当今时代的蒙古人紧紧跟随世界科学技术发展和民主发展的巨大潮流,不断醒悟和摒弃自身弱点和不足,众志成城,万众一心构建民族的先进文化,为本民族和各民族的现代化和共同进步而不懈地努力。这也是当代蒙古人的民族精神的基本特点。

　　奇颜精神的生命力在于与时俱进,不断发展。如果不去正确认识和牢牢把握奇颜精神的这一特点,那就会陷入唯心主义的泥潭,以致背离其原旨或者歪曲其光荣传统。所以,只有用马克思主义的科学思想、态度和方法来总结自己的传统文化,弃其糟粕,取其精华,才能使蒙古文化步入现代化的行列,我们的事业才能兴旺发达起来。

　　今天我们需要正确认识奇颜精神,实际上是事关民族文化的现代化的问题。民族文化的内容是多方面的,总体上是与经济现代化相辅相成,互为促进的,并且是围绕生产力、生产关系和上层建筑的矛盾、斗争而进行的。因此,在弘扬、发展奇颜精神过程中应充分注意以下几个问题:

　　1.以"额尔古纳昆传说"传承下来的奇颜精神,绝不是空洞的抽象概念,而是充满着实践色彩的巨作。蒙古人的奇颜精神绝不像主儿勤氏族那样只凭"肝脏有胆气,肺腑有霸气"而形成的,而是一开始就结合救氏族于突厥屠刀之下的艰苦卓绝的斗争实践,后来随着社会发展,与合不勒汗、也速该巴特尔建立大业的实践紧密相连,又经过成吉思汗用一生的智慧和奋斗来百炼成钢的。我们历来反对那些没有经过实践检验的空洞精神或概念。蒙古族谚语说得好:"不懂药方的庸医,还不如经过苦难的尼姑","路遥知马力,日久见人心"。这是强调理论与实践关系的箴言。

　　蒙古族英雄史诗以其数量多、内容丰富而著称于世。它最显著的特点便是把英雄好汉的生动事迹和过人的胆识,英勇的战斗场面刻画得栩栩如生,给人以身临其境的感觉。描绘好汉阿日亚夫与蟒古思(传说中的一种妖魔)之间的搏斗时,这样写道:

　　　　苍茫大地阵阵颤抖

　　　　汪洋大海滚滚翻卷

　　　　好汉阿日亚夫

　　　　力气倍增……

　　　　只战得四季轮换

　　　　一刻也未曾歇息

　　　　只战得天昏地暗

一次也没停止

只战得地球要崩裂

只战得宇宙欲毁灭

只战得把高高的大山

夷为平地

只战得把滔滔大海

变成泥潭……①

这段英雄史诗中,把英雄为了保卫故土,保卫人民而与妖魔鬼怪进行殊死搏斗的情景描绘得活灵活现。因此,今天要继承、弘扬奇颜精神,必须以马克思主义实践论为指导,突出奇颜精神的实践性,带领全民族人民为夺取四个现代化的辉煌成就而努力奋斗。否则,怎能实现全民族的现代化呢?"打一头牛的犄角,千头牛的犄角疼痛。"这是关于共性和个性最深刻、最形象的比喻,也是关于辩证法的最生动、最准确的表述。要像日本人、德国人那样,把自己的工作同自己国家和民族的名声和尊严相联系,视之为自己第一个生命和荣誉,这种民族精神能变成全民族的实践和强大的精神力量。日本和德国的现代化,与他们人民的民族精神有直接关系。这不是世人所公认的吗?

2. 当今世界已经进入了科技时代。"英雄主义时代"已经成为历史,还强调奇颜精神和英雄主义有何意义? 现在,一些媒体和学术界有人发出这样的质疑。他们认为,所谓胆气和英雄主义已经过时了。这是把奇颜精神和英雄斗争仅仅局限于战胜蟒古思、反抗侵略的行为的片面理解的表现。其实,要攀登今日科学技术之顶峰,用现代科研成果促进现代化建设,更需要艰苦奋斗的精神,更需要刻苦钻研的精神。这一点,必须让全民族,特别是要让年青一代认识清楚。需要特别强调的是,过去由于清朝施行的反动政策和长期以来佛教的影响,为今世来生而祈祷,贪图享乐和当官做老爷的剥削阶级思想在我们中间依然存在。纵观近代世界史,由于英国人追求爵位、贵族特权的遗风严重盛行,人们的这种追求最终导致英国全民族的发展迟缓,落在了工业、科技和贸易迅速

①赛熙亚乐:《成吉思汗传记》,内蒙古人民出版社 1987 年版,第 514 页。

发展的美国和日本的后边。这个历史教训,连英国人自己也承认。一个民族的人民如果削尖脑袋想做官,而忽视了经济发展、忽视了商业发展,这将丢掉民族精神,直至带来全民族的没落。当前,只有鼓足勇气,敢于迎接当今世界经济、科技发展的挑战,才能立足于世界民族之林。"挑战就是战争,市场就是战场",这是非常准确而形象的比喻。具有英雄传统的蒙古人应当像当年的合不勒汗、成吉思汗那样勇敢地参加当代战争,即工业和科技竞争的战场,为振兴国家和民族,为赶上世界先进水平而竭尽全力。现在,完全有这个条件和可能。机不可失,失不再来。我们要满怀信心。有的人对于智慧、勇气和奋斗精神有误解。他们认为,蒙古人缺乏的是智慧,而不是勇气。周恩来根据人类历史实践的经验教训,曾经指出:"一切事物都在矛盾和斗争中依存和发展。我们只要做工作,就必须做好战胜困难的准备,迎难而上。有勇就会有智。有勇无智固然不好,但是如果连勇气都没有的话,那就什么也无从谈起了。"这是关于勇气、英雄行为和智慧关系的精辟论断。蒙古语中关于有智有勇,有一个言简意赅的词,叫"必力克巴特尔"(智高、智强)。《成吉思汗箴言》中有这样一句话:

> 既然国家在掌控之中,
> 成了一国之主也。
> 蛮力要抑之,
> 睿智要扬之。
> 如果知道阴阳相辅,
> 就能制服一切强者。
> 如果不懂阴阳相辅,
> 写在掌心的东西也记不住也。

这段话,说明了只有懂得阴阳转化,才能够征服一切强者的道理。尹湛纳希曾说:"身体英雄者乃一代之英雄,智慧英雄者乃万代之英雄。"这句话,说出了智勇双全的可贵之处。如果离开蒙古文化和蒙古语语言环境,很难懂得"必力克巴特尔",即智勇双全这个理念的深刻内涵,那么,也就很难理解当年成吉思汗等杰出人物所创立的伟业的秘诀所在。现在,我尚不清楚蒙古学在理论上是如何解释"必力克巴特尔"这个词的,但绝大多数人不会质疑蒙古人有此感悟和实践。在这里附带说一下,蒙古学学者中的很多人在评论成吉思汗收复、统一毡庐蒙古,成就大业时,往往说他是"在马背上"收复,"在马背上"征服云云,言外之意是说,他是单单依靠了武力或依靠了蛮劲。这不但是与成吉思汗本人,而且和当时被他征服的国度和氏族的实际情况也是不相符的。就当时人口、疆土以及文化发展等各方面优于大蒙古国的国家和氏族来说,对他们除了用武力以外,如果没有智谋、策略,成吉思汗征服世界,成就伟业,是根本不可能的。如果成吉思汗不具备代表历史发展趋势和人民群众愿望的"必力克巴特尔",他怎么能建立横跨欧亚的蒙古帝国呢?《成吉思汗箴言》中有句话:"身强者可胜一人,智高者可胜众敌。"这与尹湛纳希所说的"身体英雄者乃一代之英雄,智慧英雄者乃万代之英雄"的话有异曲同工之妙。如果只从字面上片面理解"必力克"的原意,就不能真正懂得成吉思汗、尹湛纳希所说的"必力克巴特尔"的深刻含义。但是,如果把"必力克巴特尔"过度神秘化,不知所云,也可能适得其反。

3. 自力更生,无论对一个人或对一个国家、民族来说,都是必须要具备的基本观点或基本原则,特别是在霸权主义时代更是如此。在经济全球化、文化多元化的当今世界里,任何一个国家和民族想要跨入世界先进行列,那么利用"平等""和平"的国际环境,坚持自力更生、奋发图强则尤为重要。然而,真正实现自力更生,也不是件轻而易举的事情。其原因是,人很难对自身和国家民族历史形成的弱点和落后做出正确的判断,从而产生对自己缺乏信心和悲观失望的情绪。而这种可怕的现象在我们中间严重存在。

我们千万不能效仿某些日本人、美国人写的《丑陋的日本人》《丑陋的美国人》的样子,说什么"丑陋的蒙古人",鼓吹民族悲观主义,那样做就会削弱斗志,涣散人心,使人们对未来失去信心。我们要坚持马克思、列宁的"淘汰理论",对民族文化传统弃其糟粕,取其精华,增强信心,为民族全面进步而努力奋斗,才能使自己的民族跃入世界先进行列,才能对全人类进步发展事业有所贡献。其关键是,要正确认识、充分发挥自己的优势。这就要求我们充分认识和善于把握当今世界和平主流、我国社会主义制度的优越、改革开放的大好环境和社会安定团结的局面。

事物的发展,外因是条件,内因是关键。蒙古族文化众多内因中以集体利益和集体荣誉为基础的个人英雄主义是主要的,这与西方价值观和主观能动性不同,和东方,比如和汉民族文化的价值观和主观能动性也不同。这是蒙古民族人民共同的创造和骄傲,也是其文化非常重要的优势所在。在社会主义制度和科学技术发展的今天,它仍可以光芒四射,会进一步得到发展。因此,在西方文化基础上的集体主义,在汉文化基础上的主观英雄主义和在此基础上发展的共产主义文化是无法比拟的。未曾受过汉文化劣势束缚的蒙古人很难体会这一点。然而,但凡事物都有其两面性。美国前总统尼克松对我们已故总理周恩来评价很高。他曾说过,只有几百年历史的美国不可能出现周恩来这样的人物。蒙古与美国相比较,蒙古的历史长得多,并且造就了成吉思汗、忽必烈这样的传世名人。可是,在一个历史时期内造就周恩来这样勇气、睿智举世无双的人物,这一点上又和汉文化是无可比拟的。毕竟蒙古文化的弱点不但多而且严重,比如,甘心于草原游牧生活,过分推崇耿直和豪爽性格,市场经济意识、商品经济意识淡薄,甚至不擅长经营,竞争意识、与时俱进意识不强,抢抓机遇敏感性差,等等。这些方面必须向西方和汉文化学习,否则,民族文化的优势也不能发扬光大。概括起来说,一个民族的文化要现代化,要继承弘扬自己的优势,改进自己的不足,努力学习其他民族文化的长处,并与自己优势相结合,不断创造反映时代精神的新文化,这是民族文化现代化的唯一出路。必须深刻认识到,所谓继承、发扬奇颜文化,绝不是对自己的不足忽略不计,掩盖自己的落后,而用阿Q精神法自我陶醉或麻痹自己。

4.民族精神,在阶级社会具有阶级性,以某种阶级的意识形态来出现。蒙古人崇尚心地善良的性格,但是,对敌人毫不留情。因此,有哈日苏力德、查干苏力德,并以不同的祭祀表达不同的情感。这一点在前边已经讲过。这个文化和徽记,在蒙古帝国的玉玺上得到了印证。比如,"贵由汗玉玺"①印文为:"借长生天气力大蒙古国可汗圣旨所到之处臣民敬之畏之。"玉玺印文上的"敬之畏之",显示的是国家的地位和政权的威力。蒙古民族是具有民主传统的民族。但是,按阶级斗争的规律来说,剥削阶级建立的政权被广大人民所崇敬,谈何容

①史称"贵由汗玉玺"。据《北方新报》2009年12月24日报道:经专家考证,此印是成吉思汗玉玺。——译者

易？实际上，这个政权只有震慑之威力。众所周知，凡是国家政权，都是一个阶级对另一个阶级实行统治的机器。而剥削阶级只不过采取各种欺骗手段，企图掩盖剥削阶级的本性而已。就其共性和本质来讲，蒙古封建政权和其他政权是一样的。不过，其民族文化特点也明显，想方设法企图让人们对它"敬之"。这种文化和做法，为以后实施政教合一政策的贯彻奠定了思想（原稿为物质，应为思想）基础。这是研究蒙古族政治和文化时值得注意的大问题。如果将这种政治观点与心地善良便能战胜一切的幼稚社会思维相比较，显然是有了很大的进步。但它在剥削阶级政权下无论如何是不会实现的。只有在人民民主专政下，以人民民主让人民群众敬之服之，用专政（原稿为民主，应为专政）让敌对分子畏之怕之，才能使"敬之畏之"相辅相成，蒙古文化的优势得到发扬光大，发挥其作用和威力。换言之，遵循敬之畏之的轨迹，一方面要加强共产主义道德教育，教育人们为之奋斗终生，另一方面要坚决实施人民民主专政，充分发挥其威力，这样，才能正确处理一系列社会复杂问题，保证民族的发展。因为，无产阶级和少数民族人民群众如果离开了人民民主专政，就会失去当家做主的社会地位，就会失掉阶级的利益，重新遭受阶级剥削和民族压迫。只有坚持人民民主专政，才能保障各民族人民的利益，才能保障全国乃至全世界无产阶级的利益。总之，蒙古民族的现代化，人民民主专政是必不可少的。反过来说，人民民主专政，是蒙古民族繁荣发展的基本保障。然而，也不能孤立地强调人民民主专政，而忽视精神文明和民族传统风俗的作用。必须把精神文明和人民民主专政相结合，发展社会事业，促进民族的发展。如果像"文化大革命"那样，把无产阶级专政与思想文明相对立，使社会发展停滞不前，那么，达到世界先进民族的水平还待何时？对于蒙古人来说，如果曲解或歪曲政权"敬之畏之"的作用，后果不堪设想。

现在，在我们国家基本实现社会主义改造，剥削阶级作为阶级被消灭的情况下，要正确认识政权作用的"敬之畏之"效能，在加强国家法制建设，实施依法治国的同时，要充分发挥社会主义制度下政权"建设"的功效。如果忽视或忽略了政权"建设"功效，就不能完成社会主义现代化的任务。换言之，我们要为社会主义事业和民族现代化而努力奋斗。在发挥政权功能、依法治国、社会安定的大环境下，抓好经济建设，实现经济现代化。如果在经济上我们赶不上资本主义国家生产力的发展和全社会总产值水平,怎么能够战胜资本主义,夺取社会主义的胜利呢?因此,只承认精神文明和人民民主专政的重要性,而不能实现经济现代化,必然会重犯"左"的错误,贻害社会主义事业。这是被国际共产主义运动史充分证明了的真理。总之,要实现民族现代化,一要实现民族精神的现代化;二要发挥政权作用,加强人民民主专政;三要实现以经济建设为中心的经济、政治、文化、科学和教育全面现代化。要认清三者必须是相辅相成的一个整体。这其中,经济现代化是基础,民族精神是关键,人民民主专政则为先决条件。我们讲民族精神不为别的,就是为了实现民族现代化。

纵观世界各个国家和民族的发展史,俄罗斯"十月革命"之后的情况和日本、德国的现实发展清楚地表明,民族精神对一个民族来说是关键性问题。对于人民政府来说,政权是经济发展的先决条件。关于民族精神和政权的作用,前边已经说过了。现在结合内蒙古自治区的情况,就经济问题简单探讨如下:

当前,我们面临畜牧业经济如何现代化,北方地区如何现代化的问题。对此,有些人灰心丧气,悲观失望。当然,我们不能被困难吓倒,丢掉民族传统风俗,陷入懦弱境地。关键问题在于我们如何发挥自己的优势。今天,以奇颜精神为灵魂的整个蒙古文化在社会主义制度下获得了新生,成为全体人民自力更生的思想基础。要想依赖外国人实现现代化,是当今世界形势下难以实现的懦夫观点。但是,所谓自力更生也绝不是不学习其他民族的优点,而是只有努力学习其他民族的先进文化,才能实现民族现代化。排斥其他民族的优点和优势,或担心被同化掉,是对奇颜精神的反动,是对蒙古文化的背叛。

政治上,中国共产党领导的社会主义制度为我们营造了非常好的社会安定局面,为我们开辟了全心全意搞好经济现代化,提高文化知识的广阔道路。关键是,如何抓住这个大好时光和有利条件,而不虚度年华,成了迫在眉睫的问题。现在,我们有些人不去珍惜这个大好时光和难得的机遇,或真可谓"蒙古人和蒙古人合不来,木头铣和泥浆合不来"("蒙古人对蒙古人不好使,木头铣和泥浆不好使"),互相拆台,互相诋毁。这是充分暴露我们弱点的一个社会现象。究其原因,与清朝统治时期,实行的以夷治夷、挑拨离间的政策和"四人帮"时期"左"的思想余毒有直接关系。有一个讽刺笑话:"四人帮"横行时期,扔下一顶红帽子、一顶黑帽子,让两个蒙古人去抢。抢到红帽子的,就让他晋升做了官,而拿到黑帽子者,却被扣上"民族分裂分子""叛国分子"的政治帽子,遭到迫害。这个事情本身也许不曾发生,但这段笑话所反映的是,中了"四人帮"挑拨离间计后,"蒙古人对蒙古人不好"的现象在我们中间也发生过。如今,在邓小平倡导的改革开放政策指引下,中国各族人民团结更加紧密,我们怎么能够用旧思想、旧观念束缚自己呢?

经济上,蒙古高原是世界上保持生态平衡最好的极少数地区之一。这与蒙古人传统畜牧业和他们由来已久的生态平衡意识有着直接的关系。这样的地区,这样的观念,也是一种"现代化"。在这一方面世界先进国家民族和那些农业民族无论怎样加快发展,怎样更新观念,都很难达到这个程度。这是很重要的物质和精神方面的优势。换句话说,这是在蒙古高原上把曾经被颠倒的认识再颠倒过来的很重要的物质基础。石油、煤炭、金银储藏和钢铁产量等等,我们暂且不论,就拿畜牧业来说,也可以完全发展到令人刮目相看的水平。具体地说,即使是那些现代科技产品,如电视、汽车、电脑等现代科技产品,也都在不断被淘汰,不断被更新,而畜产品,如肉类、奶食类、皮毛类产品在市场上永远是抢手货,人们生活水平越提高,对畜产品的需求就越大。所以说,实现畜牧业现代化,实现畜产品加工业的现代化,将会对人类带来更大的利益。当务之急,就是用世界先进经营管理和现代化技术来推动我们畜牧业现代化。如果没有现代工业、交通、农业现代化和科学文明,也就不可能有现代畜牧业、现代化牧场。正如有些专家所说,人们的需求是"母体",而人们的坚强决心是"父体"。没有这个"父体",就不能开花结果。因此,我们要以最大的决心改变落后面貌,赶超世界经营管理和科学技术先进水平。一个人以民族的身份被人欺侮是最大的耻辱。因为这种耻辱,是一以阶级欺侮为基础,二以民族欺侮为核心,三以个人欺侮为表现的三层欺侮。随着阶级压迫剥削的消失,民族压迫剥削也随之消失。当今世界的现实反复证明,只有社会主义制度,才是实现这个目标的最可靠的社会保障。以强欺弱,强国欺负弱小国家,这是当代资本主义的定律。弱小而人口偏少的蒙古民族只有在社会主义制度下,在党的自力更生的政策照耀下,发挥优势,克服弱点,逐步实现以经济建设为中心的全面现代化,才能跃入世界先进民族之行列,才有能力重振蒙古高原,在蒙古高原重新点燃人类文明之火,成为新世纪人类文明的希望之地。

早在 1975 年 9 月,我随八省区蒙古语文工作协作组的同志在边境地区考察时,一方面针对当时"左"的倾向,一方面表达对社会主义制度未来的满怀信心,写了题为"敖日格勒"(巅峰)的拙诗一首。现将这首饱含深情、感动和思索的心声发表在这里,以飨读者:

当我漫步在清泉喷涌的美丽地方,
当我走进那奶酒飘香的牧包毡房,
当我遥望那巍峨雄姿的崇山峻岭,
我抑制不住内心的激动放声高唱:
天山雪峰巍峨、大青山连绵、兴安岭林海滔滔,
祖国大地万里边疆到处呈现繁荣景象。
梅花迎春,苍松葱绿,雄鹰盘旋,
各族人民亲如一家心花怒放。
博尔塔拉、锡林郭勒、巴尔虎草原,
是我们世代繁衍生息的金色的故乡。
巴音郭楞的战士、包头的工人、巴尔虎的牧民
是保卫边疆建设祖国的坚强力量。
看今朝民族团结,人民和睦,手足情长,
忆往昔阶级剥削民族压迫怎能忘?
放眼量三北地区欣欣向荣安定团结,
心明白自力更生奋发图强重任在肩上。
帝国主义时代导师列宁针砭时弊,
团结胜利领袖毛泽东英明伟大指航向。
腐朽制度在我们手里被彻底埋葬,
胜利属于我们时代强音一浪高过一浪。
上天能伏龙下海能捉鳖英勇无双,
用勤劳智慧建设我们美丽的家乡。
努力攀登那理想的巅峰共产主义社会,
人类文明史在我们手里掀开新的篇章。

　　最后,附带说明的是:对"尼鲁温－奇颜""奇颜－孛儿只斤",不是单单从氏族部落狭隘的理解上去研究的,而是从蒙古族的发展,特别是从它的思想发展史中的重要概念、重要思想方面来理解和研究的,可以简称为唯名主义研究方法或评论方法。这里虽然有受蒙古历史文献资料较为匮乏所限之故,但这种揭示历史发展具体过程的方式也是符合逻辑的科学方法。

第二章　成吉思汗与蒙古文化的发展

第一节　成吉思汗在蒙古古代文化
形成中所发挥的作用

众所周知,成吉思汗是在蒙古族历史文化发展,乃至全人类的历史文化发展史上做出杰出贡献的伟大历史人物。他将蒙古高原上自古以来分散的、战乱纷争的诸多氏族部落统一起来,在蒙古民族的形成发展中做出了最大贡献,发挥了最大作用。他所开创的大蒙古国,结束了蒙古社会那种四分五裂、仇视对抗的黑暗时代,带来了没有战乱、安定的环境和稳定的秩序。也就是说,成吉思汗是在蒙古族发展史上揭开首页光辉篇章的历史伟人。从成吉思汗时代起,蒙古社会步入了文明发展的新阶段。

自 12 世纪末起,蒙古古代社会的发展变化与成吉思汗有着密不可分的关系。作为大蒙古国至高无上的领袖成吉思汗的思想成为当时蒙古社会思想发展的主流,深刻地影响了在更实际意义上的蒙古古代文化的形成、发展和完善。下面就把成吉思汗在蒙古古代文化的形成与发展中所发挥的作用,分成为蒙古文化形成和发展奠定坚实基础;创立和推广使用蒙古文字;推行开明的宗教政策,推动蒙古族宗教信仰多元化;吸纳其他民族的进步文化等几个方面来进行叙述。

一、重视和推崇政治思想，建立大蒙古国，完善民族统一体

评述成吉思汗的伟大业绩,首先必须提及的是他统一了毡庐部落,开创了

大蒙古国,推动蒙古族形成、发展的业绩。这是成吉思汗对于蒙古古代文化形成发展过程中所发挥的实际作用。因为没有蒙古族的统一体的形成和发展,蒙古文化的形成和发展也是不可能的。这是显而易见的。

在成吉思汗崛起之前,在这广袤的蒙古高原上除了古代蒙古部族以外,还有塔塔儿、乃蛮、蔑儿乞等大大小小的数十个部落氏族或者部落联盟曾经合合分分,分分合合地生存。在长期历史进程中,他们之间就地盘、牧场等问题,不断发生纠葛和掠夺,更是由于金王朝在一旁挑拨离间,他们之间战事不断,相互残杀,仇恨日增,长期不得安宁。成吉思汗以自己的智慧、勇气和坚苦卓绝的努力,最终将这些部族统一在自己的大纛之下,建立了一个有序有章、纪律严明的大蒙古国。1206 年,蒙古上层在鄂嫩河上游召开忽里勒台①大会,举起九斿白旗,共戴铁木真为可汗。成吉思汗登基伊始,就将此前在 1204 年就已施行的千户制在全国推广使用,他把全国人口户籍划分为 95 个千户,委任“开国元勋建国功臣”进行管理。大蒙古国最初委任的千户长,都是由成吉思汗所册封的战功卓著者担任。这种册封,完全是军事斗争中的封建关系的体现。千户是军队组织建制单位之一。多数千户,都是由不同氏族人员组成,他们中没有必然的亲缘关系。通过千户组织的建立,成吉思汗将古代蒙古的姓氏部落血缘关系彻底打破,将蒙古高原上操各种语言的氏族部落纳入自己的统治之下,建立了完全统一的大蒙古国。这也是以成吉思汗及其黄金家族为代表的军事封建上层统治广大牧民百姓的最初的封建政权形式。

在成吉思汗建立大蒙古国之前,尚未真正形成具有共同的语言、共同的地域、共同的文化的蒙古民族。著名蒙古学家亦邻真教授认为:“蒙古汗国统一了分散的毡庐部族,在文明的基础上开始形成了统一的民族。共同的语言、共同的地域和共同的文化给这个封建汗国的创立和发展提供了可能……成吉思汗所创立的大蒙古国,不但将蒙古社会带入了文明发展的阶段,也把蒙古民族带入了更加广阔的文明世界。”②

通过建立大蒙古国,成吉思汗将作为古代蒙古文化渊源和基本成分的奇颜

①忽里勒台:蒙古语,意为“聚会”,也译作“忽里台”。原为部落氏族内部会议,蒙古政权建立后,成为上层各界议政的会议,是最高权力机构。今蒙古国“大呼拉尔”“小呼拉尔”即源于此。——译者
②亦邻真:“成吉思汗与蒙古族共同体的形成”,载《内蒙古大学学报》1962 年第 1 期。

文化升华为全体蒙古共同文化,使其成为蒙古社会文化的主体。这也是成吉思汗为蒙古古代文化的形成和发展所做出的贡献。

总而言之,成吉思汗顺应当时历史发展的趋势,统一蒙古高原的诸部落氏族,建立大蒙古国,为蒙古文化的形成发展奠定了坚实基础。

二、注重民族意识,推广使用畏兀儿斤蒙古文

在成吉思汗完成蒙古大统一之前,在蒙古语族中还没有创造出共同使用的文字,史称"既无书册,又无文字"。他们主要是用口传心授——上辈给下辈口口相传的方式将自己氏族祖先的历史一代又一代地传承下来。因此,13 世纪初的蒙古社会是一个没有共同文字、文化落后的社会。这种状态在成吉思汗建立大蒙古国后有了历史性的巨大变化。

关于蒙古族是在何时创立文字的问题,目前尚未形成共识。实际上任何一个民族的文字起源都是一个非常复杂的课题,它关系到诸多古文献资料、出土文物等的考证。在《元史》中有"塔塔统阿,畏兀人也。性聪慧,善言论,深通本国文字。乃蛮塔阳可汗尊之为傅,掌其金印及钱谷,太祖成吉思汗西征,乃蛮国亡,塔塔统阿怀印逃去,俄就禽。帝诘之曰:'塔阳人民疆土,悉归于我矣,汝负印何之?'对曰:'出纳钱谷,委任人才,一切事皆用之,以为信验耳。'帝善之,命居左右。是后凡有制旨,使用印章,仍命掌之。帝曰:'汝深知本国文字乎?'塔塔统阿悉以所蕴对,称旨,遂命教太子诸王以畏兀字书国言"。[①] 这是我们现在已知的关于蒙古文字创立的最早的汉文文献记载。这个文献记载中关于成吉思汗建立大蒙古国后将蒙古语确定为国语,将畏兀儿斤蒙古文字(又称回鹘蒙古文)确定为汗国的文字的说法我们可以采信,但是,如果完全以 1204 年征服乃蛮部,俘获"深知本国文字"的塔塔统阿,教授蒙古贵族上层台吉子弟"以畏兀字书国言"等为依据,确认为从 1204 年起创立蒙古文字,根据还尚欠缺,有可能被汉文史籍家们错谬所误。在蒙古人自己记载的《蒙古秘史》中有成吉思汗下的圣旨:"把全蒙古每一个百姓的名字,所划之份,所断之事,都用文字写在《青

---

①参见《元史》(汉文),中华书局 1976 年版,第 3048 页。

册》①上，一直传到我的子子孙孙！将失吉忽秃忽②和我商议制定的每一件事情，都用青色的文字写在白纸上，制成规整的册子，永不得更改！"③此外《水晶鉴》④中有："塔阳汗的部人中有一人要逃跑，哈撒儿⑤下令把他抓来，一看怀里有一枚印，哈撒儿问：'你们的部众完全投降了我们，你怀揣这个东西哪里去？'那人说：'这是我的职务，我要忠于职守，我要把这枚印还给旧主。不小心被捉住了。'哈撒儿问他：'你是谁？担任什么职务？'那人回答：'我的祖先是畏兀人，我叫塔塔统阿，我的主人把这个印交给我，让我职掌钱粮出入的事。'哈撒儿又问：'这个印有什么用？'塔塔统阿曰：'选贤任能，用于各种政令。'哈撒儿极为称赞，遂后禀报成吉思汗，任用塔塔统阿，以后凡有公文，都令塔塔统阿盖上印。哈撒儿拜塔塔统阿为师，学习书律、兵法和各种书文。"这些记载虽然明确记录下了使用文字的情况，但是没有说明使用的是何种文字。目前已知最早的文字记载是 1225 年的"成吉思汗碑文"⑥。根据这些历史文献和文物，可以证明蒙古人最初创立了畏兀儿斤蒙古文，并将其确立为国家的官用文字。

创造并使用文字，是一个民族进入文明发展新阶段的重要标志。成吉思汗建立大蒙古国，初步实现了蒙古民族的统一，将蒙古语作为国语，畏兀儿斤蒙古文为国文，为蒙古文化的底蕴提供了重要条件。因而，在某种意义上来，成吉思汗在蒙古文明史上做出的贡献最大。

畏兀儿斤蒙古文的创造和使用，是蒙古文字文化形成的重要标志。成吉思汗建立大蒙古国，将畏兀儿斤蒙古文确立为官方通用文字后，畏兀儿斤蒙古文的使用范围迅速扩大，文字也更加规范化。随之而形成了书写法律、书写历史传记等历史文献。比如，被誉为集蒙古古代史、语言和文字于一身的"蒙古全书"——《蒙古秘史》诞生。专家学者们公认，此书是在窝阔台汗时期用畏兀儿

---

①《青册》：蒙古语为"呼和德布特尔"，为蒙古最早的成文法。转引自那顺德力格尔：《成吉思汗箴言解析》，内蒙古教育出版社 2012 年版，第 141 页。

②失吉忽秃忽：成吉思汗义弟，塔塔儿部人，成吉思汗任其为大断事官，掌司法赋税。

③巴雅尔：《蒙古秘史》（蒙古文版），内蒙古人民出版社 1980 年版，第 952 页。

④金巴道尔吉：《水晶鉴》，留金锁校注，民族出版社 1984 年版，第 411 页。

⑤哈撒儿：又作哈萨尔、合撒儿，成吉思汗胞弟。

⑥道布整理用现代蒙文译注的《畏兀儿斤蒙古文文献汇编》，民族出版社 1983 年版。"成吉思汗碑文"也作"也孙格碑文"，立于 1225 年，为纪念成吉思汗之孙也孙格射箭 335 度（tou）而立，该碑现存于俄罗斯圣彼得堡，发现于额尔古纳河右岸。——译者

斤蒙古文撰写的。俄罗斯著名蒙古学者符拉吉米尔佐夫曾写道:"如果说在中世纪没有任何一个民族能像蒙古人那样引起史学家的注意的话,那么任何一个游牧民族也没有留下如《蒙古秘史》那样具体、生动、详细和明确记录当时生活的史料作品了。"①

因此,《蒙古秘史》不仅是蒙古族,也是世界历史上的优秀文化遗产,是研究12、13世纪蒙古社会历史的最可靠的文献。此外,《大札撒》也是用畏兀儿斤蒙古文写下的最早一部蒙古法典。

畏兀儿斤蒙古文字的创造和使用,对蒙古文化的发展和文化遗产的传承都具有深刻的影响。中国蒙古族现在使用的蒙古文字就是从畏兀儿斤蒙古文字发展演变而来的。仅从这一点来讲,如果古代蒙古人没有创造和使用畏兀儿斤蒙古文字的话,我们今天想要了解自己民族悠久的历史和文化时只能另辟蹊径,更加艰难了。

成吉思汗将蒙古语和畏兀儿斤蒙古文字确立为国语和国字,是蒙古文化发展史上最为光辉的一个篇章。这是成吉思汗对蒙古古代文化的形成和发展做出的又一个贡献之一,也是把成吉思汗誉为蒙古历史上最伟大的政治家、思想家的最为可靠的依据。

三、实行自由政策,激发各种宗教信徒的积极性,丰富蒙古文化

宗教文化,是古代蒙古文化的重要组成部分。成吉思汗所制定和推行的开明的宗教政策,对蒙古宗教文化乃至整个蒙古文化的发展产生了重要影响。

远古时期的蒙古人普遍信仰原始的萨满教。成吉思汗是在萨满教的深刻影响下成长起来的,他对萨满教一生崇敬,并在他的政治和军事活动中出色地运用了萨满教的作用。他根据当时蒙古社会的具体情况,将萨满教作为蒙古大统一事业的思想武器和舆论工具。从统一蒙古各部这一层意义上来讲,开明地利用萨满教,无疑是成吉思汗统一事业能够取得成功的重要原因之一。在成吉思汗建立大蒙古国之后,他继续重视萨满教,把萨满教奉为国教,并委派专门的

---

①[俄]符拉吉米尔佐夫:《成吉思汗传》,宝音德力格尔译,内蒙古人民出版社1981年版,第19页。

官员进行管理。因此,萨满教在蒙古社会有广泛发展。

　　成吉思汗在对外战争活动中与其他国家、民族的各种宗教都有广泛的交往。在这一过程中,成吉思汗的宗教政策也产生了变化。他并没有将萨满教强加于被征服的国家和民族头上,也没有把被征服民族的宗教加以取缔,而是允许让各种宗教平等共存,并力求使那些宗教服务于自己的大业。成吉思汗在征伐中亚伊斯兰国家民族和东欧基督教国家的战争中,虽然给当地的经济和人民生命财产造成了相当大的损害,但却没有取缔他们的宗教,而是宣布了"各宗教平等,宗教信仰自由"①。成吉思汗曾多次教育子嗣不要偏重于一种宗教,要平等对待不同宗教信仰的人。成吉思汗这种开明的宗教思想给后来的蒙古人分别皈依佛教、伊斯兰教和基督教敞开了方便之门。就是成吉思汗的黄金家族中也有人信仰基督教。②

　　成吉思汗的各宗教平等相处,共同发展和信仰自由的思想政策,不但对他统治地位的稳固起到了巨大的作用,也繁荣发展了蒙古自身的宗教文化。这在客观上起到了促进蒙古族与其他民族之间的文化交流,也为蒙古族吸取其他民族文化滋养创造了重要条件。

四、实行开放政策,开启学习和掌握各民族优秀文化之门

　　在蒙古古代文化的形成和发展中,成吉思汗的作用在很大程度上还表现于他积极汲取其他民族文化滋养,丰富和发展蒙古文化这一方面。成吉思汗十分尊重其他民族的先进文化和精英人物。这也是成吉思汗之所以能够成就大业的又一重要原因。成吉思汗的深刻思想和理念,不仅仅是蒙古游牧文化的产物,也是许多不同文化集大成之产物。成吉思汗不是仅仅固守游牧文化的人,他在吸收漠北各游牧部族的共同文化遗产的基础上,通过重用其他民族的贤能等方式学习和汲取汉文化、中亚文化营养。在吸收其他民族先进文化方面成吉思汗是非常积极的。在《大札撒》的第二十三条中就有"蒙古人务必尊重其他民族直爽、谦逊、知书达理者和睿智者"③的规定。在志费尼的《世界征服者史》中

①［瑞典］多桑:《多桑蒙古史》,冯承钧译,中华书局2004年版,第270页。
②成吉思汗家族后代中信仰伊斯兰教者更是屡见不鲜。——译者
③余大钧:《一代天骄成吉思汗——传记与研究》,内蒙古人民出版社2002年版,第586页。

记载道:"成吉思汗尊敬的是各教派中的有学识的、虔诚的人……"①成吉思汗
除了重用通晓畏兀文字的塔塔统阿之外,还器重其他有学识的畏兀人,这在《元
史》中也有记载。因而可以说,畏兀人对蒙古书面文化的发展产生过重要影响。
此外,北方的汉族对蒙古文化的发展也有一定的影响。众所周知,成吉思汗十
分器重耶律楚才,委以其为重臣。成吉思汗还不远万里派特使邀请长春真人丘
处机到自己身边讲道。或许成吉思汗的初衷不是要向这位道士讨教道教学说,
但是长春真人通过讲述自己的思想,对蒙古上层的生活方式产生了一定影响,
也对蒙古人统一整个中国产生过影响。成吉思汗还与受汉文化影响很深的契
丹、主儿勤人的精英来往密切。不仅如此,他还与西域和中亚密切来往,学习和
引进他们的先进科学技术、文学艺术。金国皇帝在评述成吉思汗取得的巨大胜
利的原因时说过"利用了北方之铁骑与中原之技艺"②。成吉思汗针对当时蒙
古地区仅有畜牧业、狩猎方面的极其简单的生产技术,而其他方面的技术及相
关人才非常匮乏的情况,从中亚等地招来许多制造弓箭、铠甲等多方面的匠人
能手。③ 他还从中原地区引进了造船工艺和驿站制度等。④

　　总之,成吉思汗在游牧文化的基础上,积极吸收其他诸民族的先进文化,为
蒙古古代文化注入新的活力和新鲜血液,为蒙古文化的发展夯实了坚实的基
础。成吉思汗面向其他民族先进文化的开明、开放政策,对蒙古文化的发展产
生了深刻而又积极的影响。其后裔忽必烈汗等也采取了积极吸纳其他民族先
进文化的政策。

---

①[伊朗]志费尼:《世界征服者史》(汉文版),何高济译,内蒙古人民出版社 1980 年版,第 29 页。
②[元]脱脱:《金史》,中华书局 1975 年版。
③宋廉:《元史》,中华书局 1976 年版。
④《马克思恩格斯选集》,人民出版社 1972 年版,第 24 页。

第二节　成吉思汗约孙观

约孙①，是蒙古学研究中的一个重要概念。成吉思汗约孙观，是成吉思汗思想的重要组成部分，是他智慧的集中体现，也是他的伟业成功的理论基础。

成吉思汗的约孙观不是从天上掉下来的，也不是在他脑海中固有的。他的约孙观是在蒙古草原民族的文化沃土中深深扎根的"刚毅之母"诃额伦兀真的聪慧而又规范的教育下萌生，更是他本人从多年的艰苦斗争和广泛而又成功的实践中反复思考、探索、研究、总结、提炼出来的全面而又科学的思想观念。所以，只有全面、准确地领会、掌握成吉思汗约孙观，才能真正理解他的事业如此成功的奥秘所在，才能真正系统地理解他的思想构成。这是由于成吉思汗约孙观的内容、特点在成吉思汗思想体系构成中所占据的重要地位和发挥的能动作用所决定的。

我们今天面对整个世界的经济、政治和文化发展的新形势，细心研究当年成吉思汗约孙观，将对蒙古族的现代化，乃至整个人类文化的丰富发展都会有一定的意义。

一、成吉思汗约孙观的历史必然性

成吉思汗约孙观，首先是由于古代蒙古社会发展的客观需要而形成的。在《蒙古秘史》中曾对当时的蒙古社会做了十分生动地描绘：

> 星空旋转，
>
> 诸国相攻，
>
> 厮杀掳掠不休，
>
> 使人无暇入睡！
>
> 大地翻滚，

①约孙：蒙古语，据内蒙古历史语文研究所整理的《二十一卷本词典》的解释有"礼""礼节""礼仪""道理""规矩""原理""规则"等多种含义。考虑到成吉思汗约孙观的特殊含义，用汉语做了音译。——译者

列国互攻，

相斗杀戮不停，

使人无暇入寝！①

之所以造成这样的局面，主要是因为当时社会生产力较为低下，社会闭塞，民族的共同觉悟尚未形成和提升。究其外部原因，是与主儿勤等外族所实行的"以夷治夷"策略也有直接的关系。因此，要从根本上改变蒙古社会那种战乱不已、混乱无序的封闭落后的局面，建立一个和谐安宁、有规有矩的社会，是历史的必然和北方诸民族的共同愿望，也是摆在全体蒙古人面前的艰巨的历史任务。以前面所说的内、外部原因为线索，以金朝、塔塔儿和蒙古之间的三角关系为例，来简单评述当时的情况：合不勒汗之后，其继承人是俺巴孩汗②。但是，俺巴孩汗被塔塔儿人擒获后将其交给金人处死。成吉思汗的太祖父斡勤巴儿合黑③，也是被塔塔儿人掠去并交给金人处死的。这实际上是金朝执行"以夷治夷"的策略，对蒙古人实行杀戮的铁证。可是到了成吉思汗时期，他又"以其人之道还治其人之身"，利用自己超人的政治智慧，让金人打败塔塔儿部。在这里，他并没有死板地遵循过去那种直接的报仇雪恨的历史规矩。此后，他又用种种策略最终征服金人，将其国主几近灭绝，替祖先报仇雪恨，并且逐步巩固扩大了蒙古疆土。

成吉思汗约孙观，是古代蒙古智慧发展的光辉成果。在那战乱不已、社会混乱的草原上，人们渴望尽早结束这一动荡不安的局面，建立一个平安有序社会的舆论要求和思想准备由来已久。成吉思汗约孙观，正好符合蒙古社会的这个要求。《蒙古秘史》中记载的《阿兰豁阿的传说》，是古代蒙古人认识史上的一次飞跃，它非常生动、准确地反映出人们对因果关系方面思维发展的新水平。正是这种思维变成了当时治理蒙古社会纷乱局面的约孙，或者说是纲领。具体地说：一是"天之子"④的说法，就是要在思想上制定统一和制约人们的"约孙"；

①巴雅尔：《蒙古秘史》（蒙古文版），内蒙古人民出版社 1980 年版，第 1260～1262 页。译文引自特·官布扎布、阿斯钢：《蒙古秘史》（现代汉语版），新华出版社 2006 年版，第 245 页。

②俺巴孩汗：合不勒汗的堂弟，合不勒汗曾将"合木黑·忙古勒"的汗位交予他继承。

③斡勤巴儿合黑：成吉思汗的祖父巴儿坛巴阿秃儿的长兄，合不勒汗的长子。

④详见巴雅尔：《蒙古秘史》（蒙古文版），内蒙古人民出版社 1980 年版，第 20 页。

二是"合木黑合罕"①(或者作"众汗之汗"),是从政治上将部落联盟升格为国家政权,以便更好地治理这个社会;三是"额耶坦"②,就是团结合作的"约孙"。这是完成上述两个约孙的必不可少的保障。阿兰豁阿夫人的子孙们后来真正成为蒙古社会的中坚力量,他们极力宣传自己是生自阿兰豁阿"纯洁尼鲁温"世系渊源,严格保持住了这个传统。阿兰豁阿夫人的季子孛端察儿深刻领悟了母亲的教诲,进一步提出了"人要有首领,衣要有衣领"③的思想,自己率先将理论与实践相结合,为实现阿兰豁阿夫人所倡导的团结约孙迈出了具有创造性的一步。历史是在曲折的道路上前进的。从孛端察儿之子合必赤(巴林失列秃合必赤)到合不勒汗,经过6~7代人的艰苦斗争,由不使用"奇颜"这个名称到合不勒汗恢复"奇颜"名称,古代蒙古人的传统奇颜精神再度复苏,最终在合不勒汗时代建立了奇颜政权——"合木黑·忙古勒"国家政权,开创了蒙古历史的新纪元。其后,俺巴孩汗继承合不勒汗之位,成为"众汗之汗、一国之主"。此时虽然还停留在部落联盟的性质,然而,建立真正的政权国,即成吉思汗建立大蒙古国的社会转变由此开始。概言之,用国家政权的约孙治理国家的实践起始于合不勒汗时代,并为成吉思汗思想的形成打下了坚实的基础。

成吉思汗约孙观,一方面是在继承和发展蒙古文化积极的、进步的内涵中日臻成熟起来的,另一方面也是同札答阑部札木合和克烈惕部王汗④等人的强权思想或者投机取巧等各种歪门邪道做斗争的过程中锻炼出来的。最初札答阑部札木合、克烈部王汗人多势众,这是历史事实,而且,他们都极力想成为蒙古众汗之汗。可是他们自恃势力强大,骄横跋扈,以强欺弱,投机取巧,可他们终究为碌碌无为的平庸之辈,以致失去民心,众叛亲离,由强变弱,最终被成吉思汗正义之师所击败。史学家们把成吉思汗约孙称为"正统约孙",这是恰如其分的。

---

①合木黑合罕:蒙古语,意为"主宰一切的汗"。《蒙古秘史》第30节。——译者

②额耶坦:又作额也田,额耶秃等,蒙古语"合作者""同志"之意,后来逐渐成为志同道合的团队。额耶,商议、商量、会商、协商。见《蒙古秘史》第126、132、154等节——译者

③巴雅尔:《蒙古秘史》(蒙古文版),内蒙古人民出版社1980年版,第48页。

④王汗:又作王罕、汪罕等。蒙古克烈部,也作怯烈、客烈亦惕等。脱斡邻勒汗,曾为也速该之安答,后帮助过成吉思汗,最后与成吉思汗关系破裂,为成吉思汗所败。札木合,蒙古札答阑部首领,少年时期为铁木真的安答,后与成吉思汗反目,1205年被处死。——译者

二、成吉思汗约孙观的主要内容

在讨论成吉思汗约孙观之前,首先要明确几个相关问题。这里引用拉施特《史集》一书中记载的成吉思汗的一段话,很有广泛而深远的意义。成吉思汗的这段话是:"凡是一个民族,子不尊父教,弟弟不聆兄言,夫不信妻贞,妻不顺夫意,公公不赞许儿媳,儿媳不尊敬公公,长者不保护幼者,幼者不接受长者的教训,大人物信用奴仆,而疏远周围亲信以外的人,富人者不救济国内人民,轻视习惯和法令,不通情达理以致成为当国者之敌;这样的民族,窃贼、撒谎者、敌人和(各种)骗子将遮住他们营盘上的太阳,这也就是说,他们将遭到抢劫,他们的马和马群得不到安宁,他们(出征)打先锋所骑的马筋疲力尽,以致倒毙、腐朽,化为乌有。"①该论述强调了以下四点:

1. 强调了"民族"的概念,指出:不管哪一个民族,如果忽略了"约孙"和"札撒",那么就会国不泰、民不安。因此,民族既是约孙的实体,又是对象。需要注意的是,这个时期蒙古民族和国家的形成似乎是同步进行的。

2. 突出强调"约孙"和"札撒"实施中所要求的人们的风习观念或伦理道德的地位和作用。这里一方面包括古代蒙古人风俗习惯约孙或伦理道德约孙同成吉思汗的政治约孙之间的内在联系,另一方面也关系到社会治理中伦理道德约孙与政治约孙所起作用的内在联系。总之,只有从伦理约孙与政治约孙的结合上去治理社会,才能保障社会治安,维持社会秩序。

3. 成吉思汗在论述"约孙"和"札撒"时,首先以家庭伦理约孙着手,强调家庭与国家的关系、诺颜(官吏)与平民的关系中约孙的约定俗成。众所周知,家庭是社会的细胞,国家的分子。诺颜和平民的关系,是国家和民族内部关系中的关键所在。只有成吉思汗约孙观念真正浸透到所有家庭、诺颜和百姓之中去,真正影响和左右他们,约孙观念实施和落实才能有社会基础。"治家先治身,治国先治家",这一格言就是到如今也不乏其蕴含哲理的魅力。

4. 成吉思汗在教诲自己的子嗣和晚辈时常说:"纵有万万人,不如有一深知

---

① 译文引自那顺德力格尔:《成吉思汗箴言解析》,内蒙古教育出版社 2012 年版,第 143 页。——译者

国政约孙者也。(在千万人之中,唯知约孙者为上也。)"①这是他敏锐地观察和清楚地认识到为臣者在贯彻执行约孙过程中所起的决定性作用,因而对为臣者提出严格要求的具体体现。也就是说,成吉思汗深知政务约孙、民生约孙、生产约孙、征战约孙、教育约孙等一切约孙的实施中,都必须依靠统治集团的齐心努力和支持配合,并且用这种理论来教育引导自己的属下官吏。这也是任何一个政权国家在实施自己的制度中的哲学原理。

简要说,上述四点中,第一点说的是约孙的主体和约孙的对象,第二、三、四点说的是具体实施和落实约孙中的关键性问题。另一方面,弄清这些问题,对于解决约孙观念研究方式方法,有着重要意义。

特别需要指出的是,在上述论述中已经发出了警示,如果忽视"约孙"和"札撒",将会导致"不知和睦""窃贼、撒谎者、敌人和(各种)骗子将遮住他们营盘上的太阳"等等。这是事关约孙观念内容的重要问题。如果想要振兴故土,就必须以主人翁的姿态来重视"约孙"和"札撒"。这正是"生男以守故土"之道。这里所说的故土(或说疆土)这一概念在《史集》一书中就有明确记述:"我绝不让祖先留下来的疆土被他人所征服,也绝不让祖先传承的规则和约孙遭受破坏。如果我能当上可汗,统帅天下兵马,就为(我的)属民拿回牛、马和疆土……(现在)阿勒坦、忽察儿你等要在三河②之源守护,不许他人在这里驻牧。"祖先的约孙不受破坏,祖先的疆土不受侵犯,这是成吉思汗约孙观的重要内容。正因为成吉思汗严格恪守祖先的约孙,才使蒙古古代传统得以继承和发展。"绝不让祖先留下来的疆土被他人所征服",才是"生男以守故土"的前提。从民族意识的角度出发,成为自己疆土的主人,是成吉思汗约孙观的核心和灵魂所在。按照《蒙古秘史》的原话说,就是"生男以守故土"的约孙。

"众人约孙"观念,是成吉思汗约孙观念的重要内容之一。不过在谈论成吉思汗的"众人约孙"时,一定要联系到他的天的观念。纵览成吉思汗的天的观念,就会发现,"天之恩赐"的思想和萨满教思想对他影响很大,不过,这其中习惯崇拜的性质似乎占主导地位。因此,成吉思汗虽然常常用"天地之恩赐""长生天知道也"这样的说法,但是在一些重大的政治问题和军事问题上往往还是

①罗卜桑丹津:《黄金史》,乔吉校注,内蒙古人民出版社 1999 年版,第 407 页。
②三河:指今额尔古纳流域的根河、得尔布尔河及哈布鲁河。(满昌)——译者

坚持"众人可畏,深水可殆"的观点,坚持依靠一切可以依靠的力量,团结一切可以团结的人,去实现自己的目标。我们把这一观念简称为"众人约孙"。成吉思汗在评述孛斡儿出、木合黎时说"二人皆助我做好事,劝谏我躲过错事,扶我坐上了今日之高位"。① 还对主儿扯歹说:"我的心中默默地把你当成遮护我们的高山峻岭。"②他对上至开国将领,下至近卫,凡是为建立大蒙古国建功立业者,经常予以高度评价和赞美,这就是他众人约孙观念的具体体现。这些话都是发自成吉思汗内心的,而且也是符合当时的实际情况的,这真可谓是"众人之道,宇宙之理"。如果离开这样的历史事实,即当时成吉思汗连把人们视之为"天的使者"的萨满教巫师阔阔出都处死的事实,仅仅因为成吉思汗常说"天之恩赐""借长生天的气力"之类的话,就认为成吉思汗是信奉天神者,岂不是偏见误断乎?

尊重客观规律,依照客观规律行事,是成吉思汗约孙观念的另一个重要内容。不过这往往与成吉思汗的"长生天"的观念交错在一起,使成吉思汗的天的观念变得云遮雾罩,错综复杂。这里不妨把成吉思汗的"天之恩赐""天之教诲""天之气力""借长生天气力"等等,统统归结为"天之约孙",再与"宇宙的约孙"或与自然和社会发展的规律做对比的话,就会发现它在实践中的整合性。在成吉思汗的思想中,天的崇拜和萨满教的信仰中固然存在宗教信仰的成分,与此同时,正视和尊重自然和社会发展客观规律的内容也是相当丰富的。倘若成吉思汗忽视了社会发展客观规律,就不可能在自己内部团结上付出那么多的力量,形成一个牢固的整体,就不可能在数不清的大大小小战斗中指挥人们取得一个又一个的胜利,也不可能征服那么多的国家、民族和宗教,并且使他们一起投入自己的事业中来。如果把这些成就的取得统统归结为他违背客观规律,只依靠"天之气力""神的力量"来完成的,岂不是太幼稚了吗?遗憾的是,一些研究者们在成吉思汗研究中目光更多的盯在成吉思汗出于种种原因侵略和征服其他国家民族,对给人们带来的破坏和灾难的一面提出批评,而对他遵循事

①孛斡儿出、木合黎(也作木华黎),均为成吉思汗蒙古帝国开国功臣。译文引自特·官布扎布、阿斯钢:《蒙古秘史》(现代汉语版),新华出版社2006年版,第186页。
②主儿扯歹,也作术赤台,成吉思汗蒙古帝国开国功臣。译文引自特·官布扎布、阿斯钢:《蒙古秘史》(现代汉语版),新华出版社2006年版,第189页。

物发展客观规律,对社会历史发展起推动作用的深谋远虑的一面关注则较少。概括来说,成吉思汗的约孙观念中包含着依照客观规律指挥战争,建立和管理国家政权,巩固团结和谐等等丰富内容。这些是不能忽略的。

在政治方面,成吉思汗约孙观念的主要内容是通过国家政权机制、法规来保障社会秩序和安定团结的。在《蒙古秘史》中出现的"其所思之道也大""乃思大道矣""汝思大体矣"①等教诲之言都是从国家和民族的根本利益和遵守法规这一基本思想出发的。按照今天的说法,"大道"和"大体"就是政治观念。成吉思汗创造性地继承了合不勒汗的"合木黑·忙古勒"的大业,在1189年恢复创立了奇颜部孛儿只斤氏的国家政权组织,随后又经历了十几年的斗争,终于在1206年竖起九斿白旗,创建了震撼世界的大蒙古国。大蒙古国的建立,是成吉思汗的力量观念和约孙观念的有机整合,从而使其升华为政治观念的最初尝试。

成吉思汗约孙观念的内容,可以从多方面来分析研究。在这里虽然提出了习惯约孙、天之约孙这样的说法,但为适应我们研究课题的要求和本文的结构需要,我们还是集中讨论了故土主人约孙、众人约孙、客观规律约孙和政治观念约孙等内容。其他一些内容将在后面的文章中表述。

三、成吉思汗约孙观的形成

成吉思汗约孙观的形成,需要一个过程。深入全面理解成吉思汗约孙观的内容,必须从了解他的约孙观形成、发展和完善的整个过程入手。思想家们认为,世界是过程的集合。一切事物都是以过程来体现,又以过程来向前发展的。与此相同,成吉思汗约孙观也是有其产生和发展过程的。它的总特征是由低级向高级,由简单向复杂,由一般习惯性向理论和实践结合上系统演进的。其演进过程大体可以分为三个阶段。

第一阶段,是从成吉思汗少年时期开始,至1189年继承汗位,恢复奇颜部孛儿只斤氏的政权时期。在这个时期内,在蒙古社会普遍盛行的有崇尚祖先起源的约孙、部族整肃约孙,祭祖约孙、结义约孙、交安答约孙、复仇约孙、狩猎约

---

①巴雅尔:《蒙古秘史》(蒙古文版),内蒙古人民出版社1980年版,第984、1054、1243页。

孙等等五花八门的约孙规矩。这些对成吉思汗的成长无疑会产生重要影响。不过,阿兰豁阿夫人的"天之子""众人之汗"的理念对成吉思汗成长的影响是绝对的,这一点可以从诃额伦兀真的"原则教育"推断出来。此外,德薛禅之梦所提示的"梦见白海青抓着日月二者飞来落我手。……原来是你奇颜百姓的苏力德神灵来预告我的呦",更是关于"众人之汗"约孙的非常生动的写照。

同样,下面这一段故事也是有着很高可信度的同一类典型事例:铁木真娶孛儿帖为妻之后,将孛儿帖出嫁时娘家陪送的一件黑貂皮斗篷送给早年与其父亲也速该结为安答的克烈部首领王汗。当时王汗部驻牧于土拉河畔的黑树林中,铁木真说父亲的安答如同父亲一样。王汗听了很高兴,说:

> "为了酬答黑貂皮答忽(大氅)的厚礼,
>
> 把叛离的部众给你收复回来!
>
> 为了酬答黑貂皮答忽的厚礼,
>
> 收回崩离的百姓重归于你!
>
> 把这件事牢牢记住,
>
> 放在髀石背面的臀部,
>
> 放在髀石心面的胸部。"①

在蒙古语原文中,最后一段为"孛可列因孛可薛圖兒 —扯克烈因扯额只圖兒 — 阿都孩客额"。达·策仁索德诺木先生在译注中说,这一段谚语直白的意思是"将自己的睾丸藏在臀下,将自己的讳言藏在胸中"。② 这里所说的讳言,就是不便暴露的秘密。由此,我们不是可以清楚地看到铁木真将这个分裂中的民族国家统一起来的希望拜托于王汗身上,并得到王汗的暗中保证了吗? 与此同时,我们也可以清楚地看到,铁木真是如何运用安答约孙(交友的道理)以及他统一蒙古的宏图大志。为什么铁木真会从少年时期就胸怀统一国家的志向

---

① 《蒙古秘史》第 104 节。因成吉思汗父也速该与王汗为结义兄弟,故此段话中原蒙语有"吾儿"之意。王汗对成吉思汗统一蒙古各部帮助较大,后与成吉思汗破裂,被成吉思汗所败,逃到乃蛮被杀。译文引自阿尔达扎布:《新译集注〈蒙古秘史〉》,内蒙古大学出版社 2005 年版,第 178 页。

② [蒙古]达·策仁索德诺姆:《蒙古秘史》,民族出版社 1993 年版,第 320 页。

了呢？显然，奇颜部孛儿只斤氏的出身、家教以及当时社会上的舆论影响起了决定性作用。

这个阶段是成吉思汗的约孙观念在古代蒙古人的各种习惯约孙的基础上逐渐滋养和完善起来的。那些习惯约孙，是在部落联盟时期开始形成雏形，并且主要是为部落联盟的首领或者草原上新兴权贵们服务的。后来，随着社会的发展变化，在成吉思汗建立大蒙古国的实践过程中更加丰富起来。

第二阶段，从 1189 年到 1206 年的阶段。这一阶段，是成吉思汗组织领导诸多战争，在战争活动中不断认识军事斗争的规律，创立和完善了自己的约孙观念的时期。也可以说，是成吉思汗的观念由过去的习惯约孙观念产生了飞跃，升华到"大约孙"（或"伊克约孙"）、"政治约孙"时代。在这一阶段，他陆续取得了"答兰·巴勒主惕之战"（史称"十三翼之战"①）、"纳忽昆山崖之战"②等十四五次战役的胜利，同时又总结这些战役中的经验教训，进一步认识了战争的规律，创立了很多战略战术学说，成为举世闻名的军事家。如果成吉思汗不去认真而又深刻地认识和总结战争的客观规律，并且充分地掌握它和运用它，那么成吉思汗怎么能够由弱变强，由少到多，能够一一击败和征服那些比自己人多且强大的部落群体呢？认识和运用军事斗争的规律，是成吉思汗约孙观念的重要内容之一，这些显然对他的约孙观念的整体形成起到了重要作用并占有重要地位。掌握和认识战争的客观规律，不仅要正确认识和解决军队和战争的内部关系，诸如军队的组织问题、军队和战争的关系，还要正确处理军事斗争与政治、经济和文化诸方面的关系。我们把他的这些思想成果概括为成吉思汗军事约孙。成吉思汗出色地解决了这一系列复杂的问题，在军事活动中取得了一系列成功，发展了自己的军事约孙观念。另一方面，他不断巩固和发展 1189 年建立的蒙古国家政权，为日后建立大蒙古国政权积累经验，做好全面准备，完成过渡时期的各项任务，并且思考和探索新政权体制建立和巩固的规律，采取了符合于当时蒙古社会情况的各项策略。例如，成吉思汗被推举为大汗之后，派

①十三翼之战：是铁木真与札木合在答兰·巴勒主惕进行的一次战争。1189 年，铁木真被推举为蒙古大汗，札答阑部首领札木合不满，组织 13 个部落与铁木真在今呼伦贝尔一带激战，这次战争铁木真获得胜利，札木合势力大挫。——译者

②纳忽昆山崖之战：蒙古部与乃蛮部之间的战争。发生在 1204 年，在今蒙古国塔米尔河一带激战，乃蛮塔阳汗被擒，乃蛮部大败，并被征服。——译者

使赴克烈部拜见王汗时,王汗说:"立我儿铁木真为汗,你们做得很好。蒙古人怎么可以没有首领呢?"望你们:

> "牢记这共同的约定,
>
> 维护着相互的友情,
>
> 遵守这立下的秩序,
>
> 相扶相助走到永远!"①

这是通过王汗的话反映出的对新建立的蒙古政权权威的认可,也是必须维护和巩固这个政权的约孙。具体说:一、蒙古诸部必须有统一的、至高无上的汗;二、以汗为中心的政权制度不得受破坏;三、以汗为首的秩序必须要维持。这是蒙古社会建立政权体制后的带有规律性的问题。如果成吉思汗没有及时而又正确地解决这些问题的话,在1206年建立大蒙古国,开创"蒙古人时代",使蒙古政权延续达500余年(以林丹汗病逝为结)②,是不可想象的。可以认为,成吉思汗的军事约孙观念不仅指导了他的军事活动,也使得他能在较短的时间内解决了政治、经济和文化等方面的一系列问题,成功地继承和使用了从合不勒汗时代就已初见端倪的政权工具,创立了蒙古社会统一约孙,即开辟了政权建设的道路。

概括来说,成吉思汗约孙观的第二阶段中,随着他的军事约孙观逐步成熟和发展,政权建设实践也相当成功。这个时期,他的政权约孙也越来越成熟,并得到发展和提高。

第三阶段,成吉思汗约孙观全面成熟阶段。这一阶段是从1206年大蒙古国建立,以《大札撒》③《必力克》④的产生以及实施为基本依据和标志。大蒙古

---

①尹湛纳希:《青史演义》(蒙古文版),内蒙古人民出版社1979年版,第649页。

②如果从1189年成吉思汗建立蒙古政权算起,至北元林丹汗1634年病逝而结束,蒙古政权延续实为435年。——译者

③《大札撒》:《成吉思汗法典》,蒙古历史上第一部成文法典。其内容广泛,对后来的蒙古社会有深远影响。该法典颁布于1206年。——译者

④《必力克》:蒙古语"智慧"之意。此处指成吉思汗智慧之言,称《成吉思汗箴言》,是成吉思汗言论的记录,包括了他在政治、军事、经济、文化思想和伦理道德等多方面的言论。——译者

国的建立,是成吉思汗约孙观的体现和集中表现。正由于成吉思汗建立了大蒙古国,才有了在大蒙古国范围贯彻执行约孙观的政治和行政法规方面的保障。

成吉思汗约孙观,是贯穿于《大札撒》《必力克》中的基本观点。《大札撒》,是指在《青册》中记载下来的成吉思汗制定的法律法规,这一点,国内外学者们基本没有什么异议。《必力克》则是成吉思汗训诫、箴言的总称,因而与《大札撒》兼而用之。《大札撒》主要是法律法规的汇集,而《必力克》是使人们纳入道德规范的正统模式。因此,如果脱离成吉思汗《大札撒》和《必力克》,就不可能正确解读成吉思汗约孙观的基本内容。

特别需要指出的是,成吉思汗约孙观的形成、发展、成熟、系统化和完善化,是以其全部约孙观念的约孙、政权约孙和纲领约孙为基奠而体现的。也就是说,这三个概念的产生和实践顺序基本上正确反映了成吉思汗约孙观念的发展过程。因此,约孙、政权约孙和纲领约孙这三个概念正确反映了成吉思汗约孙观历史和逻辑的统一。

四、成吉思汗约孙观体系

1. 成吉思汗约孙观是一个有机整体,其集中体现是在约孙观和约孙实践的密切结合上。认识约孙观,进而在按约孙改造蒙古社会的实践活动中不断完善、检验和提升约孙观念机制,这是成吉思汗毕生的追求。所以,要想真正地研究和学习他的约孙观,就必须把研究、探讨他一生的主要实践活动放在首位。譬如,只有认真研究和深入了解了成吉思汗所领导和指挥的战争实践,才能真正了解他是如何认识和出色地运用军事斗争的规律。在成吉思汗研究中如果我们脱离了他用政权约孙统一和改革当时一盘散沙的蒙古社会的实践的话,即使我们费尽九牛二虎之力,也一事无成。换句话说,研究成吉思汗约孙观,不能从某一个空洞的约孙概念来做起点,而是应该以贯穿于他实践的约孙为重点才是。成吉思汗少年时代主要受习惯约孙的熏陶和影响,到了中青年时代,则深刻认识到:如果想在当时的蒙古社会争得一席之地,进而发挥自己的作用,就必须壮大力量。所以,他自觉地遵循军事斗争的客观规律指挥军事行动,最终将蒙古高原上形形色色的部落统一在自己的旗帜之下,建立政权,制定法规,使约孙观念日臻完善和成熟,宣告一个完整的约孙观体系的形成。这是对他付出毕生心血所创立的约孙观体系,不是从空洞概念出发,而是从实践角度去进行的解读。在这里我们可以用具体实例来谈这个题目。

据《蒙古秘史》中的记载:铁木真曾建议阿勒坛和忽察儿为汗。铁木真说:"忽察儿,你是讷坤台吉的儿子,让你当汗,你不当。阿勒坛,你是虎塔兰汗后代,让你当汗,你不当。"这是严格遵循蒙古汗必须出自奇颜部孛儿只斤氏的习惯约孙的体现。反映了成吉思汗遵守习惯约孙的高度自觉性和在实践中的不懈努力。在《蒙古秘史》第201节中还有一段关于处死札木合的记载:成吉思汗在处死札木合之前,曾再次表达与其和好的愿望,而札木合却拒不接受,成吉思汗说道:"安答札木合虽然离我另行,虽有满口讥议,但从来未听到他有害我性命的意图,应该是个可容可学之人。而他不肯,又不愿悔改。要让他死吧,占卜又不显示。无故不应处人之死。对他这样大有来历的人,应向他指明处死的理由。"由此可以看出,成吉思汗虽然按照札木合的要求赐其死,但赐其不流血而死,死而厚葬。这里记录了成吉思汗充分考虑了安答结交约孙、赐死约孙的细节。通过以上两个典型事例,我们可以清楚地看到成吉思汗在处理重大问题时,是以多么高的自觉性,多么严谨的态度去贯彻执行约孙观的。

2. 成吉思汗约孙观的内容和形式是非常灵活多样而又深刻的。他的约孙观是通过他一生的实践活动来体现的。从《蒙古秘史》、拉施特《史集》等著作的记载中可以看到,成吉思汗约孙观的内容广泛,内涵深刻。例如:"约苏""约孙""图鲁约孙"(政治约孙或政权约孙)、"约苏图鲁"(礼仪和规定)、"伊克约孙"(大约孙)、"莫鲁(史书又作'抹儿')约孙"(纲领约孙或行为准则约孙)、"约苏图"(有规矩)、"约苏坦"(有规矩者)、"约苏台"(有规矩)、"约苏阿尔"(按照规定)等概念,有的是指约孙的基本内容,有的是指如何遵循约孙,有的是指约孙的执行者,有的则指约孙和实践的结合。目前,随着国内外成吉思汗研究不断广泛深入地开展,对成吉思汗的思想的基本概念、基本范畴的研究日趋细化和深化。譬如:学者布林满都胡、N·色楞等撰写的有关成吉思汗约孙的论文,对研究成吉思汗约孙观念的概念和范畴都做出了开创性的贡献。过去,对成吉思汗的研究往往侧重于他的军事战略思想方面,而把他作为一个伟大的思想家来研究的方面不足或者说没有深度。这也许是由于未能以成吉思汗历史实践为出发点,认识和研究其思想的基本概念和范畴所致吧。

从整个人类思想史研究的角度上观察,如果忽视和忽略了思想发展的专门概念或者范畴的研究,那么,这种研究就很难深入,甚至在岔路口上徘徊乃至发生谬误。只有科学的概念和范畴才能真正科学地、准确地反映出那些伟大思想家的思想,才能正确反映他们的整个思想发展的规律。世界上那些伟大的思想家的思想之所以称之为伟大,其主要原因:一是在改造和发展社会的实践中能够真正起到作用,能够真正赢得民心;二是他们提出的一系列观点以某种概念为主,成为独立的系统。对于成吉思汗的思想,无论从其改造社会的广度和深度来看,或者在这一实践过程中所形成的思想的打造程度来看,与世界上任何一个伟大思想家相比较,都毫不逊色,甚至还有许多独到之处。老实讲,在世界上伟大思想家之间做比较,比其高低是不科学的。但是只承认和塑造成吉思汗的英雄形象,只承认他是杰出的军事家,而不去反映和认知他思想家的才能,那岂不是在客观上否定了他作为思想家的一面了吗?其实,只有英雄形象和思想家形象的统一,才能体现出成吉思汗伟大政治家、杰出军事家的形象。可惜的是,由于种种历史原因,在成吉思汗的后裔中没有出现像苏格拉底、释迦牟尼和孔夫子的弟子那样的后人,以至他的伟大实践和那些教诲、札撒、必力克均被忽视,甚至尘封于世,成为北方一片未及开垦的文化沃野;可喜的是,随着当今世界民主制度的发展和文化科学的进步,以现代蒙古年轻学者为中坚的国内外蒙古学家们已经着手开垦这块北方文化沃野了。我们相信,这将为整个人类文化宝库增添新的贡献。

总之,要想全面、准确地认识和掌握成吉思汗约孙观念,首先要了解他从一个受苦受难的孤儿成长为一个伟大的政治家、杰出的军事家和天才的思想家的光辉历史,同时要认真和深入研究他在军事、政治、经济和文化教育等多方面的实践。他的所有思想观念都是在这些实践活动中形成并在这些实践中得到检验的。特别是要深入了解、认真研究他有关约孙的一系列谈话,在此基础上弄清楚其基本概念和范畴的科学内容及特点,并且理清其各个概念和范畴之间的内在的有机联系。

3. 约孙、图鲁约孙和莫鲁约孙[①],是成吉思汗约孙观念的基本概念和核心。

---

①图鲁,蒙古语为政治、政权之意,莫鲁为纲领、行为之意,可以理解为"政权约孙""纲领约孙"和"行为约孙"。——译者

在成吉思汗约孙的一系列概念中,约孙、图鲁约孙(伊克约孙,大约孙)和莫鲁约孙属于基本约孙或者基本范畴。当然,这三个约孙之间还有很多区别,并且属于不同的层次。其中,约孙的概念更具有基础性,包括图鲁约孙(伊克约孙)和莫鲁约孙的约孙,其内容和要求表现得更为有原则和抽象。其具体内容的基本思想,是引导人们进入规矩的理念。在蒙古语《二十一卷本词典》中对"约孙"一词做了如下诠释:"约孙乃规矩、礼仪和法制之意","规矩乃永远接受教育和文化启迪之意"。因此,对约孙的进一步深入解释,就是将人们的思想和行为纳入某一种规矩之内,使其受到制约。譬如:使人纳入社会习惯规矩称其为伦理(额希)约孙;纳入政权法律的规矩称其为图鲁约孙(政权约孙);纳入自然、社会和人们思维规律的约孙称其为哲理约孙(贡约孙);按照约孙的一般要求去行事,称之为莫鲁约孙(纲领或行为准则约孙),等等。

我们在这里所论述的"图鲁约孙",就是成吉思汗所说的"伊克图鲁"(大政)或者"伊克约孙"①。现在,我们之所以将其称为"图鲁约孙",其理由如下:其一,成吉思汗当年是将"图鲁"(政权)和"约孙"视为同一概念来使用的。在《二十一卷本词典》中,同样把"约孙"与"图鲁"一词并列起来。可是,在现代蒙古语中"图鲁"就是指国家政权,并成了国家和政权的专用名词。成吉思汗的"伊克约孙"或者"伊克图鲁"的主要意思和基本观点,显然是国家政治约孙是最大的约孙,是上至权臣贵族,下至庶民百姓,无一例外地必须遵循的约孙。例如,1214 年,成吉思汗攻打金朝中都时,金宣宗完颜珣②逃到南京。金主在南逃时派哈答留守金朝中都。成吉思汗遣翁古儿宝儿赤、阿儿孩哈撒儿、失吉忽秃忽三人清理金中都财物。哈答听说他们三个人到达,便带上金银、细软等珍贵礼物,出城迎接。失吉忽秃忽说,这些金银财宝均属成吉思汗,拒绝个人接受,并清点入册,而翁古儿宝儿赤、阿儿孩哈撒儿却将其中一部分据为己有。在三人拜见成吉思汗时,成吉思汗追问金朝哈答献送了什么礼物时,失吉忽秃忽毫无隐瞒地报告了成吉思汗,成吉思汗严厉斥责了翁古儿宝儿赤和阿儿孩哈撒儿

---

①伊克图鲁、伊克约孙:意为大政。内蒙古历史语文研究所:《二十一卷本词典》(蒙古文版),内蒙古人民出版社 1977 年版,第 849 页。

②1214 年金宣宗在蒙古军征讨下,从中都(今北京)逃往南京,中都 1215 年被攻占。——译者

的行为,赞许失吉忽秃忽的忠诚和廉正,说他是"想到了伊克约孙"(大道理)①。犒赏失吉忽秃忽这件事具有典型意义,这里所说的"伊克约孙",即是图鲁约孙、政治约孙。从政治观念来讲,图鲁约孙就是伊克约孙,就是大道理。其二,把"伊克约孙"(大约孙)称之为"图鲁约孙",乃是出于成吉思汗约孙概念体系的需要。"图鲁约孙",不仅继承了原来的"伊克约孙"的内容,体现了国家政权的根本利益要求,还抽象化了约孙概念的内容和要求,使其具体化为"图鲁约孙"的内容和要求。所以,约孙、图鲁约孙和莫鲁约孙的排序,十分精彩地反映了成吉思汗约孙观念的历史和逻辑发展的统一。

莫鲁约孙,是从约孙概念的实践要求中产生的。也就是说,莫鲁约孙是约孙的实践化产物。莫鲁约孙观念,在古代蒙古人的习惯中古来有之。在《蒙古秘史》中有这样的记载:俺巴孩汗的两位夫人斡儿伯、莎合台,在反驳前去说理的诃额伦夫人时说:

> "没有请来相分的莫鲁台(道理),
> 只有前来享用的权利。
> 没有送去供用的约孙台(道理),
> 只有赶来分享的权利。"②

这段话里所说的"莫鲁台"和"约孙台"具有相同的意义,反映当时已经形成了处理问题时要求按莫鲁约孙行事的规矩。

成吉思汗在实行自己的约孙观念时总是率先垂范、以身作则的。按理说,札木合是属于千刀万剐为之不过的人,可是成吉思汗在俘获他之后还是说"我们现在可以合作,还可相伴"时,札木合回答说:

> "在那远去的日子里,
> 在那美好的童年里,

---

①巴雅尔:《蒙古秘史》(蒙古文版),内蒙古人民出版社 1980 年版,第 1243 页。
②巴雅尔:《蒙古秘史》(蒙古文版),内蒙古人民出版社 1980 年版。译文引自阿尔达扎布:《新译集注〈蒙古秘史〉》,内蒙古大学出版社 2005 年版,第 121 页。

在那豁儿豁纳黑川谷地里，

我与你结为了安答！

二人相处形影不离，

游戏玩耍总在一起。

夜寝共钻同一被窝，

日来同思一种心愿！

后来我中谗言之惑，

又中他人离间之计……

如今安答铁木真你，

灭尽仇敌平了天下，

已成就了万年盛事，

还留我等又有何益？

……

好了，该说的都说完了……可以结束我的生命了。"

　　成吉思汗说："安答札木合应该是个可容可学之人。要让他死吧，占卜又不显示。不能无故害人性命，要害则应有足够的理由。札木合乃重道之人。"当然，成吉思汗最后还是把札木合杀了。但是说明了处死的理由，并按札木合的请求，不出血，不露骨，死后予以厚葬。成吉思汗说札木合"乃重道之人"，这是非常重要的一点。札木合虽然罪有应得，但成吉思汗却慎重从事，反复斟酌，他考虑到札木合曾与他三次结为安答，击败泰赤兀惕并解救孛儿帖夫人，多次给他传递重要信息，做过好事，可称之为"白道"，然而札木合又诡计多端，数次挑起战争，可称之为"黑道"。① 所以，如果把"重道之人"，仅仅解释为重"黑道"，对这样理解，本人不能苟同。当然，说札木合是"白道"，我也认为不准确。学者满昌先生在译注中解释为"对于这种重道之人是不能随便诛杀的"。② 我赞同他的这个解读，并引用于此。在当时，只有"奉上天之命而生"的奇颜孛儿只斤

　　①在原文中为"察干莫鲁"和"哈拉莫鲁"，在这里直译为"白道"和"黑道"，与善道和恶道近义。——译者

　　②满昌：《新译注释〈蒙古秘史〉》，内蒙古人民出版社 1985 年版，第 147 页。

氏理所当然地当可汗或皇上,这是当时的社会共识。而作为非皇族后裔的札木合敢冒天下之大不韪,想依靠自己的力量成为蒙古的大汗。只有札木合才有这样的野心和决心。札木合未能正视当时的社会共识和人心所向,最终还是被成吉思汗所挫败。对于札木合敢于挑战传统势力,奋而起之想当蒙古大汗的胆气,作为伟大思想家的成吉思汗也许是怀有几分敬意的。

顺便提及的是,满昌先生把"昆都①莫鲁"释译为"昆都约孙",不但与其原意相等,而且是有根据的。学者达·策仁索德诺姆先生在其译注的《蒙古秘史》中把"莫鲁台"和"约孙台"相提并论,解释为"有道理""有规矩",这和满昌先生的说法是基本一致的。把"莫鲁"和"约孙"汉译为"道"和"理",也给了我深刻的印象。道润梯步先生在《新译简注〈蒙古秘史〉》中将"莫鲁"汉译为"道",将"约孙"汉译为"理",使我情不自禁地想到古代汉族道教大师老子。成吉思汗和老子竟然在不同历史时代,在不同经济、自然、地理环境中,却以不同的方式找到了关于"道理"和"约孙"的相近的结论,真叫人惊奇不已。

此外,在推举诺颜时要依着莫鲁约孙的规矩,这一点应该引起我们的注意。同时,成吉思汗约孙观念中具有最深刻含意的"吉姆约孙"(规律),这一点也必须强调。从约孙观念的实践性来看,在其体系中有莫鲁约孙这个概念,这并不背离约孙的本来性质,反而是有利于约孙观概念体系的建立。其原因是莫鲁约孙在实践色彩上具有更广的范畴。概括地说,约孙、图鲁约孙和莫鲁约孙三者之间互为融透,互为补充,相辅相成在一个整体中,约孙是图鲁约孙和莫鲁约孙的基础或者前提,图鲁约孙是约孙和莫鲁约孙得以实现的重点或关键,莫鲁约孙又是约孙的目的得以实现的标准。因此,约孙、图鲁约孙和莫鲁约孙三者的有机结合,才能完整、准确地体现成吉思汗约孙观。同时,约孙、图鲁约孙和莫鲁约孙的统一也特别生动地反映了抽象与具体、客观与主观的和谐统一。例如,说图鲁约孙比较莫鲁约孙抽象些,那么约孙又要比图鲁约孙更抽象些。而最为抽象的约孙也并非成吉思汗随心所欲提出的概念,而是客观事物规律的正确反映。

成吉思汗在教诲自己的四个儿子时说:

---

①昆都,蒙古语,意为"重""重要"。

"沿着高山的山麓走，

向着大海的渡口去；

不要惧怕路途遥远，

坚持走就能抵达；

不要畏惧担子沉重，

只要扛就能举起。

吃肉的牙长在嘴里，

吃人的牙长在心里。

身强者可胜独夫，

智强者可胜众敌。"

这是在蒙古族民间广为流传的箴言。在教育人们百折不挠地奋斗的时候，总是把遵循客观规律的道理放在首位。这充分反映出成吉思汗思想的深邃，令人赞叹不已。在蒙古族谚语中有许多诸如"鱼肉有空隙，牛肉有关节""众人商议没有错，码头涉水容易过"等，都蕴含着极其深刻的哲理。

4. 成吉思汗之所以这样深刻认识约孙，并能够灵活运用它，是有多方面的原因的，但其中最主要的原因是出于他在政治和军事方面的目的和需求，也就是用战争消灭战争，用制度去治理国家。从哲学概念来讲，这些思维方式深层次的原因主要是成吉思汗已经敏锐地观察到事物的抽象与具体、共性与个性、主要与次要之间的关系，牢牢地掌握和熟练地运用了这些关系。

纵观人类文化史发展的思维状况，即思维方式的变化、途径和成就，是否分清和处理好抽象与具体、共性与个性、主要与次要之间的关系问题，是检验和衡量人们智商高低、情商好坏的最为敏锐、最为明显和最为集中的标准。成吉思汗在理论和实践的统一上以自己过人的智慧使蒙古这个名称遐迩闻名，开启了蒙古族文明历史的新时代，也使自己的子嗣后代受到了这种智慧的洗礼和熏陶。我们可以举出一些例子来证明它：

例一，成吉思汗说："能治家者即能治国，能率领十人作战者，即可为赋以千人万人，他能率领千人万人作战。"①这是成吉思汗从自己的实践活动中直接感悟出来的关于个性与共性之间关系的既具体又抽象，既通俗易懂又深刻的论证。

例二，成吉思汗对儿子们说："只要你们弟兄相互帮助，彼此坚决支援，你们的敌人再强大，也战胜不了你们。但是，如果你们当中没有一个领袖，让其余的弟兄、儿子、朋友和同伴服其决策，听其指挥，那么，你们的情况又会像多头蛇那样了。一个夜晚，天气寒冷，多头蛇为了御寒，都想爬进洞去。但是一个头进去，别的头就反对它；这样，它们全冻死了。另外一条只有一个头和多条长尾巴的蛇，头先爬进洞里，给尾巴和肢体找好安顿之地，从而抗住严寒而获生。"②这大概是成吉思汗针对包括自己子孙和从属者之间的矛盾而说的话。领袖的问题是关系到人们的觉悟认识、智慧和能力的重大问题，也是集体事业成败的大问题。在这方面，成吉思汗不仅仅对自己的子孙和下属这样教诲，同时他身体力行，率先垂范，成为楷模。过去，由于种种原因，人们往往重视成吉思汗在军事斗争中获得的成就，但是研究、探讨他是如何加强内部团结，选贤任能，如何动员军民共同奋斗获得成功的睿智和约孙观方面很不够。本人虽是才疏学浅，但是基于这个教训，为在今后的相关研究中努力改变这种状况，愿意奉献一切！如能对各位学者同仁有所启示，吾将万分欣慰也。

五、成吉思汗约孙观的基本特点及其意义

从多方面分析研究并系统化展示成吉思汗约孙观的特点，是一项很重要的工作。在这一段落中我们就成吉思汗约孙观的特点方面进行概述。

成吉思汗约孙观，是成吉思汗思想的组成部分，也是综合性的概念，它以图鲁约孙（政权约孙）观念为中心，包含了哲学思想、伦理约孙思想等诸多约孙观念，以约孙、图鲁约孙和莫鲁约孙等概念组成了专门体系。正因为如此，它以严格坚持理论和实践的统一为自己的重要特征。我们在前面说过，成吉思汗在不

①《蒙古国九斿白旗祭祀经文》（新注解的《成吉思汗金册》），内蒙古文化出版社 2000 年版，第 231、232、442 页。

②参见［伊朗］志费尼：《世界征服者史》（汉文版），何高济译，内蒙古人民出版社 1980 年版，第 45 页。

同的历史条件下,用不同的方式获得了与汉族思想家老子相同的结论,从而发展和完善了约孙观念。但是成吉思汗约孙观,首先是以实践来反映的,因而其概念体系是渗透在实践之中的。历史证明,它把整个蒙古高原纳入约孙的模式之中并且开启了蒙古文明史的崭新时代。当然那些记录了成吉思汗约孙观念的文献史料今天解读起来尚有许多难题。幸而还有《蒙古秘史》《史集》《黄金史》等一系列史籍多多少少地记录下来了成吉思汗关于约孙的论述,为解读他的教诲打开了一扇门,并使他的智慧之光得以照耀后人。

从纳入约孙模式的本质上可以看出成吉思汗约孙观念的革命性。对当时的蒙古社会状况进行改造,打造一个有国家体制的、有秩序的、安定的社会环境,只凭习惯约孙或者一般理念是难以做到的,这一点人们都有共识。在成吉思汗约孙观念的指导下,蒙古社会发生全面革新的同时,蒙古人的思想意识也跃升到了一个新的阶段。其最突出的表现就是以大蒙古国政权为中心,用成吉思汗的"大札撒"和"必力克"治理和规范蒙古社会。以愚人之见,这是治理国家和民族的一种新的模式。后来,这一思想在其孙子贵由汗的公文中表现得尤为明显。这些公文之首总要写上"借长生天之气力,大蒙古国可汗圣旨所到之处的臣民敬之畏之……"这样几句话,难道这不是以"札撒"进行治理,以"必力克"令其敬畏的一种约孙吗?"必力克"是启迪人们的智慧,是为了优化"伦理约孙"的,因而我们把"札撒"和"必力克"统一列入法律和伦理约孙(伦理道德教育)的治理,使社会处于规范的模式之内。

至于约孙观念的意义,也可以从多方面来表述。但是,在这里我只想从"北方文化"的角度来简要阐述一下。我在《奇颜必力克》那本拙著的前言中曾提出了"北方文化"这一概念,认为:一是(北方文化)孕育了成吉思汗;二是开创了大蒙古国;三是与中华长城结下了不解之缘。但是,对成吉思汗思想和业绩对北方文化所起的作用和贡献叙述得尚不到位。现在认为,作为一个杰出军事家、伟大政治家和思想家的成吉思汗对北方文化的内容和发展方向肯定有过巨大影响,只是我们出于多种原因,在这方面对他研究得还很不够而已。诚然,还原他的伟大英雄形象是重要的,并且需要再进一步努力。但是,必须强调的是,如果不能全面而又准确地再现其伟大思想家的形象,那么也必然会影响其伟大英雄形象的完整性。成吉思汗是一位伟大的思想家,如果忽视了这一点,就不能全面、准确地认识成吉思汗,也不能正确评估和继承发扬蒙古民族的优秀文化传统。

第三节　成吉思汗"也可额耶"思想研究

树有根,水有源。古代蒙古人的"也可额耶"思想的形成和发展是有一个过程的。"也可额耶",绝不是没有蒙古历史文化、哲学思想的根据而凭空想象和人为制造出来的概念和范畴,而是在蒙古历史文化发展中自然形成、逐渐成熟起来的思想或者意志。作为一种成熟而又科学的概念,"也可额耶"在历史和逻辑的统一上发挥出力量和作用,增强了蒙古人的民族意识。根据《蒙古秘史》的记载,最早明确提出和准确使用"也可额耶"者就是伟大的思想家成吉思汗。这是成吉思汗奉献给全体蒙古社会思想丰富发展的文化遗产的千古丰碑,也是体现出圣贤成吉思汗惊人智慧的蒙古文化的结晶。成吉思汗用"也可额耶"思想把分散在蒙古高原的蒙古部落氏族统一在九旄白旗之下,进而促进了蒙古民族的形成,成为加强蒙古民族团结,增强民族意识、图鲁约孙意识的指路明灯。

一、"额耶"的内涵及其历史发展过程

"额耶",是体现蒙古语的博大精深和具有深刻含意的非常生动、非常朝气蓬勃的哲学概念。

众所周知,"也可额耶"来源于"额耶"一词。为了全面、准确地领会"额耶"的概念,不妨首先拜读一下《阿兰豁阿夫人的传说》中她(向她五个儿子)所做的家教:"你们五个全是我生的,若不齐心,会像单支箭那样容易被人折断,如能协力,就会像捆好的五支箭一样,不易被人对付的。"[①]我们可以从社会政治、哲学思维角度来思考她的这段教诲。这是阿兰豁阿夫人为了使自己的儿子们成为众人之汗而提出的最基本、最迫切和最初始的要求。在她看来,"额耶坦"(团结和睦者),是做汗的人们所必须具备的基本素质。因为,团结和睦是组成坚强集体的先决条件,是力量的源泉、生存的支柱、成功的保障。在《蒙古秘史》和罗

---

①巴雅尔:《蒙古秘史》(蒙古文版),内蒙古人民出版社1980年版,第31、32页。

卜桑丹津的《黄金史》中,将"额耶"和"额耶额布"(团结和睦)交叉使用,强调了其中的约孙观念。例如在《蒙古秘史》中诃额伦夫人的训诫中把"额耶坦"称为"额耶"①,在《黄金史》中把"额耶坦"也称作"额耶"②。这样的例子屡见不鲜,如:

> 他们合不勒汗的七个儿子,
> 借助额耶额布③之力量,
> 做了众人之王、国家之主。④

在这里明确指出,合不勒汗的七个儿子是借助团结和睦所产生的力量统治了整个蒙古。在《蒙古语词根词典》中把"额耶"和"阿依"两个词注释为同义词。在汉文翻译中,除了可以译为"借助""顺乎,按着……规律(之理)",均可以表达相近的意思。如在蒙古民歌《圣祖的布拉干杭盖山》⑤中有:

> 山前山后盛开的,
> 是那十色的鲜花;
> 抚育我阿依局太成长的,
> 是我父母双亲。

这句歌词里的"阿依",与"额耶"实际意思完全相同,在蒙古语《二十一卷本词典》中把"额耶额尔"解释为"合力",有共识者合作也可称"额耶额尔"(这里的"额尔"就是蒙古语里的一个助词,在不同的语言环境里或是"用"的意思,也可以是"借助、顺乎,按着"等等意思)。在同一词典中对"额布尔"的解释是"按着父母兄长的教诲行事"。综上所述,当年在阿兰豁阿夫人教育自己的子嗣

---

①巴雅尔:《蒙古秘史》(蒙古文版),内蒙古人民出版社 1980 年版,第 144 页。
②罗卜桑丹津:《黄金史》,乔吉校注,内蒙古人民出版社 1999 年版,第 76 页。
③《蒙古语词典》解释:"额伊额布台"即"团结和睦"的重叠使用。——译者
④这里是王汗当时对成吉思汗使者说的话,这里的"额耶"就是经过商议后确定的盟誓。详见巴雅尔:《蒙古秘史》(蒙古文版),内蒙古人民出版社 1980 年版,第 394 页。
⑤魏·巴特尔等:《阿拉善民歌》(2),内蒙古人民出版社 1988 年版,第 1079 页。

时，就已经使用了"额耶"和"额耶坦"这样的词汇，把团结和睦作为一种固化的约孙。这里"额耶坦"，词根是"额耶"，加了一个蒙古语组词助词"坦"，变成实现或对象化的内容，蒙古语念"额耶坦"。"额耶坦"，就是"实现和睦团结的主体"。阿兰豁阿夫人不是单纯要求自己的孩子们和睦相处了事，而是在此基础上更进一步把"额耶"升华为约孙并实践化，实现主观实体和客观实体的统一，要求他们把这种观念作为严格的规矩实行之。还必须注意的是，"额耶坦"的概念十分强调实现"额耶"（和睦），所以它在表现力量的同时，实际上实现的每个额耶坦必须经过共同商议的过程。在《蒙古秘史》中有"兄弟共商之"，此处"共商"的蒙语原话为"额耶图"一词。这说明当时"额耶"一词是一同讨论的意思。策·达姆丁苏荣译注的《蒙古秘史》（第36、126、203、210页），额尔登泰、阿尔达扎布《蒙古秘史》（校勘本）也都把"额耶"一词注释为"商议""商讨"。在《蒙古秘史》中有一句话，这句话汉译应为"其勿毁汝此议，其勿解汝此盟"[1]，在策·达姆丁苏荣的译注中就直截了当地翻译为"不能破坏这个决议"[2]。

"额耶坦"这一词的含义、内容和要求等，绝不仅仅是从字面上，而是从历史和逻辑相统一的角度反映出古代蒙古社会和人的思维的真实情况。蒙古学者策·珠格德尔指出："'额耶'反映了整个氏族的权益，主要是商议满足生活需要、防御外来侵略、共结安答好友、报仇雪恨、联姻家族内部事务的协调等方面的问题。"还指出："在古时，部落氏族中还有'额耶'这种婚姻集会形式。""额耶"概念的这种深刻而又丰富的内容，灵活而又生动的特点，与当今人们所倡导的共产主义概念何其相似乃尔！例如，共产主义可以被理解为是社会制度，也可以是世界观和一种思想体系，或者视为社会运动。显然，在什么情况下，在什么地方，如何去理解它，要依据当时情况来决定。所以，对"额耶"怎么理解，如何表述，或者是道德、习俗，或者是会议决定，或者是社会制度、社会组织，到底如何来理解，只能从当时的语言环境和使用的地方来判断和解释，没必要死抠"额耶"这个字眼，也不能将其绝对化。

如果把"额耶"一词的内容排列，可以解释为以下几个方面：

一是"额耶"来源于"阿依"一词，"阿依"是"顺"的意思，或是顺其自然，或

---

①详见巴雅尔：《蒙古秘史》（蒙古文版），内蒙古人民出版社1980年版。
②策·达姆丁苏荣：《蒙古秘史》，内蒙古人民出版社1957年版，第98页。

是求大同存小异,达成共识的过程;

二是"额耶"的实现往往是研究、商议或者会议的决议、决定的形成。所以,最初把它直接说成"决议"或者"盟会";①

三是从"额耶"的作用和功能来解释,形成共识,才能产生力量,可以把它科学地解读为"力量"。

四是对"额耶"的最基本的解读,目前主要集中在"和睦"和"和谐""协调"这个层面上。

在研究蒙古思想发展史和文化史的过程中,必须正确理解和掌握"额耶"这一概念的多层次内容及其演变情况。这对正确认识成吉思汗"也可额耶"思想和进一步理解蒙古文化有着极其重要的意义。如果说"额耶""额耶坦""额耶图"之类的名词不包含商议、会议、决议这类概念的话,就不可能形成"也可额耶"这样专门的概念。这在其他民族语言,包括汉语言里,很难找到一个完全对应的词汇来表述。就是在现代蒙古语中,也不能用现代的"额耶"来解释古代的"额耶"。毫无疑问,在现代蒙古语中有委员会、会议、决议、决定、讨论等许多新词汇,这是事物发展的必然,但这些内容和提法肯定是从过去的"额耶"演进而来的。这是蒙古人思维发展和语言发展的逻辑和历史的统一所决定的问题,而不是现今的研究者们随便想象和推断出来的问题。"额耶"这一概念内容广泛、深刻,并且随着思维的发展,其内涵不断充实和改变。成吉思汗的"也可额耶"思想也绝不是仅仅在"额耶"一词之前简单地添加一个"伊克"(大)而形成的思想,而是由蒙古社会发展所决定了的蒙古哲学思想发展到一定程度的必然产物。蒙古学者 D·贡格尔在《喀尔喀史》中说:"'额耶',是部落氏族在面临某一问题时在氏族和亲缘内部秘密召集的商讨会议……这种氏族内部的聚会逐渐演化成了国家政权的大型集会。"这证明了成吉思汗的"也可额耶"不仅仅是"额耶"概念的简单扩大,更主要的是证明了它是蒙古文化发展的必然结果。

---

①以上两段话详见[蒙古]策·珠格德尔:《蒙古封建制度形成时的社会——政治和哲学思考》(蒙古文版),内蒙古教育出版社 1994 年版,第 29、30 页。

二、成吉思汗的"也可额耶"思想

(一)"也可额耶"的概念及其地位

"也可额耶"概念以其蒙古传统文化与成吉思汗思想的统一上充分显示出自己的魅力,并且有力地影响了蒙古人的世界观、生存观和价值观。《蒙古秘史》中对"也可额耶"做了清晰地记载。历史证明,作为蒙古文化的主要概念,它对蒙古族的成长和发展发挥了支柱作用。毫无疑问,在成吉思汗思想的构成中,奇颜、约孙等概念都是重要的组成部分。因此,从蒙古人的生活方式和生产方式来看,那些思想认识中还是"也可额耶"概念占有首要地位,并且发挥了最主要作用。生存是蒙古人的首要哲学,所以,他们不像欧洲文化那样以神为基础,也不像汉文化那样以人为本,而是以大自然为本的。这就使他们形成了在顺乎大自然的意志,与大自然保持和谐,主张与天地和睦的前提下求生存、求生产的独特文化。需要说明的是,以自然为根基的理念虽然对保护生存环境,在人与自然的关系上积累了独特的智慧和经验,也正因为如此,蒙古人在很长的历史时期内改造自然、同自然做斗争的技巧和发展生产力方面仍然存在不尽如人意之处。因而,当前所面临的改变社会落后面貌,实现现代化的任务非常紧迫,非常严峻。在人类斗争的历史上,人们往往在把握住了一种倾向的同时,另一种负面倾向却如影随形伴随着他们,这几乎是一种规律性现象。不过,成吉思汗继承和发扬了蒙古文化中人与自然和谐相处的优秀传统,没有把"也可额耶"仅仅看作人与自然的关系,而是从政权角度出发,当成解决社会关系的主要原则或者基本制度,从而建立了"也可额耶"思想体系。在世界历史上,那些文明民族都具有自己文化的主要理念体系。例如:欧洲人把利益、力量和理性之类的概念视为自己文化的主要理念,而汉文化则把仁、忍、义作为自己文化的主导支柱。在成吉思汗的英明领导下,蒙古社会迅速发展,统一的蒙古族整体形成并日益兴盛起来,这其中虽然有许多其他历史原因,但是必须承认以也可额耶、奇颜、约孙等观念为支柱的蒙古进步文化的影响和作用是主要原因。不管人们承认不承认,文化的主要概念在该文化发展中起决定性作用并体现它的发展水平。如果一个民族的文字发展水平高,并且形成一支知识分子队伍,那么就会以理论形式和概念形式来把自己文化的主要理念系统化,并用文字记录下来加以表述。众所周知,日臻成熟的蒙古文化的主要观念虽然深深地融入成吉思汗的智慧、敏锐的思维和天才的实践之中,在蒙古社会中起到过领导和支柱作用,但是由于种种原因而未能真正地概念化和系统化。可喜的是,在科学技术高度发展的今天,特别是随着中国特色社会主义市场经济的发展,我们国家蒙古学研究和成吉思汗思想研究不断取得了新的成果。重视吸收人类文化史研究的经验和教训,科学地利用它,系统研究蒙古文化的基本范畴、基本理念和基本概念、明确它的基本体系和形态,是一个刻不容缓的历史课题。如果不能正确解决这个问题,我们的研究就难以深入和得到加强。

(二)成吉思汗"也可额耶"思想的形成和发展

在《蒙古秘史》中,有一段记载十分生动地再现了成吉思汗出生时的社会状况:

> 星空旋转,
> 诸部争战。
> 互相劫掠,
> 不及入寝安睡。
> 大地翻腾,
> 举国混战。
> 互相攻夺,
> 无暇入寝安睡。[①]

这一段话一方面描绘了当时蒙古社会各部落氏族之间为了土地牧场争权夺利,到处充满着劫掠、仇杀,战乱不已的状况,另一方面说明金朝政权利用北方诸民族氏族和部落不和,挑拨离间,实施"以夷治夷"的政策,使其相互残杀,致使其青壮年男人大量减少,在蒙古高原上充满了血腥杀戮。所以,反对战乱,企望和平安宁,是当时北方各民族氏族部落人民群众的共同愿望所在,也是社会历史发展的要求。成吉思汗顺应了历史要求和民心所望,把分散的部族统一

---

①《蒙古秘史》第 254 节。译文引自阿尔达扎布:《新译集注〈蒙古秘史〉》,内蒙古大学出版社 2005 年版,第 469 页。

在一杆大旗之下,制定了统一政权所必需的政策和策略,在成就大业过程中不断加以完善。换言之,这是成吉思汗"也可额耶"思想形成和发展的前提和基础。

成吉思汗"也可额耶"思想的发展过程,大体可分为以下三个阶段进行探讨:

第一阶段,从"额耶"转入"也可额耶"。铁木真从小受到"额耶额布"(和睦)观念的熏陶,在诃额伦母亲的严格教育下,对社会现实有了深刻醒悟,与弟兄们和睦相处,与阿鲁剌惕孛斡儿出、迭列列斤乌良合部者勒篾结交,与发小札答兰部札木合、父亲的安答——克烈部王汗等人结为同盟好友,取得了"卜儿剌客额儿之战"①的胜利,名声大振,进而他的团结和睦思想也有了巨大的影响力和号召力。随后又将札剌亦儿、八鲁剌思、忙古、阿鲁剌、乌良合、巴苏特、速勒都思、晃豁坛、讷古台、斡勒忽讷惕、郭尔罗斯、杜尔伯特、亦启烈、巴林、吉利吉思、札答兰、撒乞阿惕、主儿扯惕等20余部族的贵族先后归顺于成吉思汗旗下②,宣告了以铁木真为首,以奇颜部为核心的领导力量的组成。用现在的话说,这就是"团结就是力量"。所以,成吉思汗在总结"卜儿剌客额儿之战"时说:"是靠汗父脱斡邻勒与札木合安答之合力而胜。"③成吉思汗将胜利归功于"合力"(团结的力量),把"合力"放在"天地之气力"之上。这既符合历史事实,又反映了青年铁木真超人的智慧。

第二阶段,铁木真被拥戴为汗,"也可额耶"制度开始实施。"卜儿剌客额儿之战"的胜利真正凸显了铁木真与札木合、王汗联盟的巨大威力,进而在这一基础上铁木真的实力不断扩充,事业如日中天,奇颜部落的和睦团结也随之达到了历史新水平。1189年,整个蒙古上层在古列勒山桑沽儿溪阔阔诺儿湖之滨召集大会,由阿勒坛(铁木真祖父忽图剌合罕之子,为铁木真叔父)、忽察儿别乞(捏昆太石之子,铁木真堂兄)和撒察别乞(铁木真家族)等人共议,拥戴铁木真为汗。④

①卜儿剌客额儿之战:1186年铁木真联合王汗和札木合战胜篾儿乞惕的战役。

②以上都是当时一些蒙古部落氏族。详见《蒙古秘史》第349～364页。

③参见巴雅尔:《蒙古秘史》(蒙古文版),内蒙古人民出版社1980年版,第256页。

④这时推举铁木真为汗,是"合木黑·忙古勒"之汗,也就是整个蒙古之汗,但这时还不是真正的蒙古帝国,成吉思汗称汗,是从1206年创立帝国开始的。

　　自从铁木真被拥戴为汗以后,蒙古草原上的贵族上层们原有的"额耶"和会盟体制得以创造性地继承,并且有了很大改革,变成了全新的"也可额耶"体制。这时,奴隶出身的者勒蔑与孛斡儿出一同被铁木真视为近臣和朋友,负责统管斡儿朵(宫殿)内外的事务。这样,铁木真一方面筹划建立政权机构的准备,另一方面又集中力量相继进行了"十三翼之战""斡儿札河之战""答兰·捏木儿格思之战""纳忽昆山崖之战"①等最初统一蒙古各部的一系列战争并取得胜利,从而巩固了汗位。这是成吉思汗"也可额耶"思想和"也可额耶"制度的胜利。铁木真被推举为汗以后,在思想和政权制度的统一上能够深刻领悟和正确掌控"也可额耶"和战争的关系,并且出色地解决了一系列重大政权性问题,为日后建立大蒙古国奠定了坚实的基础。这一阶段是成吉思汗"也可额耶"思想日臻成熟和提高的关键性阶段。

　　第三阶段,1206 年在斡难河(今鄂嫩河)之源召集大忽里勒台②,各部共戴铁木真为大汗,树九斿白旗,铁木真号"成吉思汗",向世人宣告了大蒙古国的正式建立。从此,"蒙古"这个作为国家的名称和统一的民族的名称闻名遐迩。也就是说,蒙古高原上的毡庐部落群体在成吉思汗这杆大旗下和睦统一,一颗颗为了蒙古的红心把他们紧紧地联系在一起。这是成吉思汗"也可额耶"思想发展的最高阶段。其主要特点就是以蒙古民族为主体的政权国家在蒙古高原社会中倡导和谐团结并且真正实现了它。这就是"众人之幸福在于额耶额部(团结和睦)之力量"③的道理。从此,蒙古社会延续多年的部落氏族之间的混战停止了。这说明"也可额耶"思想已经成为整个社会的指导思想、价值的依据和理念。随着"也可额耶"概念的升华,以及 1206 年大蒙古国的建立,"也可额耶"这个名称开始改称为"伊克忽里勒台"(大忽勒里台)。伊克忽里勒台,是在遵循"也可额耶"思想的前提下,共议和决策诸如选举新汗、对外宣战、停战议和等国家重大问题。大忽里勒台作为最高权力机构,其基本政策是在内部提倡团结和睦统一,坚持对中央"敬之"(信服)的原则,以九斿白旗为政权的象征和国家的

---

　　①十三翼之战是铁木真与札木合之战,札木合不满铁木真称汗,集 13 个部落之兵来袭,铁木真迎战于克鲁伦河之北,札木合军此次元气大伤。其他几次战争分别是在 1189 至 1204 间对札木合、乃蛮塔阳汗和王汗的战争。——译者

　　②大忽里勒台:上层贵族代表大会。——译者

　　③参见[蒙古]格·阿凯姆:《成吉思汗智慧赏赐》(蒙古文版),远方出版社 2005 年版,第 31 页。

灵魂,在战场和国外敌人面前,它像白海青(白隼)一样冲向他们,震慑他们,叫他们"畏之"(畏惧),并以四脚黑苏力德作为自己的旗帜。不过,九斿白旗仍是大蒙古国的象征,它象征着"也可额耶"思想集聚和决定了这个崭新的蒙古文化的基本内涵和基本特点。大蒙古国在成吉思汗的号召和领导下,由内部的团结力量与对外军事力量的统一向军政统一的千户制过渡,并将这一政权制度纳入法律制度,在《大札撒》中囊括了推立大汗制度,国家忽里勒台,与各国间的外交原则,荣誉制度,民众的劳役、工务、税赋、刑罚、家庭婚姻、继承等广泛的内容。这些仅仅是依据目前所找到的尚不完整条款,但它也足以说明成吉思汗创造性地继承和发展了古代蒙古约孙传统,创立了以"也可额耶"思想为基础实施法治的具有蒙古特色的社会管理新文化。所以,世界上许多蒙古学者都说成吉思汗是"最初实行国家政治民主的汗""伟大的汗国统治者中把法律个人权力至上的第一个汗"[1]。这些评价不是没有根据的。如果没有在成吉思汗英明领导下形成的以和睦、和谐为基础的蒙古文化,要维护民族团结统一,那谈何容易!所以,许多学者又承认成吉思汗是"世界上受祭祀次数最多的汗"[2]。

我们在这里充分肯定成吉思汗的"也可额耶"思想,反复强调蒙古文化中的崇尚和睦、和谐的特点,绝不是要模糊蒙古社会的阶级关系,否认成吉思汗统治的性质,而是为了在研究蒙古文化和成吉思汗思想时必须从历史的实际出发,揭示其真正特点,使我们的研究水平有所提高。随着政权活动的发展,成吉思汗倡导把"也可额耶"的传统升华为"也可额耶"思想,这里除了成吉思汗"必力克"(智慧)这一主观原因外,也与自然的、社会的客观原因,也就是说和蒙古人所遭受的大自然的威胁,强悍民族和强国的侵扰、欺凌有直接的关系。此外,还和生产力发展水平低下,蒙古社会阶级分化尚未达到完全明朗的程度有直接关系。更值得注意的一点是,在所有制方面,由于草原是公有的,蒙古人把草原看作是自己利益,甚至看作是生命这一民族传统观念,这也有直接关系。在研究蒙古文化史和成吉思汗思想时,如果忽略或者否认上述几个方面的原因,我们的研究就不会深入下去,也就很难达到研究目的。

概括来说,在成吉思汗的"也可额耶"思想指导下,整个蒙古凝聚了力量,家

---

①巴拉吉尼玛等:《千年风云第一人:世界名人眼中的成吉思汗》,民族出版社2003年版,第20页。
②巴拉吉尼玛等:《千年风云第一人:世界名人眼中的成吉思汗》,民族出版社2003年版,第20页。

庭兴旺、和睦团结的范围不断扩大,建立了以奇颜部为核心的部落共同体,恢复了合不勒汗时代"合木黑·忙古勒"制度,创造性地实施"也可额耶"制度,在思想上、法律上和体制上为建立大蒙古国奠定了坚实的基础。在大蒙古国建立后,首先将忽里勒台制、千户制和护卫军制度等纳入以法治国的模式,制定并颁布了《大札撒》(也称《成吉思汗法典》)。与此同时,成吉思汗以哲学训诫的形式谆谆教诲自己的亲族,强调和睦团结,称"众人可畏,深水可殆"。用"敬之""畏之"来表述对政权的诚惶诚恐,由家族联盟上升到蒙古国家政权、蒙古民族和蒙古社会三个方面的同步进步,为人类文化史谱写了辉煌的一页。

(三)成吉思汗"也可额耶"思想的主要内容

在《蒙古秘史》第154节中,比较明确和集中地记载了成吉思汗"也可额耶"的概念和当时如何实施的情况。书中这样记载道:成吉思汗圣旨曰:"因为别勒古台泄漏了族人大会的决议,致使我军受到相当大的损失。今后,凡举行族人大会,别勒古台不得参加,让他在会场外边,管理场外的一切,以及盗窃、斗殴、欺诈等事宜。"①这是成吉思汗"也可额耶"思想或精神的较为集中的反映。这表明传统"额耶"及"额耶坦"概念已经升华为"也可额耶"思想。这种"也可额耶"已经超越了原来的家族集会的范畴,转向以国家政权为重,以疆域领土为基础的、事实上包括整个民族的、阶级的、各宗教的大蒙古国的国家思想、国家制度或者机制。换言之,"也可额耶",就是成吉思汗及其贵族上层或幕僚们通过某种会议议事来共同商定一系列重要议题的会议。所以,"也可额耶"思想的民主性质也是十分明显的。从语言的表述和内容来考究,所谓忽里勒台(会议)是指在商议解决问题中强调人们聚会的形式,所谓民主是指在商议问题时注重人们社会地位和立场的话,那么"也可额耶"则显然是强调了人们在商议问题时要有和睦精神、和谐态度、和谐的目的。所以,这种思想被提升为整个民族、整个国家政权、整个社会人与人的关系的重要典范。总之,在"也可额耶"概念的含意中不仅包括了团结、统一、民主、和谐以及协调等诸多内容,而且这些内容和要求已经成为以政权事务为中心的较为规范化的制度了。用"也可额耶"这个

---

①此段话中"议大事"和"忽里勒台"在原蒙古语中均作"也可额耶"。别勒古台是成吉思汗异母弟,为成吉思汗多次立战功。详见《蒙古秘史》第154节。译文引自阿尔达扎布:《新译集注〈蒙古秘史〉》,内蒙古大学出版社2005年版,第283页。——译者

词来命名政权机构的最高权力机构,并不是否定强力镇压的存在,而是坚持了镇压与和谐二者的辩证统一。从历史和现实情况看,任何一种进步思想或有益的创意如果不能制度化、规范化,就一定不能够真正指导民众,并且作为文化力量来发挥自己的正能量。在《蒙古秘史》《黄金史》等史籍中对"也可额耶"的概念做了如此明确地记载,是件幸事也。今天我们遵循"也可额耶"的原本含意和要求来研究其崇尚和谐、提倡团结、坚持民主的根本特点,进而了解其变成某种制度,并把它称之为"也可额耶"思想。正是按着"也可额耶"精神的最突出特点就是崇尚民主这一思路,巴拉吉尼玛、额尔敦扎布、张继霞编写了《千年风云第一人:世界名人眼中的成吉思汗》一书。在这本书中根据世界各国专家学者研究成吉思汗的成果,把成吉思汗所创造的举世无双的业绩概括为"成吉思汗世界之最"①。其中一条就是称成吉思汗为"首先实施政治民主的君主"。毫无疑问,民主是蒙古优秀文化的传统之一。特别需要提及的是,成吉思汗即位之后,继承和发扬了这个传统,在决定重大事务时,总是召集大忽里勒台会议,通过大家讨论来定夺。令人惊叹的是,在成吉思汗直接教诲下的他的统治集团,也就是那些诺颜官宦,那些黄金家族子孙们在成吉思汗逝世后仍然能够召集大忽里勒台集会,共同推举窝阔台为大汗。而其后的贵由、蒙哥等也都是通过忽里勒台选举的方式继位的。这就是"也可额耶"思想的胜利,是"也可额耶"思想的壮丽乐章!

前面,从"也可额耶"的意义着手,简要论述了其在国家政权的生存发展中的作用。现在,再从社会最小细胞——家庭着手,从家庭与国家政权之间,平民百姓与贵族诺颜之间的关系审视一下传统的"额耶"思想是如何对蒙古整个社会产生影响,如何维系蒙古社会的秩序和伦理的。成吉思汗说:"凡是一个民族,子不尊父教,弟弟不聆兄言,夫不信妻贞,妻不顺夫意,公公不赞许儿媳,儿媳不尊敬公公,长者不保护幼者,幼者不接受长者的教训,大人物信用奴仆,而疏远周围亲信以外的人,富人者不救济国内人民,轻视习惯和法令,不通情达理以致成为当国者之敌;这样的民族,窃贼、撒谎者、敌人和(各种)骗子将遮住他们营盘上的太阳,这也就是说,他们将遭到抢劫,他们的马和马群得不到安宁,

---

①巴拉吉尼玛等:《千年风云第一人:世界名人眼中的成吉思汗》,民族出版社2003年版,第20页。

他们(出征)打先锋所骑的马筋疲力尽,以致倒毙、腐朽,化为乌有。"由此可见,用"额耶"(和睦)思想来治理社会,使人们和睦相处,也可谓"额耶"也。

在这段论述里,首先是从一个民族整体的角度来强调贯彻执行"也可额耶"思想。这是由统一的蒙古民族形成和发展过程所决定的。其原因是,要形成统一的蒙古,必然需要形成统一的思想意识。为适应这一历史要求,成吉思汗首先提出"凡是一个民族",这样提法将民族概念抽象化,突出其实体性。因为,蒙古民族这个实体使蒙古族群众产生和激发实体意识。其次是,成吉思汗将其更加具体化,从家庭中的长者到其子女后代,从国家政权高官到庶民百姓,从富贵豪门到底层贫苦民众,都无一例外地应该遵循"也可额耶"这样的基本观念,否则"窃贼、撒谎者、敌人和(各种)骗子将遮住他们营盘上的太阳……"在这里,成吉思汗显然是从人的"个体"的素质或者从道德的角度强调了"也可额耶"思想。这正是:

> "大户人不和睦,
>
> 不如孤身之家;
>
> 众人若不团结,
>
> 不如单枪匹马"①之理也。

人之和气,是他的道德修养的集中体现。所以,蒙古谚语里就有"本事之最为和气","和气的人儿朋友多,离群的马儿套杆多"②这样的说法。一个人的团结和睦的品格,是整个社会团结和睦的基础和前提。夯实这个基础,必须与建设整个社会坚固的大厦同时进行。成吉思汗曾说:"我在创建国家时使用强力手段,但是在巩固和发展这个国家时则不可用激烈的措施,而是要用温和的办法。"③还说道:"治理百姓乃如母牛哺犊,征服敌人乃如雄鹰捕鼠。"④他将"也可额耶"思想的实施同自己的以约孙治国和"札撒"治国的观点密切结合起来,强

---

①道·德力格尔仓:《成吉思汗智慧之光》(蒙古文版),内蒙古文化出版社1993年版,第245、246页。

②孛儿只斤·额尔敦宝鲁德、S·纳尔森、克列·那楚克新:《成吉思汗金书》,内蒙古文化出版社2000年,第291页。

③[蒙古]格·阿凯姆:《成吉思汗智慧赏赐》(蒙古文版),远方出版社2005年版,第71页。

④[蒙古]格·阿凯姆:《成吉思汗智慧赏赐》(蒙古文版),远方出版社2005年版,第71页。

调"如果忽视约孙和'札撒',不懂得'也可额耶',那么整个社会就会陷入混乱局面"。由此可见,成吉思汗的"也可额耶"思想,是蒙古政权建立后治理整个社会,即作为建政行政的社会管理思想发展而来的。

成吉思汗把约孙、札撒和额耶三者等同看待,使三者相辅相成,在管理社会的历史上创立了新的模式。我们认为这就是以理治国、以法治国和以德治国的一种模式或者机制在形成。如果用现在的说法,可以表述为:以理治国是前提,以法治国是重点或关键,以德治国是保证。以德治国也可以理解为社会治理的较为高级的手段。历史证明,如果离开了以理治国和以法治国(约孙和札撒),仅仅强调以德治国(额耶)的话,那些贪官污吏、邪门歪道者和以权谋私者们就会图谋私利,轻则社会不得安宁,重则国亡政息。由于历史的和阶级的原因,随着大蒙古国的衰亡,其约孙、札撒和额耶三位一体的制度也随之自生自灭或被迫消失了。

一句话,"也可额耶"思想是成吉思汗思想的重要组成部分。它与传统的奇颜精神相辅相成,丰富和发展了蒙古人的民族精神或者说蒙古精神。人们都知道,奇颜这一名称本身就包含奇颜部内部团结统一的意志。如果这一意志不能实现,那么,奇颜部的象征——激流瀑布这个强大的力量也就不能成为整个蒙古族统一的意识和力量。所以,额耶的形态、伦理约孙或者情感就成为凝聚蒙古族统一意识的坚强基础。历史证明,尤其是成吉思汗"也可额耶"思想作为国家政权的重要思想,在统一整个蒙古人的思想,弘扬其精神方面起到了决定性的作用。这是社会发展的必然,也是奇颜精神丰富发展的客观要求。因此,"也可额耶"思想内容丰富,特色鲜明,形成相对独立的思想体系。成吉思汗继承和发展了祖辈的团结和睦的优秀传统,使其成为一个完整的体系,对当时蒙古人产生了巨大影响,不仅培育出了诸如哈撒儿、别勒古台、孛斡儿出等诸多英雄豪杰,更重要的是深刻影响了蒙古游牧文化并使其长期生机勃勃地延续了下来。正因为如此,"心地善良的蒙古人,不畏艰难的蒙古人……",这样的赞歌也传诵至今。

(四)"也可额耶"思想的基本特点

前面已经提到,民主性是"也可额耶"思想的重要特点之一。下面我们分析一下它的政治性和彻底性。与其他任何一个概念一样,额耶这一概念也具有其

阶级的烙印和时代的特征。它政治性的集中表现,就是国家民族的大事要经过
共同讨论协商决定。例如在 1202 年,成吉思汗在一个叫答兰·捏木儿格思的
地方战胜了塔塔儿部后,就如何处理塔塔儿百姓问题,成吉思汗曾经召集会议
协商,这在《蒙古秘史》中有记载,说成吉思汗以"也可额耶的家族共同商议"。
成吉思汗力主和睦统一,力争让更多的民族部落、国家和宗教都能团结在自己
这杆大旗之下,利用一切可以利用的力量,由少到多,由弱到强,一股"蒙古旋
风"驱散了中世纪的阴霾,震惊了世界。这便是成吉思汗"也可额耶"思想或精
神的胜利。他在"斡勒扎河之战"中利用金朝与塔塔儿之间的矛盾纷争,利用老
仇敌金朝帮助自己击败了塔塔儿部。这是继"不儿剌客额儿战役"之后的又一
次具有重大历史意义的战役。为什么呢? 其一,当时金朝和塔塔儿部都曾杀害
过铁木真的父祖,他们是铁木真的宿敌。但是,当时的铁木真知己知彼,采取了
利用金朝的策略;其二,他又利用塔塔儿与克烈部王汗之间的世仇矛盾,用智谋
将王汗拉入自己的联盟。其实,王汗和金朝也是不共戴天的仇敌;其三,铁木真
在攻打塔塔儿人时,派使臣到主儿勤的彻辰别、泰亦出那里,邀其共同消灭仇
敌。可是,等候了 6 天却杳无音讯,他们并没有前来参战。但是,战后铁木真仍
将主儿勤部视为自己的伙伴而将部分战利品分予他们。这一系列活动都显示
了年轻铁木真超人的胆识和政治谋略。

"也可额耶"思想的又一重要特点是它的彻底性。这首先表现在对敌我之
间的界限十分清楚,正确处理原则性和策略性的关系问题。成吉思汗的基本立
场是:"治理百姓乃如母牛哺犊,征服敌人乃如雄鹰捕鼠。"成吉思汗在赞扬字翰
儿出时也说过一段类似的话。在《黄金史》蒙古文版第 148 节中有这样的记载:

> 与友邻来往时,
> 如一头温驯的犍牛;
> 与仇敌厮杀时,
> 不惜性命的字斡儿出。[①]

---

① [蒙古]格·阿凯姆:《成吉思汗智慧赏赐》(蒙古文版),远方出版社 2005 年版,第 71 页。

　　成吉思汗非常注重内部团结友爱,非常珍惜安答、朋友之间的友善和爱怜。在《蒙古秘史》第 117 节中记载着(铁木真、札木合互赠腰带和马匹,又一次更新安答关系)铁木真说的这样一段话:"曾听先世老人们说,'凡结为安答者,性命如一体,死活在一起,相助而不相弃。相睦相助的道理应是如此'。如今又重申为安答,咱们就更加亲密呀!"①与成吉思汗结为密友,毕生矢志不移地坚守这个信条的杰出代表,便是战将孛斡儿出也。成吉思汗曾高度评价说,少年时即与我交为"心之骏",在创立大蒙古国、振兴蒙古的长期斗争中功勋卓著的"库鲁根伯勒格"(骏之尊)。以"库鲁根伯勒格"来表现的"也可额耶"精神的彻底性是非常明确、非常灵活和非常深刻的。又例如,成吉思汗的第二夫人忽兰哈屯,本是多年与成吉思汗为敌并最终被征服和镇压的仇敌篾儿乞部兀洼思氏族泰亦儿斡孙的女儿。成吉思汗的第三夫人也遂及妃子也速干,都是他几世仇敌塔塔儿部也客车仁之女。更为令人惊叹不已的是,成吉思汗在战场上收养了 4 个孩子,其中有 3 个分别是主儿勤部孛鲁兀勒、篾儿乞部曲出、塔塔儿失吉忽图忽,这些人都是成吉思汗仇人的子弟。成吉思汗将他们交给诃额伦母亲收养哺育,并视为自己的亲生弟弟,后来都被他重用,成为政权的显赫人物。

　　"也可额耶"思想的彻底性集中表现在成吉思汗治理和整顿社会的具体实践当中。所以,要想理解和掌握成吉思汗思想体系,必须学习和研究他把倡导和重视实践放在首位的做法,认真研究他的"也可额耶"思想。这是深入研究成吉思汗思想的重要原则和重要途径,也是通过成吉思汗"也可额耶"实践来解决的基本问题。

　　"也可额耶"思想的另一个突出特点,是通过人和自然的关系所体现的天、地、人之间的"和谐"观念。人类在步入工业化社会之前,总体来说是与大自然协调生存的。特别是以游牧经济为主的蒙古族人民更是依靠大自然而生存,视自己为大自然的一部分或"自然之子"。成吉思汗所反复强调的"天知道也""天之恩赐""长生天之气力""启长生天之门"和"靠长生天之气力,天地增加气

---

①《蒙古秘史》第 117 节。译文引自阿尔达扎布:《新译集注〈蒙古秘史〉》,内蒙古大学出版社 2005 年版,第 207 页。

力"①等等,都是强调了人与自然的和谐,并且认为是人和自然和睦相处的结果。畜群与草原、人与自然的和谐关系,是形成成吉思汗"也可额耶"思想的最根本、最深层的根源,也是他"也可额耶"思想的主要内容。他的"札撒""必力克"的内容可以从多方面证明这一点。也就是说,这是成吉思汗总结了蒙古牧业生产的长期的实践活动而得来的哲学思维的根本体现。

概括之,成吉思汗"也可额耶"思想可以分为三个部分来研究。在人与自然的关系方面,他反对与大自然相对立,反对掠夺大自然的坏风气,他崇尚尊重和保护自然,注重同自然和谐相处;在人与人的关系方面,他强调政权约孙,规范当权者内部的"民主";在与民众的关系方面,遵循"众人可畏、深水可殆"这一原则来强调和谐。大蒙古国的政权无疑是属于统治阶级的,但是就蒙古社会来说,统治者和被统治者之间的关系,剥削者和被剥削者之间的矛盾斗争在一般情况下尚未发展到激化的程度。这一典型特征倒不是因为他们(统治者)的心地善良和情操高尚所致,主要还是因为蒙古高原自然环境恶劣,灾害频繁。另外,强大的契丹和主儿勤等外部族对他们虎视眈眈,蒙古部落随时面临被消灭的危险。例如:

> 富人扛不过一场雪灾,
> 英雄抵不过一株箭矢。

世代相传的这句蒙古谚语,确实是对当时客观情况的真实写照。自然灾害必须由众人一起去共同抵御,这是蒙古文化中如此倡导和睦的根本原因所在。成吉思汗"也可额耶"思想,是蒙古族优秀文化"和睦"观念的继承和发展。在具体实践中十分注重贯彻和睦团结的观念,所以,他们十分鄙视那种口是心非、言行不一的习气。一句话,彻底的和谐就是"也可额耶"思想的灵魂。

三、"也可额耶"思想的重要意义

作为成吉思汗思想的重要内容,"也可额耶"体现了他的世界观和价值观。

---

①参见巴雅尔:《蒙古秘史》(蒙古文版),内蒙古人民出版社 1980 年版,第 652、758、891、977、1060 页。

成吉思汗继承和发展了古代蒙古人的"额耶"（团结和睦）和"力量"的认识观，强调了"身强者只能胜匹夫，团结者能胜众敌"，"善待身边人，力量大无比"，说明他对和睦、力量、胜利三者关系有通透的理解，能用智慧凝聚力量，从而达到自己的目的。学者们称古代蒙古人的哲学，首先是生存哲学。团结、力量、胜利的逻辑，正是成吉思汗伟大事业获得成功的逻辑的最好体现。下面举例说明之：

例一："不儿刺客额儿之战"之后，铁木真在总结这次战役时说：

"得父汗、札木合安答为伴，

赖天地之赞力，

蒙皇天之题名，

得后土之相济，

报男儿之仇于篾儿乞惕百姓，

俺已尽空其怀矣，

俺已尽空其居处矣，

已愁灭其族类矣，

毁篾儿乞惕百姓至此，

其退乎！"①

著名蒙古学者策·达姆丁苏荣深谙蒙古古代文化和成吉思汗哲学思想的底蕴，他用现代蒙古语对上面那段话做了通俗的再现：

我的父汗王汗，

尊贵的安答札木合，

与我共同联合，

靠苍天的怜悯，

靠大地的恩惠，

将昔日的仇敌篾儿乞惕，

---

① 这是成吉思汗总结不儿刺客额儿之战获胜的原因时说的话。——译者

击得肝胆俱裂，

消灭了他们亲族，

掠空了他们的家园。

这就是成吉思汗的人与自然(天、地)，人与人之间关系的额耶与力量的理解。在蒙古民歌《圣成吉思汗遗训》中有段歌词，其大意是：

依靠一切本领和力量，

建立了神奇的功勋；

让我们强悍的子孙，

把民族精神代代传。①

在另一首民歌《智慧必力克》中唱道：

天空中飞翔的鸟儿，

靠的是翅膀的力量。

并肩向前的我们，

靠的是和谐和睦的力量。②

歌词中把和谐、和睦看作是一切本领的主要内容，并把和谐、和睦概括为力量之源。

例二：由于成吉思汗对额耶、力量、胜利三者的关系有深刻的了解，所以，在教诲自己的子女、兄弟和宠臣侍卫时，常常借用祖辈们的话，对他们进行额耶、力量方面的教育。志费尼在《世界征服者史》中就有这类翔实的记载：成吉思汗习以为常地敦促着去巩固诸子、诸兄弟之间的和睦大厦，增强他们之间的友爱

---

①中国民间文学集成内蒙古分卷编委会：《蒙古民歌集成》(1)，内蒙古文化出版社1991年版，第156页。

②中国民间文学集成内蒙古分卷编委会：《蒙古民歌集成》(1)，内蒙古文化出版社1991年版，第136、146页。

基础;并且时时不间断地在他的诸子、诸弟、族人的心胸中撒下团结的种子,在他们的脑海里绘出同舟共济的图画。而且他拿譬喻去加牢那座大厦,充实那些基础。有一天,他把儿子们召来,从箭袋里抽出一支箭,折为两段。接着,他抽出两支箭,也折为两段。他越加越多,最后箭多得大力士都折不断了。然后,他对儿子们说:"你们也这样,一支脆弱的箭,当它成倍地增加,得到别的箭的支援,哪怕大力士也折不断它,对它束手无策。因此,只要你们兄弟相互帮助,彼此坚持支援,你们的敌人再强大,也战不胜你们。但是,如果你们当中没有一个领袖,让其余的兄弟、儿子、朋友和同伴服其决策,听其指挥,那么,你们的情况又会像多头蛇那样了。一个夜晚,天气酷寒,几个头为了御寒,都想爬进洞去。但是一个头进去,别的头就反对它;这样,它们都冻死了。另外一条只有一个头和多条尾巴的蛇,它爬进洞里,给尾巴和肢体找好安顿之地,从而抗住严寒而获生。"他举了许多这样的譬喻,想让他们在思想中坚信他的告诫。故此,他们后来始终遵守这个原则。令人惊叹的是,在蒙古民歌《四季歌》中,从宏观角度非常精彩地唱出了天人合一的普遍真理。其歌词大意如下:

> 春夏秋冬的轮换,
> 是日月穿梭的力量;
> 兄弟姐妹多又多,
> 团结互助有力量;
> 天上星星多又多,
> 全靠纽带的力量。
> 世上生命多又多,
> 全靠和睦来生活;
> 山野禽兽多又多,
> 狮子为王只一个;
> 世上英雄多又多,
> 可汗宝座只一个。[①]

[①] 魏·巴特尔等:《阿拉善民歌》(2),内蒙古人民出版社 1988 年版,第 1079 页。

　　歌词里清楚地表明,对成吉思汗思想,特别是对他的"也可额耶"思想的理解最完整和最深刻者,当首推蒙古人自己。成吉思汗说"众人的幸福在于和睦和气的力量","若想永世安康,就必须坚持额耶"。① 他把额耶(和睦)、力量和幸福看作一个有机的整体,三个条件缺一不可。如果背离了自然规律,在客观规律面前忽视额耶,在宏伟的事业中不坚持和睦团结的思想,哪里能谈得上社会的幸福安康! 我们再举民歌《春暖》的一段歌词来证明之:

> 盛夏的季节里,
> 万紫千红花盛开;
> 遵循规范的约孙,
> 崭新风气扑面来。
> 金色的秋天里,
> 硕果累累皆欢心,
> 遵循严密的约孙,
> 政通人和气象新。
> 严寒的冬季里,
> 高空万里天气冷;
> 依靠有力的约孙,
> 黎民百姓得安宁。②

　　作为成吉思汗思想的主要内容的"也可额耶"思想,在蒙古社会的形成和发展中留下了自己深深的烙印。中古时期欧洲著名旅行家普兰·迦尔宾在自己的旅行记中对此做了十分准确、详细地记载:"上面所提到的塔塔儿人对自己的主人和诺颜比任何人都敬重和顺从。而对待其他的外人,不管是什么信徒和官员,他们都不会像对待自己的主人和诺颜那样忠诚……他们非常敬重其主人和诺颜,在他们面前从来不轻易说谎话,几乎看不到他们吵架和殴斗,他们不会吵

---

①［蒙古］格·阿凯姆:《成吉思汗智慧赏赐》(蒙古文版),远方出版社2005年版,第30、32页。
②中国民间文学集成内蒙古分卷编委会:《蒙古民歌集成》(1),内蒙古文化出版社1991年版,第85页。

闹和施暴,他们不会叫骂,更不见伤害和杀害别人的行为;那里看不到抢掠,看不到偷窃他人的贵重物品。所以,即使是收藏贵重物品的房子也不上锁;如果自己的牲畜丢失了,拾到者要将牲畜释放,或者予以保管,等待主人赶回去;人们相互之间都十分尊敬,友好相处;他们的食物并不丰厚,但是都能够共同分享;他们能吃苦,性格坚韧,在几日饥饿的情况下仍然表现出无所谓的样子,颜面上看不出一丝痛苦;酷热和严寒都不予理会。他们中间似乎没有弱者;他们没有嫉妒的仇恨,好像也没有诉讼和状告;人们愿意相互帮助,不相互歧视,而是帮助别人;女人们都很圣洁,看不到她们会做不贞之事。但是有些人在开玩笑时会说一些下流的言语;他们很少吵架甚至从不打斗,就是饮酒大醉后也不会打斗吵闹。"①这篇记载不是记录上层政权机构的事,而是从社会观察的角度,记录了蒙古人日常生活中体现的美好道德风尚、习俗以及人与人之间的和谐关系。从这篇记载里,我们可以看到当时蒙古社会之所以这样友好和睦,主要是因为游牧经济和传统蒙古文化的影响。同时,可以看出,成吉思汗的"也可额耶"思想对蒙古社会风气的影响是十分深刻而又广泛的。

概括来说,成吉思汗的"也可额耶"思想通过政权的力量得到了普及推广,它的内容、要求、影响力和作用都是巨大的,并且在社会中深深扎下了根,因此,多少年来在蒙古人的生活、习俗、道德礼仪乃至思维方法中都得到了遵循。值得说明的是:

1. "也可额耶"与"伊克忽里勒台"之间的关系问题

"也可额耶"和"伊克忽里勒台"从本质上来说是相同的,都是以成吉思汗为代表的蒙古贵族上层集团内部贯彻实施民主、和睦和团结这一要求的具体形式。忽里勒台,就是在成吉思汗"也可额耶"思想指导下的社会权力机构。如果从这个机构的内容和要求来给它命名为"也可额耶"的话,它所实现内容要求的形式、过程就称之为"伊克忽里勒台"了。但是,随着社会的向前发展,人们的生活更加多样化,人与人之间的关系日趋复杂化了。所以,把原来的内容和形式上统一的"和睦""和谐"仍然用"额耶""也可额耶"来表述,已经与历史发展的需要不相适应了。

---

①[意大利]普兰·迦尔宾:《普兰·迦尔宾蒙古游记》(蒙古文版),内蒙古人民出版社2001年版,第71~72页。

1206 年,蒙古上层诺颜以忽里勒台方式将铁木真拥戴为大汗,开启了大蒙古国的历史新篇章。成吉思汗即位之后,组建中央机构,颁布法典,扩充护卫军,建立千户制这样的军政统一组织,用以管理和调动居民,创建了完整的政权体制和机构。他的忽里勒台机制,就是在古代蒙古人的"额耶"和"会盟"的传统机制的基础上,把经过十余年实践的"也可额耶"机制演化成为具有蒙古特点的新的名称或新的机制。如果说"也可额耶"机制的社会基础原本主要是奇颜部的贵族的话,那么,"忽里勒台"的社会基础则较之更为扩充、广泛,是指以成吉思汗的"那和儿(同志)集团"为主的,包括大蒙古国上层诺颜们在内的各民族、各宗教的上层集团。所以,忽里勒台制度,是贯彻、实施成吉思汗"也可额耶"思想的最好、最得力的方式了。因为它作为大蒙古国政权根本制度来发挥作用,播撒蒙古社会"也可额耶"思想种子,使其深深地扎下了根。这种机制当然不能与现代民主制度相提并论,但是它毕竟对蒙古历史文化上民主传统和自由思想传统的形成和发展发挥了重要作用。

2."也可额耶"思想的传承问题

作为一种思想,要想更好地传承下去,那么,它首先必须要规范化。成吉思汗创建"伊克忽里勒台"制度后,十分重视和强调汗位的继承问题。这一问题的实质,是民族的和睦团结必须是在"人有首领、衣有衣领"的原则下,在正确解决首领问题的基础上,让整个国家民族凝聚在首领的周围。那么,我们来解析一下成吉思汗是如何具体解决这个问题的:第一,依照什么样的标准来选择汗的继承人问题。成吉思汗首先并没有把"长子继承"习惯作为首要条件来掌握,而是像伊朗史学家志费尼所写的那样:"窝阔台继我登位,因为他雄才大略,足智多谋,在你们当中尤为突出;我意欲让他出谋划策,统帅军队和百姓,保卫帝国的疆域。因此,我立他当我的继承人,把帝国的权柄交给他的勇略和才智。我的儿子们,对这想法有何意见?"①显然,成吉思汗在选择自己的继承者时首先考虑的是"雄才大略""足智多谋"。第二,确立继承人,他不是以个人的名义来确立,而是通过汗的黄金家族、政权的高级官宦大臣们参加的伊克忽里勒台,以民主商议的形式来正式确立。这样的权力传承机制从窝阔台、贵由到蒙哥汗三代

---

①[伊朗]志费尼:《世界征服者史》(汉文版),何高济译,内蒙古人民出版社 1980 年版,第 213 页。

的继承中得以遵从,而到忽必烈汗时被废止,但其影响作为蒙古文化的优秀传统播下了民主与和谐的种子。这也是"也可额耶"思想的胜利成果之一。

3."也可额耶"及成吉思汗《必力克》①

根据成吉思汗"也可额耶"思想,崇尚人与自然的和谐,人与人的和谐,这是具有蒙古文化特点的一种哲学思想。因而,成吉思汗《必力克》,是集中体现成吉思汗哲学思想的教诲。格·孟和先生认为成吉思汗《必力克》,是蒙古族最早的哲学专著,并从多方面做了详细论证。在成吉思汗《必力克》中记载的主张、和睦团结和倡导"也可额耶"思想的教诲中可以试举一些例子:

> "众人可畏,深水可殆。"
>
> "团结和睦者攻不可破。"
>
> "忠诚事业者是不会孤立的。"
>
> "善待身边人,力量大无比。"
>
> "齐心集聚的喜鹊,胜似不成群的老虎。"
>
> "团结和睦则更有力量。"
>
> "身强者只能胜匹夫,智高者可胜众敌。"

这些训诫之词具有蒙古族谚语和格言句式特点,比喻生动形象,读起来朗朗上口,又通俗易懂,容易记住,影响面十分广,成了蒙古人的读本和手册,在群众之中广泛流传。就像他们手中的套马杆、马鞭、布鲁(打猎用的投掷器)和弓箭一样,成为人民群众的精神武器。完全可与汉族历史上传承下来的《论语》《孟子》等著作相媲美。当然,如果对蒙古文化不甚了了,那么,对这种比喻也可能难以理解。有道是民歌是蒙古人的活历史。那么,也可以说蒙古民间谚语和格言,是刻印在蒙古人心扉中的美丽诗篇。这也是蒙古文化研究中不可忽略的部分。

---

①必力克,又写毕力克、毕力格、毕勒格等等,蒙古语"智慧"之意,这里所说必力克,是专指成吉思汗箴言,智慧的教诲。——译者

第三章　成吉思汗是伟大的思想家

第一节　重视成吉思汗思想研究的意义

一、成吉思汗是伟大的思想家

1. 一定要还原成吉思汗伟大思想家的原貌。成吉思汗是伟大的思想家,他的宏伟业绩早已证明了这一点。数百年来,蒙古人把成吉思汗当成圣贤来加以崇拜,忠诚笃信他的"必力克"(箴言)教诲,是他的思想所具有的魅力所在。而千千万万个蒙古人又以自己的优秀传统、诚实的信念、不懈的努力反复地证明了作为思想家的成吉思汗在社会历史文化上的地位和影响。这三条,不但证明成吉思汗是伟大的思想家,也说明了将成吉思汗思想体系以概念化的形式加以论述表达的前提或依据的需要。

一般来讲,那些在实践中做出卓越贡献者,或者以自己特有的新的思想观念启迪众人,并使之产生巨大的社会力量的人,都被称之为是思想家。所以,思想家总体可以分为两种类型:一种类型是在仔细和敏锐地观察了世界上的事物的基础上,经过深思熟虑,认识其本质和规律,并以某种概念来系统表述它的人,如中国的孔子、老子,希腊的亚里士多德等,后人称他们为学问家。特别是孔子,现今仍被中国人奉为书圣、圣人加以推崇;另一类型是对自己时代的重大问题有全面、正确的认识,并以其惊人的努力解决了这些问题,写出大量专著,为现代社会、经济、文化的发展发挥重大作用者,更是思想家。例如:德国的马克思、恩格斯,俄国的列宁,中国的毛泽东、邓小平等,都具有代表性。成吉思汗是杰出的军事家、卓越的政治家,同时也是用文字记载下自己的"札撒""必力克"留给后人的伟大思想家。成吉思汗作为草原文化巨人,顺应蒙古社会的历史趋势和人心所向,于1206年创建大蒙古国,在蒙古高原营造了安定秩序的环境并领导蒙古社会向前发展,作为极具个性的最伟大的思想家成为人类第二个千年的千年第一人。换言之,成吉思汗领导以奇颜部落为核心的北方诸多部落氏族,建立起大蒙古国,在使蒙古民族统一体形成过程中继承和发扬了古代蒙古人的优秀传统,发展和完善了具有北方文化特质的全新而又全面的思想体系,统一并增强了全体蒙古人的民族意识,并为世界文化宝库做出了自己的贡献。但是多年来,由于种种历史原因,成吉思汗思想被歪曲、淡化、贬低,或者没有得到足够的重视和正确的评价。这一问题应该引起注意和得到纠正。特别是随着当今全球化、民主化潮流滚滚向前,我国社会主义文化建设迅猛发展,成吉思汗研究也随之日益广泛深入地开展了起来。特别是成吉思汗研究目前已经跨越了以往只限于军事、政治范畴的保守状态,掀起了包括他的哲学思想在内的政治、经济、文化、军事等多方面研究的新高潮。我们必须重视成吉思汗思想的研究,坚持用历史唯物主义观点和科学态度进行研究,才能正确揭示和还原成吉思汗思想家的历史真面目,才能摆脱和纠正那些对成吉思汗的形形色色的歪曲、贬低、淡化等不公正的对待,以及那些只承认他是杰出的军事家,而不承认他是卓越的政治家和伟大的思想家这样的一些偏见。

概括来说,只有把成吉思汗思想从一个完整的体系来解释,才能从理论高度概括和揭示成吉思汗的哲学思想,才能真正还原和树立他的伟大思想家的原貌。显然,这是需要许多人长期努力才能实现的伟大而艰巨的任务。因为除了一些显而易见的客观原因外,正如前面所说的把成吉思汗只局限于军事家的观点,甚至超出学术研究的范围,把他说成是一个"野蛮人"的观点,或者用异族制造的理论体系去衡量的观点,都对深刻领会、正确评价成吉思汗思想造成了负面影响。另外,收集、整理成吉思汗言论、箴言、札撒、必力克的专门书籍没有能流传下来,也是一个重要原因。而其最主要的原因还是在蒙古族自己的知识分子队伍,特别是在哲学社会科学方面的学术队伍尚不够健全和成熟所致。令人庆幸的是,当代青年学者学识渊博,业务扎实,掌握了较多的新信息,民族意识强,聪明睿智,目光远大,有较强的意志力和坚韧的精神,而且时逢世界民主潮流的大好机遇。所以,我坚信他们一定会以主人翁的态度把成吉思汗研究推向更深的层次,还原成吉思汗伟大思想家的原貌。

2. 还原成吉思汗伟大思想家的原貌,是提升和发扬民族精神的需要。民族精神,是一种社会思想觉悟。它必定是由民族优秀的思想、崇高的品格和坚定的追求的统一来体现。它是每一个民族在形成、发展和完善过程中逐渐沉淀下来的文化精髓和民族灵魂。所以,我们应该将民族精神理解为民族兴旺发达的动力、源泉、民族生存和振兴的支柱。蒙古民族精神,是以热爱和捍卫故土为基础的奇颜精神,是以"也可额耶"思想为核心的坚韧不拔、壮气浩然、艰苦奋斗等思想品质作为基本特征的。成吉思汗思想,是深深扎根于蒙古文化的沃土中并茁壮生长起来的,同时它又对蒙古文化的发展发挥了决定性的作用。这是不争的历史事实。从这个意义上讲,如果不能全面而又准确地理解和掌握成吉思汗思想,就不能正确理解蒙古文化,也就不能更进一步发扬光大蒙古民族精神。

需要特别指出的是,只强调中华民族的民族精神而不强调蒙古民族精神,甚至惧怕提及这种精神,那将会犯狭隘民族主义的错误,最终会导致中华民族的整体精神的破坏。

概括来说,只有从民族精神和成吉思汗思想的内在联系上系统研究成吉思汗思想,才能真正还原成吉思汗伟大思想家的原貌。以成吉思汗的伟业,他的巨大成就、他的"必力克""札撒"为代表的箴言教诲以及被人奉为圭皋的神奇的历史,完全能够回答他之所以成为伟大思想家的原因。但是,如果只满足于这一点,而忽略了世界历史上那些其他大思想家的思想必须以概念的形式理论化表达的惯例,不把成吉思汗思想以概念的形式从理论高度系统地加以阐述,那么,一方面肯定会影响到成吉思汗思想原貌得到完全彻底地还原,另一方面也会削弱他的思想影响力的发挥。历史已经证明,只有把伟大思想家的思想以概念的形式加以总结,又能科学地阐述其全部逻辑和体系,才能更加有力地发挥其思想的威力和作用。

3. 还原成吉思汗伟大思想家的原貌,是进一步深化蒙古文化研究、特别是草原文化研究的需要。这首先是由文化和思想的内在联系所决定的。特定的思想是文化的精髓、命脉和核心。只有根植于原有文化沃土的思想,才能体现这一文化的发展水平及其基本精神。例如,要想深刻认识汉族古代文化,就必须准确理解儒学家孔子、道学家老子等人的思想。而最有效、最可行的方法就是认识和掌握那些大思想家思想的主要概念和范畴。如,儒家学说的忠孝、仁恕,道教的道藏和"道"等都需要认真研究和掌握。如果忽略这些概念或不了解这些概念,就不能正确认识那些思想家,乃至不能真正了解整个汉族文化的博大精深。与此相同,要想把草原文化的研究引向深入,就必须深刻了解它的杰出代表成吉思汗思想。正如以上所述,一方面要全面、准确地认识作为成吉思汗思想体系支柱的约孙、额耶、奇颜、疆土、才华、智慧等一系列概念;另一方面,要根据成吉思汗历史事迹,研究他解决问题的方式方法、智慧手段。例如在《蒙古秘史》中记载的成吉思汗在评价孛斡儿出和木华黎时所说的:"对我正确的决定全力执行,对我错误之事则力谏之,故使我登此高位。"虽然是几句话,却言简意赅,包含着深刻的哲理。由此可以窥见成吉思汗的内心世界,成吉思汗不因廷臣和民众对他的歌功颂德而狂妄自傲,在听取朋友的批评时又是那样的诚恳和冷静,能够虚心听取别人的意见,仔细斟酌。他是战胜自我,超越自我的伟大思想家。由此引申,上面的例子表明,成吉思汗能正确对待朋友和属下的赞扬和批评,能够明辨是非,对正确的意见、明确的目标,总是满怀信心。显然,对自身有信心是所有伟大思想家的共同特征。成吉思汗之所以能够提出"众人可畏,深水可淹"这样的著名论点,是他对群众力量、群众智慧的认识,是对自己实践的理论升华。上面那段记述,是从理论和实践的统一上解释了众人约孙观念的最为精彩的例子。这对今天学习和研究成吉思汗思想方法论具有重要意义。如果不把它理解为成吉思汗一生的成就和实践的总结,那么,再做何种解释,也不会留下如此深刻的印象。所以,只有深刻理解成吉思汗思想,才能真正理解和掌握蒙古文化乃至草原文化的真谛。反过来说,只有蒙古文化研究深入了,才能正确反映出成吉思汗思想的真谛。这也是还原成吉思汗大思想家原貌所必须坚持的方法。

4. 还原成吉思汗大思想家原貌,是在新的历史条件下进一步发展和弘扬传统蒙古文化的本质特点的需要。成吉思汗是古代蒙古文化的杰出继承者、发扬者。蒙古文化的本质特点集中表现在他身上,蒙古人的本质特点鲜明折射在他身上,可谓成吉思汗就是蒙古文化的化身也。具体地说,成吉思汗,是蒙古文化史上领导并完成具有决定性意义的三大变革的思想家。首先,把分散在蒙古高原上的诸多部落氏族统一在自己的大旗之下,建立起以著名的奇颜部为核心的蒙古民族统一体;其次,用以疆域为基础的政治力量——大蒙古国替代了以血缘关系为基础的部落联盟,大蒙古国成了刚刚形成和发展起来的蒙古民族统一体的团结兴旺的政治保障和支柱。从此,蒙古人开辟了用政治手段保护和发展自己的新路子,创建了自己的新历史、新文化;再次,根据现有资料表明,在成吉思汗之前,蒙古民族尚无自己统一的文字,更没有以政权的力量推进的对整个蒙古族具有指导作用的思想体系的存在。成吉思汗从大蒙古国和蒙古民族统一体的维系出发,一方面创立以约孙观念、"也可额耶"思想和奇颜精神等基本观念所支撑的"札撒""必力克"系统,用"畏之""敬之"相结合,创建安定、秩序的新社会;另一方面又从蒙古民族统一体出发,高瞻远瞩,深思远虑创立了畏兀儿斤蒙古文字,普及了超越诸方言界限的统一的蒙古语,更加巩固了蒙古民族的统一体。这便是"自幼所学的民族语言,是不可遗忘的文化"也。成吉思汗成长过程和遐迩闻名的历史及蒙古民族统一体的形成发展,名扬天下的过程中所贯穿的最根本思想就是蒙古人紧紧恪守人类的本质,依靠自己的力量和智慧勇敢奋斗的精神。也就是说,自力更生、艰苦奋斗的精神,就是流淌在蒙古历史文化命脉中鲜红的血液。

二、在成吉思汗思想研究中应注意的几个问题

1. 要准确掌握成吉思汗思想、还原成吉思汗伟大思想家的原貌,就必须坚持从成吉思汗的实际出发的观点,特别要注意克服那些形形色色的教条主义的影响。例如,那些打着坚持马克思主义指导思想的旗号,把马克思、恩格斯、列宁、毛泽东使用过的一些名词术语、概念生搬硬套拿过来,给成吉思汗的言论贴上马克思主义的标签,就认为是革命的、进步的观点。这是错误的。同样,认为在成吉思汗的言论上冠以世界上哪一个进步民族大思想家所创立的名词和概念,成吉思汗思想就会成为科学的或者进步的理论,这种认识也是不正确的。这两种倾向目前依然普遍存在,因而是不可忽视的。当然,有些人前一种倾向较明显,而另一些人后一种较为明显。究其客观原因,这种倾向是因为我国目前仍处在过渡时期。

学习研究成吉思汗思想,必须从成吉思汗的实际出发,并且首先从成吉思

汗一生的伟大实践的实际出发。成吉思汗思想不是上天恩赐的,也不是在他头脑中固有的,而是在他长期艰苦实践斗争中形成和成熟起来的。正如前面所提到的,他的思想是深深地扎根于蒙古文化沃土中,并在这一沃土的滋养下成长起来的伟大的思想体系。特别是合不勒汗所建立的奇颜政权"合木黑·忙古勒"以及诃额伦兀真所擎起的也速该巴特尔旗帜的影响和哺育,给他的思想深深地打上了奇颜－孛儿只斤的烙印。也就是说,成吉思汗思想,是当时奇颜文化发展的必然产物。再者,一个人的性格、品德、思想是互为融合、互为补充,有着紧密的联系的。要学习研究成吉思汗思想,必须充分注意到这种情况,着重阐述由这两个方面的结合而产生的成吉思汗思想的特征。

2. 要正确认识和还原成吉思汗大思想家原貌,一定要深刻领会并坚持成吉思汗思想是一个独立的思想体系。成吉思汗思想,是他的世界观、生存观和价值观的集中体现。但是,对其整体性和系统性的概念形式的理论化研究目前还处于初始阶段,人们还不甚了解其思想的独立体系的存在。要改变这种情况,一方面要仔细研读如《蒙古秘史》《黄金史》《元史》《史集》《世界征服者史》《多桑蒙古史》等蒙古文献经典著作中所记载的成吉思汗言论、训诫、敕令,注意从其思想的整体性和体系性上的概念形式的理论化阐述。另一方面,热心蒙古学研究的同仁们需要共同携手,抓住时代赋予我们的良好时机,编辑整理《成吉思汗言论集》《成吉思汗箴言》之类的作品出来,此乃当务之急。在蒙古历史上,许多学者和众多百姓根据成吉思汗言论,以诗歌、谚语的形式记录下来,汇集了《成吉思汗箴言》,有把成吉思汗训诫、敕令汇集为《成吉思汗札撒》流传了下来。这自然是为编辑出版《成吉思汗箴言》打下了良好的基础。但是,成吉思汗的更多言论尚未挖掘整理。这仍是成吉思汗思想研究方面的重要课题。

纵观成吉思汗思想的整体性和体系性的关系,可以说整体性是体系性的前提,而体系性则是整体性的组成部分或者具体体现。只有从其整体性和体系性的统一上,也就是将成吉思汗思想看作是一个独立的体系来领会,我们才能摆脱那种零散的、断章取义的消极的研究倾向。

三、成吉思汗思想的基本内涵

要想准确了解和掌握成吉思汗思想的基本内涵,首先必须广泛收集和认真研读大量古代蒙古文化的基础资料。这其中蒙古民间故事、英雄史诗、神话与传说、谚语、格言等，均有特殊地位和不可替代的作用。如《额尔古纳昆的传说》《阿兰豁阿夫人的传说》《合不勒汗的故事》等传说故事在《蒙古秘史》《史集》等蒙古文献中都有记载。它们是研究古代蒙古文化的不可或缺的珍贵资料。在《额尔古纳昆的传说》中从奇颜部的兴起和发展着手，记录了把"奇颜"推崇为自己思想认识的象征或集体力量的象征，开启奇颜历史的新时代的故事；在《阿兰豁阿夫人的传说》中，从阿兰豁阿夫人历史地位入手，以家教的形式宣传"额耶"就是力量的观点，突出阐明了只要家庭、氏族内部能够保持团结和睦，她的儿子们中间才能出现苍天所赐予的可汗，统领庶民百姓的道理；《合不勒汗的故事》，则是上面两则传说的具体化和实践化的表述。合不勒汗建立了政权国家的雏形，为后来成吉思汗成就伟业奠定了坚实的基础。这就从历史和逻辑统一上勾勒出了古代蒙古文化基本思想发展的轮廓了。

在游牧经济或者草原文化中，选择营盘、走"敖特尔"，是涉及方方面面知识的根本性质的问题。这是牧民应对牧业、狩猎和战争的多重需求而形成的。也就是说，我们的祖先们就是通过这样不断地"选择"，在生活和生产经验中提高自己的素质。"男子三技"——摔跤、赛马和射箭比赛，对于古代蒙古人来说，比锻炼体魄更为重要的是在于它提高生产技能的训练。换言之，"男子三技"，看似竞技比赛，实际上是和蒙古人生产方式、生活方式紧密相连的教育训练的途径。现在把蒙古文化称作草原文化也好，或者游牧文化也罢，都是企图体现随着季节的变换逐水草而居走"敖特尔"的主要特征。那么，为什么必须游牧走"敖特尔"呢？这并不是牧民主观愿望所致，而是囿于客观环境所做出的必然选择。他们逐水草丰美之处，依着季节的变化，寻找大自然所给予的最好环境，来选择较为适宜的牧场。这里最关键的问题是选择和迁徙。营盘的选择是他们诸多选择的首要条件和基础。选择和迁徙是草原文化的基本概念和范畴。选择好的营盘，需要有丰富的知识、能力和智慧。但是其基本要求是"力量、速度和准度"。蒙古人自古以来将这三条理解为"男子三技"的灵魂，作为关于竞技或挑战的一种特殊教育而持之以恒地坚持了下来。学者们在研究成吉思汗能在战争中屡屡取得胜算的原因时，往往重视其快捷的速度和对敌方弱点的准确判断，加以阐释。其实，这就是蒙古文化优秀传统中包含的蒙古人通过多方面教育训练所具备的以共同的素质为基础的问题。对此,只有蒙古人自己心知肚明,而对其他民族的人来说往往成为谜或神话故事。成吉思汗的天才智慧,在于他首先敏锐地发现,出色地继承和创造性地发展了民族文化的优秀传统。

在对待古代蒙古文化,特别是在继承发展蒙古族文化传统上,成吉思汗不是固步自封,也不是生搬硬套,而是一方面弃其糟粕,取其精华,创造性地发展;另一方面在全面认识事物面目的同时,准确把握事务的内在规律,抓住其要害、核心和关键,认准古代蒙古文化的主要观念、概念和理念,从其内在联系上加以系统化、实践化,进而创立和完善了极具特色的思想体系。下面从其各种成分的内在联系着手加以分析:

1. 成吉思汗的约孙观

有关成吉思汗约孙观的内容、结构和特点,在前面的章节中已经详细论述过了。在这里着重谈一下成吉思汗约孙观是他的整个思想体系的前提或者基础的问题。一方面,成吉思汗的诸多具体思想都是以古代蒙古游牧生产约孙观念为基础形成和发展起来的。例如,选择营地的约孙、迁徙驻牧约孙、走"敖特尔"约孙、狩猎约孙;其次,成吉思汗《大札撒》中的具体思想,是以结拜安答的约孙、盟誓约孙、复仇约孙、盟会约孙等等约定俗成的约孙为依据形成和完善起来的。另一方面,成吉思汗创造性地提出莫鲁约孙和图鲁约孙(行为规则和行政规则),使原来那些约孙的概念更具有了哲理性质,变得更加稳定、更加成熟、更加抽象、更加深刻,彰显了成吉思汗思想发展的新水平,成为成吉思汗思想体系牢固的基础。

2. 成吉思汗"也可额耶"思想

成吉思汗"也可额耶"思想,是他整个思想体系的最高境界。成吉思汗创造性地继承和发展了古代蒙古人的"额耶"观念,进而创立"也可额耶"概念,将"也可额耶"思想升华到哲学理念的高度,通过"札撒""必力克",使其变成内容更为丰富又深刻,内涵最集中又更为广泛的概念或范畴。由于"也可额耶"思想遵循和继承了祖先的"额耶"传统,主张人与自然和谐相处,特别是成吉思汗一方面在为"额耶"的概念注入了政治内容和要求,进而创建了"也可额耶"机制,使"也可额耶"观更加成熟和完善了起来,另一方面,成吉思汗运用"额耶"观念调整处理各方面的关系,结束了蒙古高原长期战乱不已的状况,建立了团结统一的蒙古民族共同体。如果成吉思汗没有超越自我、超越蒙古贵族上层的利益,甚至超越古代蒙古意识和萨满教而创立起"也可额耶"思想的话,也就不能把蒙古高原上一盘散沙的部落氏族统一在自己思想的旗帜下。这就是"也可额耶"思想的魅力所在。"也可额耶"思想,是成吉思汗领导下的全体将士、英雄豪杰、仁人志士和黎民百姓的共同思想信念的集中体现。

3. 奇颜精神是成吉思汗思想的核心

通过梳理文化研究和思想研究之间的内在联系,深入进行文化全方位的研究,则是文化研究常用的方法。奇颜精神,作为古代蒙古人的基本精神,是整个奇颜文化的主要构成和命脉所在。奇颜精神,在奇颜部落长期历史进程中形成,起初人们本能地崇尚自己的"刚毅、勇敢、大无畏"精神,把自己称为"奇颜",以此作为自己精神的象征。因此,这一时期可以称之为"经验文化精神时期"。可是,从《阿兰豁阿夫人的传说》中将"额耶坦"作为力量的教育开始,到后来合不勒汗恢复奇颜,特别是合不勒、俺巴孩成为"合木黑·忙古勒"的可汗,表明蒙古人跃入了自觉地以奇颜精神约束自己的新阶段。其最突出的标志或最典型的依据,便是《蒙古秘史》中记载的德薛禅的那段著名言论。这段言论虽然在本书的前一章节里引用过蒙古学大师巴雅尔先生译注的《蒙古秘史》相关段落,但是在这里不妨作一些重复,引用蒙古国学者达·策仁索德诺木译注的《蒙古秘史》里的一段记述:

"也速该亲家呀,昨夜我做了个梦,梦见一只白海青抓着日月来落在我掌中。日月乃是用眼观望之物,可是白海青则抓着它落到了我掌中。我曾经对人讲过,不知此梦是什么吉兆? 如今,你领着儿子来到了这里,我的梦便有了答案啊! 原来是你们奇颜部的苏力德降临了。"①

这里一方面以诃额伦兀真家教的基本要求 ——诃额伦母亲举起"也速该奇颜"的旗帜,用奇颜部落的权威对待事物的传统相吻合的社会形态出现;另一方面表明了奇颜精神在成吉思汗年幼时已经以"奇颜苏力德"体现了出来,并在具体和抽象的统一上达到了概念化的程度。

成吉思汗是在奇颜精神的滋润下成长,继承和发展奇颜部落的优秀传统的

①[蒙古]达·策仁索德诺姆:《〈蒙古秘史〉译注》(蒙古文版),民族出版社1993年版,第50页。

一代奇颜精英。成吉思汗传承发展奇颜苏力德的真谛,又在 1206 年建国时将这种象征塑造成九旄白旗,使它作为新兴的蒙古族的统一精神象征迎来历史新纪元,并且被一代一代地传承了下来。后世的蒙古人,不管他们生活在哪个国度,或者信仰了哪一种宗教,以九旄白旗苏力德为象征的奇颜精神一直深藏在他们心中。拉施特在其《史集》中记述了这样两则故事:

又有尊贵的诺颜之一的摆剌有一次问他(成吉思汗):"都说你是英明果敢的英雄,有什么能够证明你的这种行为?"(成吉思汗)回答道:"在我登上汗位之前,有一次单人独马走在征途上,迎面有六个敌人阻住我的去路,想害我。我没有迟疑,毫不犹豫地冲向他们。箭矢如雨点般射来,从身边飞过,可是没有一支射中我。我将他们统统砍杀掉,成功地突出了重围。当我回来再次经过这里时,六具尸体还躺在那里,他们的坐骑分散在附近,因为抓不到,我将它们赶回来了……"成吉思汗还说:"有一次我与字斡儿出同行,山上有 12 个敌人在堵截我们。字斡儿出正走在我后面,我首先奋不顾身地冲向敌人,敌人的箭矢突然向我射来,却没有一支箭射中我,最后我击退了他们……"

这是通过成吉思汗讲的小故事来绘声绘色地描绘奇颜精神的例子。其实,这个故事只不过是成吉思汗一生中勇敢拼搏的缩影而已。

概括来说,约孙观念、也可额耶思想和奇颜精神,是从理论化角度阐述的关于成吉思汗思想基本涵义的科学范畴。它们作为互为补充、互为渗透、相辅相成的整体来体现成吉思汗思想的基本内涵。无疑,约孙观念、也可额耶思想和奇颜精神,作为成吉思汗思想具有指导作用,并且渗透在他的实践活动中,最终经过实践检验,成为蒙古文化基本思想流传下来。这也只是同欧洲那些思想家的概念所表述的思想史相比较而言的。事实上,在蒙古历史文献中对奇颜、约孙、额耶的概念有明确的记载并留存了下来,成吉思汗在处理一系列重大事务中一直运用着那些以概念体现出来的思想。今天,我们在系统地阐述成吉思汗思想体系的时候,一定要充分注意到这些特点。

四、成吉思汗思想是一个独立的体系

成吉思汗思想是古代蒙古文化发展的必然成果,是阿兰豁阿夫人的教诲,字端察儿、合不勒汗、也速该巴特尔等人思想的继续和升华,是以成吉思汗为首的,包括哈撒尔、孛勒古台、者勒篾、孛斡儿出、木华黎等一大批时代精英共同努力创造的,并在他们共同的实践中经受住了检验的思想体系,更是以成吉思汗"必力克""札撒"为代表的他的全部行动和言论所体现的,具有成吉思汗特色的思想体系。我们可以习惯地将其分为政治思想、经济思想和文化思想三大类。也可以称之为以经济为基础,以政治为中心,以文化为先导的思想体系。总的来说,成吉思汗思想体系是他的世界观、生存观和价值观的统一,也就是他创立大蒙古国、促成蒙古族共同体的形成过程中作为指导的一系列原则、方针、观点和政策策略的聚合体。这是成吉思汗之所以在世界被誉为"战神"、卓越政治家的根本原因所在,也是成吉思汗之所以能够成就伟业的"奥秘"所在。因此,在研究成吉思汗思想时,一定要认识和掌握其整体性、体系性。只有这样,才能规避那种脱离成吉思汗思想体系,只用他一些偶然的、零散的言论来代替其整个思想体系的错误倾向。

根据实际情况,成吉思汗思想可以细化为军事战略思想、政权治理思想、用人思想、组织思想、教育思想、民主思想、哲学思想等。但是从世界观、方法论的角度来看,成吉思汗的哲学思想是他整个思想体系的牢固基础。如果不了解和掌握成吉思汗哲学思想,就不能科学而又完整地揭示出成吉思汗整个思想体系。也就是说,如果忽略了他注重从实际出发的观念、注重发展变化的观念和注重实践的观念等哲学思想观念,就不能准确掌握他的思想体系。需要提及的是,成吉思汗的哲学思想也是一个独立的体系。据我个人的理解,注重从实际出发的观念、注重发展变化的概念和注重实践这"三个注重",在成吉思汗哲学思想体系中具有决定性的意义。

如果从成吉思汗思想体系形成和稳定的特点来看,似乎可以这样来概括成吉思汗思想:在传统的蒙古文化基础上,以蒙古族民族精神为灵魂,以政权和军事整治为主体,以约孙治理为主导,包括艰苦努力和忠诚老实等观念在内的独立思想体系。当然,这是试图表明诸范畴和概念的逻辑关系。也就是说,只有在概念形式上从逻辑和历史发展的统一上能够全面阐述或揭示成吉思汗思想,才能真正还原成吉思汗伟大思想家的原貌,使其更具科学性和说服力。有关成吉思汗与奇颜精神、成吉思汗约孙观念以及成吉思汗"也可额耶"思想等已经在前面的章节中做了详细论述,这里不再赘述。下面仅就他的"三个理治"观念做一补充论述。

五、成吉思汗的"三个理治"①观念

(一)成吉思汗的"三个理治"观念的形成是一个过程

成吉思汗的"三个理治"观念的形成是一个过程,成吉思汗的"以约孙治理,以额耶治理,以法律治理"的"三个理治"观念,适应"众人之道,宇宙之理"的要求,尤其是在成吉思汗统一并领导以奇颜为核心的北方诸部落,建立大蒙古国以及建立健全蒙古民族统一体过程中创立并日臻成熟起来的。首先,约孙、道德和法律的顺序,是成吉思汗"三个理治"观念的发展阶段,同时也是其内在逻辑的体现。有句蒙古谚语,直译过来是"约孙有根,道理有源",意译是"树有根,水有源"。蒙古人家族、氏族部落自古都遵循这个"根"和"源"的要求或约孙的力量来治理并且维系生产生活,维系整个社会秩序的。在这一阶段,约孙和道德之间的概念尚无明显的界限和区别。当时的选择营盘约孙、狩猎约孙、祭天约孙、祭祖约孙、结拜安答约孙和婚姻约孙等要求基本上都统称为"约孙"。后来,在社会的发展过程中,随着人与人之间的关系多元化,对道德的要求细化,便逐渐从"约孙"分离出来,形成了独立的"伦理约孙"(额希约孙),成为伦理道德、品德思想体系。诃额伦兀真依据古训,引用祖训教育子女的内容要求,彰显出古代蒙古族道德教育的新水平。成吉思汗正是适应了这种道德教育普及的历史条件,成功运用道德观念的要求,创建"那可儿"(意为同志会)团队,进而领导军事斗争,有力推进了蒙古社会的彻底变革。他与孛斡儿出的结交,与札木合的安答之交,与王汗的结盟等等,都反映出成吉思汗治理思想的日臻成熟。其次是,随着成吉思汗领导的军事斗争的节节胜利,其政治斗争也不断取得成功,终于在1206年竖起九旄白旗,宣告了大蒙古国的建立,并宣布实施《大札撒》。他的《大札撒》的付诸实施,不但是"以法治理"的真正标志,也充分反映了成吉思汗"三个理治"观念的真正形成和完善。概括来说,成吉思汗创造性地继承和发展了古代蒙古人的约孙观念,创立了"以约孙治理,以额耶治理,以法律治理"的"三个理治"的理论体系,从理论和实践的结合上为政权管理和社

---

①原文作者在蒙古文书169页上用汉文注明"三个理治"。——译者

会管理做出了历史性贡献。

（二）成吉思汗"三个理治"观念的重大意义

"话要按着道理说,肉要顺着骨节割",这是一句蒙古族谚语。成吉思汗的"三个理治"观念绝不是他凭空想象出来的,而是他敏锐洞察了当时蒙古的社会状况,经过深刻批判和准确归纳的产物。幸而波斯历史学者拉施特在他的《史集》中对这一点做了准确地记录:

"凡是一个民族,子不尊父教,弟弟不聆兄言,夫不信妻贞,妻不顺夫意,公公不赞许儿媳,儿媳不尊敬公公,长者不保护幼者,幼者不接受长者的教训,大人物信用奴仆,而疏远周围亲信以外的人,富人者不救济国内人民,轻视习惯和法令,不通情达理以致成为当国者之敌;这样的民族,窃贼、撒谎者、敌人和各种骗子将遮住他们营地上的太阳,这也就是说,他们将遭到抢劫,他们的马和马群得不到安宁,他们(出征)打先锋所骑的马筋疲力尽,以致倒毙、腐朽,化为乌有。"①

这一段话可以说是成吉思汗"三个理治"观念的最生动、最深刻、最集中和最明确的注解和体现。作为文明古国学者的拉施特对这一段话有如此深刻的领悟和准确的理解,所以,在选编成吉思汗言论时将这一条作为首条记录下来,不但是令人叫绝,也加重了这段话的分量和权威性。

成吉思汗的这一段论述中,首先从"国家民族"的高度,统揽国家政权问题,指出不论是什么民族国家,如果忽视了约孙和札撒(道德规范和法律),不知道额耶额布(和睦团结),那么,这样的国家就会发生混乱,民族就要灭亡。一般情况下,约孙、额耶和法律三个问题,是任何一个国家民族都会面临的问题,其区别仅仅在于对这三个问题的认识和重视程度的不同,或者在于是注重了"三个理治"的统一,还是偏废了哪一方面而已。成吉思汗结束了蒙古高原社会的一盘散沙和战乱状态,建立大蒙古国以后,如何进一步保障社稷稳固,秩序良好,是摆在成吉思汗和成吉思汗领导下的全体蒙古人面前的最为重大、最为紧迫和最为现实的问题。成吉思汗发挥自己的聪明才智,继承和发扬古代蒙古人所固有的优秀传统,确立了以约孙治理为前提和基础,以法律治理为重点和关键,以

---

① [波斯]拉施特:《史集》,余大钧、周建奇译,商务印书馆 1983 年版,第 364 页。

额耶治理为目标的管理思想体系,从而在思想上为大蒙古国的巩固和发展提供了保障。这也是成吉思汗在全世界被誉为"在人类历史上做出最大成就的人"的主要原因所在。所以,对这一原因的正确、全面的理解和社会一致的认同,是关系方方面面的重要课题。

"三个理治"观念,是成吉思汗创立的以政权为重点,综合治理整个社会的新模式,也是治理政权和国家社会的新鲜理念。这是在理论和实践相结合上,特别在历史和逻辑的统一上达到了当时最高水平的政权管理和社会管理的理论创新。

(三)真正理解和掌握"三个理治"观念所面临的几个问题

如果说"三个理治"观念是达到当时世界先进水平的理论创新,那么"三个治理"各自的内容要求和功能则对此起到了决定性作用。在游牧文化史上,额耶治理和法律治理是以一种公理来体现,这里就不一一赘述了。可是,应该充分注意到有关"额耶额布"(和睦)的要求在蒙古文化中具有特殊地位,形成了自己的特色。其一,正如成吉思汗上面那段论述中所批评的"大人物信用奴仆,而疏远周围亲信以外的人,富人者不救济国内人民",强调的是两个对立的阶级之间的"额耶额布"(和睦),这很有意思;其二,世界各国学者们都认为成吉思汗是"最早倡导和实施政治民主的君主,是所有大国的君主中将法律放在自身权威之上的第一人"①,这也使人很感兴趣;其三,把以约孙治理放在以额耶治理和以法律治理的前提和指导位置,这也是很奇特的。成吉思汗曾强调"纵使有万万人,也不如有一个知图鲁约孙者",这是有道理的。蒙古人的约孙传统中对自然的崇尚,对规律的重视,这显然有一定的科学性。这就是"众人之道,宇宙之理"的道理。正如在蒙古民歌《春暖》中所唱的那样:

> 盛夏的季节里,
> 万紫千红花盛开,
> 遵循规范的约孙,
> 崭新风气扑面来。

①巴拉吉尼玛等:《千年风云第一人:世界名人眼中的成吉思汗》,民族出版社2003年版,第17页。

金色的秋天里，

硕果累累皆欢心，

遵循严密的约孙，

政通人和气象新。

严寒的冬季里，

高空万里天气冷，

依靠有力的约孙，

黎民百姓得安宁。

　　这几句歌词明确而深刻地道出了约孙与自然规律的关系以及约孙在社会生活中的地位和影响。这些奇特的课题和蒙古文化独特魅力越来越引起人们的注意。比如说，在相互对立的阶级之间，力求寻找共同之处，以和睦团结作为共同的需求；代表统治阶级利益的法律法规，也要考虑以"众人之道，宇宙之理"为先导，甚至把法律的权威放在可汗的权威之上。这些现象完全由于当时蒙古社会的客观实际所决定的，是因为蒙古社会在此前的数百年间长期受到强势民族和国家的压迫和欺凌而产生的强调内部和睦团结所致；其四，当时蒙古社会的生产力还比较低下，他们对大自然存有无可奈何的惧怕心理，"巴彦（富人）扛不过一场大灾，巴特尔（英雄好汉）抵不住一支箭矢"这样的格言充分说明了这一心理。所以，为了共同抵御灾难，他们必须严格遵循事物的客观规律，十分注重人与人之间的和睦团结；其五，在蒙古地区，特别是牧业地区，作为既是生产资料，又是生活资料的牲畜和草牧场还没有变成私有财产。因此，必须遵守客观规律，坚持和谐共处，成为"众人之道，宇宙之理"。另一方面，成吉思汗是在古代蒙古文化的熏陶下成长起来的大军事家、大政治家和大思想家。"三个理治"观念充分显示了他的天才和智慧，也突出了他在认识和处理问题中能够牢牢抓住要害、顾全大局的思想方法和工作方法。今天我们无论怎样高度评价和歌颂他的丰功伟绩，如果忽略了他的天才睿智，他的思想方法和理论创新的成就，那么，我们研究就会背离了从文化的高度来认知成吉思汗的有效方法，就不能全面、准确地评价成吉思汗，甚至也不能够全面、准确地认识蒙古文化了。

(四)需要说明的两个问题

在前面篇章中已经较详细地论述了成吉思汗思想中的约孙观念、额耶观念的渊源、内容和特点,在这里不再赘述。

1. 成吉思汗的"三个理治"观念,虽然说在社会治理思想史上达到了当时的先进水平,但总体来说还是很粗线条的。由于众所周知的原因,从理论体系角度去系统研究和整理他的思想方面,资料更是少得可怜。还要特别指出的是,忽必烈汗虽然在中国的统一上功不可没,但他后来却把成吉思汗的"以约孙治理"改变为"以两个约孙治理",在蒙古地区推行了宗教思想和中原汉族特色的封建思想。这是在民族文化遗产的继承和发展过程中必须值得注意吸取的教训。

2. 纵观人类发展史,对一个民族的发展来说,生产技术、社会管理和人们的信仰这三项因素缺一不可。在处理人与人的关系上,成吉思汗的管理思想取得了辉煌的成就,也深深地影响了一代又一代的蒙古人。但是,在人与自然的关系上,蒙古文化虽然具有崇尚与自然和谐相处的优秀传统,却没有重视改造自然的问题,从而在现代工业、科学技术高度发展的今天却落到了步他人后尘的地步。在奇颜文化影响之下,强调独立自主、自力更生,历来是蒙古文化的重要传统。但是,在后来随着佛教在蒙地盛行,蒙古人的信仰受到严重的冲击和摧残。这同样是一个深刻的教训。因此,若要尽快实现本民族的现代化,就必须在科技、管理和信念上有一个新的跨越。

第二节 成吉思汗思想的特点及其思维方式

一、成吉思汗思想的渊源

成吉思汗思想的渊源和特点,可以从许多方面来探讨。在这里主要从文化角度研究,特别是从蒙古族游牧文化、草原文化的视角来探讨成吉思汗思想及其思维方式的基本特点。世界上任何一个大思想家的思想无一例外的都是他自己国家民族经济、政治和文化发展成就的体现。正如汉族历史上产生的那些著名思想家的思想都是与农耕经济及封建制度有着血肉联系一样,成吉思汗是在北方游牧经济、政治和草原文化的大环境中成长起来的,并在这个环境中创立了自己的思想,推动蒙古文化发展的伟大思想家。

对于草原文化或者游牧文化的基本特点,学者们的意见大体趋于一致,将其特点准确地概括为:原生性、群体性、开放性、崇尚自然和英雄崇拜性等等。这种概括相当准确。作为草原文化最杰出代表、最大的功臣的成吉思汗,其思想完全具备了这些特点,并将它发扬光大了。这一点是举世公认的。

历史文献中明确记载着奇颜百姓和奇颜部落为古代蒙古部落之一,并且说他们素有"刚毅、勇敢和大无畏"之美誉。志费尼的《世界征服者史》中记载道:"他们(奇颜)以崇高和伟大著称于部落群体之中,他们是出类拔萃的,因而居于统治地位。成吉思汗的祖先们就是这个部落的首领。"①在《蒙古秘史》中从孛儿帖赤那和豁埃马阑勒开始,对奇颜部的历史发展沿革做了详细记述,将古代蒙古奇颜文化的形成、发展过程和它的内容、概念、特点和性质等全面而又清晰地公之于世了。奇颜文化准确反映了草原文化的典型特征,自力更生的奋斗精神、百折不挠的斗争精神,诚实善良、和睦团结的精神,学习和吸收其他民族的优秀文化、珍视自己的传统文化、与时俱进的精神等等。这些就是奇颜文化的突出特点和优秀传统。作为奇颜文化杰出代表的成吉思汗,其思想中闪烁着奇颜文化的光芒。奇颜文化是成吉思汗思想的直接渊源和基本内容。这便是有什么文化就会哺育出什么样的人物的道理。综上所述,自信自强、依靠自己的力量、不怕挫折、努力奋斗,就是成吉思汗思想的重要内容。当然,这里所说的自信自强,不是指盲目自信,而是指知己知彼、百战不殆的自信。对此,蒙古族著名军事学家达林太曾做过十分确切的分析:"军事与经济密切结合,充分发挥游牧经济与狩猎经济的优越,使其为战争服务。"②"经济是战争的物质基础。'无论何时何地,只有经济条件和资源的帮助,强权才能取得胜利,没有这些,强权就不能称其为强权。'③因此,能否正确处理军事与经济之间的关系,是战争能否取得胜利和与整个战争相关的重大战略问题。成吉思汗在其一生的戎马生

---

①[伊朗]志费尼:《世界征服者史》(蒙古文版)(上),阿拉坦巴根等译,内蒙古人民出版社1988年版,第58页。

②达林泰:《蒙古军事战略研究》,内蒙古人民出版社1993年版,第82~83页。

③《马克思恩格斯军事理论选》(第1卷),第17页。

涯中将军事与经济结合得几近完美,充分发挥了游牧经济与狩猎经济的优越,从而取得了战争的胜利。""成吉思汗进行战争的年代,是蒙古社会以游牧经济和狩猎经济为主的时代,它同其他一切事物一样,都是具有双重性的,它既有优越性的一面,当然也有缺陷的一面。在冷兵器时代它比较其他经济具有独特的优越性。成吉思汗根据蒙古地区游牧经济和狩猎经济的特点,创建了无敌于天下的铁骑军。在冷兵器时代的那种条件下,把全部军队都骑兵化,就等于现代军队的机械化。他的马队不仅仅是辎重运输部队,更重要的是战斗武器。这就充分发挥了马队的机动灵活、快速和远程移动的无可比拟的作用,骑兵又如现代装甲部队一样既有冲击力,又有震撼力。成吉思汗还根据蒙古将士们出身于游牧生产和狩猎生产,有极强的善骑能射本领、忍受困难环境的耐力、勇敢机敏、习惯于游动生活等特点,建立了善于游动战和远征的强大的骑兵部队。他充分发扬了游牧经济和狩猎经济的优越性,彻底解决了军队的后勤经济和狩猎经济的优越性,彻底解决了军队的后勤给养问题,使得数十万蒙古大军得以不受后勤供应的限制,'在长途征程中随军带领大批牲畜以作后勤保障,边战斗边游牧。因而没有长途运输之苦'①,'如果羊群被吃光,也可以随地狩猎,射杀野兔、鹿、野猪等充饥之。数十万大军扎营并不需烟火升腾。'②"他根据蒙古人的这种经济特点以及双方的基本区别,广泛地使用了长驱直入、针锋相对、快速突击(闪电战)、运动战和无后方战斗等多种不同的战略战术。

"成吉思汗在长期战斗中就是这样扬长避短,充分发挥自己的优势,发挥游牧经济和狩猎经济的特长,利用战争,以自己强大的军事力量征服了几乎半个世界。无论是在当时,或者是在今天,都是人类战争史上的一大奇迹。倘若成吉思汗所进行的武装斗争不是与游牧经济和狩猎经济相契合,充分发挥其优越性为其战争服务的话,他就不会有这样一支所向披靡的军队。"

这不仅仅是成吉思汗指挥战争的重要原则问题,也是他思想的重要组成部分,思维方式的重要特点之一。换言之,这是成吉思汗哲学思想体系中通过指挥战争表现出来的领导艺术和工作方法的例证。

---

①彭大雅:《黑鞑事略》(蒙古文版),孟和吉雅译,黑龙江人民出版社 1979 年版,第 268 页。
②赵珙:《蒙鞑备录》(蒙古文版),孟和吉雅译,黑龙江人民出版社 1979 年版,第 71 页。

二、成吉思汗思想的基本特征

成吉思汗思想是以蒙古高原的草原文化为根基,蕴涵在他们成就的伟业之中,特别是在他建立大蒙古国,动员并带领全体蒙古人为民族和国家的振兴而进行的实践活动中百炼成钢、日臻成熟的。因此,他的思想和基本特征体现在实践性强、政治性明确和民族觉悟高等方面。这是蒙古高原从旧的部落联盟向以地域为基础的国家政权过渡的需要,是蒙古民族形成的客观要求的必然结果。作为奇颜部后代的成吉思汗创造性地继承和发展合不勒汗的“合木黑·忙古勒”事业,顺应历史的需要,完成了民众的期望。而由于成吉思汗伟业的时代性和全球性,也由于草原文化的开放性,使成吉思汗思想必然超越民族和国家的界限,从而使整个人类文明都得到了丰富和发展。这是任何一个先进国家和民族的思想家的思想形成和发展的共同特征,也是人类思想发展变化史上普遍存在的规律性现象。不过,成吉思汗不仅继承和发展了奇颜文化的超越意识,进一步发挥了奇颜部落的领导核心作用,不但使之形成统一的蒙古族,而且更进一步开启了蒙古族与世界上诸多其他民族之间的新的关系,在为使蒙古人成为具有世界眼光的民族的过程中起到了不可替代的作用。

近年来,对于成吉思汗在这方面的贡献,国际上许多学者们都在乐此不疲地进行研究探讨。事实上,就文化交流和文化发展的地位来评价的话,成吉思汗对世界文化发展的巨大影响和作用是不可忽视的。原因是他在中国文明发展中不但增添了具有原生态性质的新内容,而且这种动力蕴涵着中原汉族先进和丰富的内容,在与西方文化的碰撞和交流中又将中国的疆域扩展到前所未有的广度,并且为基督教文化、伊斯兰文化、佛教文化以及其他诸多文化的直接接触提供了地缘和交流的便利。

在此前的上千年时间里,东方与西方之间的时断时续的水陆交通往来,此时已经变得畅通无阻,呈现出“环球乃成一家”“国界已淡化”的盛况,使得外界对中国的了解和认识大大加深,进而产生了以下三方面的直接效应:

第一,中国的物质文明进一步向西方拓展。其中火药、指南针、印刷和造纸技术等重大发明都是在这一时期传入西方的。

第二,西方大批的商人和旅行者被吸引到中国来。他们把在中国的所见所闻以口头或者书面形式传到西方,增进了外部世界对中国的了解,萌发了外部世界对中国的兴趣。其中最为著名的有马可·波罗、罗布洛克、普兰·迦尔宾、伊本·巴图塔等。

第三,促使罗马教廷产生了向中国派遣传教的紧迫感和深厚的兴趣。"正如波拿巴所说'大蒙古国的诞生使西方人的目光豁然而开,感到突然地宽慰,知道了山外有山,发现除了穆斯林王国之外,还有强大而又人口为数不少的信奉基督的民族存在,这个民族在征服中亚、俄罗斯、中国的北部和印度之后,又向波斯和欧洲袭来'。"

"十字军的东征为多种文化的交流提供了条件。这时的有关中国的知识仍然是以阿拉伯人记载为主的。这是将 13 世纪列入第 2 个八百年的重要依据。"①

"蒙古人的征战掀起的波澜推向世界各地,一直到我们的时代还未平息。从 13 世纪开始的这场征战以征服奥托曼土耳其的东南欧和康斯坦丁纳波利的成就而进入 15 世纪。奥托曼帝国的商贸活动使欧洲人离不开东方的丰美物资,并且不断地依赖着它。由此而导致葡萄牙人、西班牙人从海上旅行,使欧洲与印度连接起来,从而使欧洲人发现了美洲大陆。像水面上的涟漪四处扩展一样掀起这场波澜的始作俑者正是远在哈剌和林的成吉思汗是也。他将世界伟大的文化融入商贸、交往和共同活动的新体系中连接起来,而且这种连接一直没有被割断。蒙古人终结了多元文化的世界。蒙古人之后,那些文化再也谈不上是独立的了。从秘鲁到西伯利亚,全世界都被统一到这个体系之中了。蒙古时代以后,整个世界更加统一,形成了更加完善的机制。各种运输和沟通更加便捷,商贸的范围迅速扩大起来。"

"商贸、技术和知识相互统一的机制的建立,并由此而发现美洲大陆,以致其后的一系列重大变化,成吉思汗虽然对此无法预知,但是我们生活的世界的确是从他的活动中真正形成的。对今日我们生活方式的形成,他比世界历史中

---

① 巴拉吉尼玛等:《千年风云第一人:世界名人眼中的成吉思汗》,民族出版社 2003 年版,第 191 ~ 192 页。

任何一个人都发挥了更大作用。"①

　　成吉思汗的超前的思想意识是惊人的。如果他在这方面没有达到那样高深的意识水平,那他怎能包容和尊重那么多的宗教信仰呢? 又怎能知人善任,海纳五湖四海的贤能于自己的身边呢? 又怎能成就世界性的伟业呢? 我们必须认清这是对蒙古人后来的发展有着极其重要影响的思想。

三、成吉思汗思想的突出特征

　　创造性,是成吉思汗思想的一个突出特征。成吉思汗是开启蒙古时代的伟大思想家。正因为如此,西方学者们把 13 世纪称之为蒙古世纪。这显然是以整个世界的目光来评价的。实际上,成吉思汗是在蒙古族形成、发展和兴盛史上开辟划时代的崭新历史时代的伟大领导者。著名史学家韩儒林先生说:"成吉思汗的统一事业为蒙古族的形成做出了重要贡献。根据《蒙古秘史》和拉施特《史集》记载,在 12 世纪末叶的蒙古高原上生存着成百个部落氏族,他们不仅有大、小、强、弱之分,而且在语言、宗教信仰、民族和文化构成上都有许多区别。是在他们实现统一之后,才形成了冠以'蒙古'名称的强大的民族统一体。当时那些民族各有名称,各有首领,发生战争时常常根据需求结成部落联盟,但是战争一旦结束,这些部落联盟也立即随之解体。有时会因为某一部落首领的逝世,其属民散失而难以确认这个部落的存在与否。成吉思汗统一蒙古诸部落后,许多非蒙古部落也归附过来了,'蒙古'这个名称也就成了人口众多、力量强大的民族统一体的名称了。虽然不能说出现了成吉思汗才诞生了蒙古族,但是成吉思汗的统一事业为蒙古族的诞生做了巨大贡献,这是不可否认的。至少我们可以说从成吉思汗开始,伟大的蒙古人在世界舞台上做出了巨大的成就。"②

　　无疑,成吉思汗开辟了一个新的时代,是随着当时一系列重大的历史问题的成功解决而实现的。例如,继承和发展奇颜部落的优秀传统,用以"九斿白旗"苏力德为象征的蒙古政权国家替代了以奇颜部落为核心的"合木黑·忙古勒"部落联盟;创造性地继承了古代蒙古人的"额耶""约孙"的传统观念,通过

---

　　①参见[美国]杰克·威泽弗德:《成吉思汗与今日世界之形成》(新蒙古文版),乌兰巴托,2005 年,第 408 ~ 409 页。汉文请参阅温海清、姚建根译本,重庆出版社 2006 年版。
　　②韩儒林:《穹庐集》,河北教育出版社 2000 年版,第 171 ~ 187 页。

"也可额耶"制度的政权体制将蒙古社会纳入了"以约孙治理、以额耶治理、以札撒治理"的轨道；崇尚奇颜传统，将奇颜苏力德升华为"九斿白旗"的政权苏力德，为后来使其成为全体蒙古人的苏力德打下了坚实的基础；敏锐观察文字与蒙古统一、发展的关系，不失时机地确立畏兀儿斤蒙古字的使用，使全体蒙古人拥有了自己的文字，使蒙古文化迈上新的历史台阶。在成吉思汗时代，在蒙古高原上萨满教、天主教、基督教、佛教、道教和伊斯兰教并存不悖，体现了成吉思汗宗教思想的开放性和自由性。成吉思汗对待宗教信仰如此自由开放，平等对待，不搞厚此薄彼，这的确相当了不起。就是在当今世界许多思想家都对这个问题很棘手，其难度可见一斑。事实上，成吉思汗把信仰置于任何宗教信仰之上。这是研究他的宗教观念以及诸多政策思想时不可忽略的，并且是首先要解决的问题。换句话说，只有把信仰之心与宗教信仰区分开来，才能在实践和政策上真正平等对待各种不同的宗教。因此，人们今天若是不能区分信仰与宗教，也就很难理解和评价成吉思汗思想的真谛。

俄罗斯联邦布里亚特自治共和国学者 N·C·乌尔比娜耶娃说："成吉思汗是杰出的领袖和名符其实的政治家，在他的全部活动中都坚持了道德观念、古代哲学思想和原则。掌握政权并非是他的唯一目标和斗争的终结。对他来说，爱护家乡的一山一水一草一木、尊敬先辈、增进亲朋好友之间的情义，疏通人与人之间的关系，提高人们的思想境界，才是他真正的初衷。其父亲也速该巴特尔被塔塔儿人所毒杀，他在追讨叛离者的过程中；在夺回被蔑儿乞人掠去的夫人的征战中，他从不曾想过去掠夺他人的一寸土地。他将巩固祖先们传承下来的权力，保卫自己的疆域，以和平发展的政权思想来教育属民，把东方和西方的通商贸易视为自己全部事业的目标和原则。为了实现这一目标和原则，他竭尽全力，奋斗终生。"①

成吉思汗思想的另一个突出特征是他的思想具有深邃的哲理性。任何一种思想，它必须有彻底性，才能真正赢得广大群众，才能有力地动员和组织他们。其思想彻底性的形成与否，取决于他对"众人之道，宇宙之理"的正确认识和坚决实施。什么是哲学，用蒙古族谚语来表达的话，就是"众人之道，宇宙之

---

①巴拉吉尼玛等：《千年风云第一人：世界名人眼中的成吉思汗》，民族出版社 2003 年版，第 190 ～ 192 页。

理"。如果说,人的社会性包含在"众人之道"中,并以众人之道来体现的话,那么,自然界的规律和本质就包含在"宇宙之理"中了。所以说,蒙古族这一句格言十分中肯、十分确切和十分生动地表达了蒙古族传统哲学思想的真谛。不论任何一个国家民族、在任何一个时代,哲学总是通过最平常的概念和通俗易懂的形式促使人们认识和掌握世界的本质和事物的规律的。所以,对"众人之道,宇宙之理"这句话无须过多的解释,人们就会很容易地理解和接受它。

成吉思汗思想的哲理性主要是从以下三个方面表现的:其一,准确反映了蒙古文化的特点,用最精辟的概念来表述"众人之道,宇宙之理"的内涵。其最具典型性的概念就是约孙、"额耶"(也可额耶)和气力。譬如,约孙的概念就是古代蒙古文化中最为普遍使用的哲理概念,而成吉思汗则通过"众人可畏,深水可殆""思大政""谋大理""轻视约孙和札撒则国家乱",以及"天之恩赐、天之劝诫、天之气力、借长生天的气力"等概念和说法,将传统道理升华到众人约孙、图鲁约孙、天之约孙等哲学概念上来,进而成为能够体现成吉思汗世界观的概念。"也可额耶""气力"等概念也是如此。这已在相关章节中详细论述过了,这里不再赘述。其二,成吉思汗哲学思想的基本观念通过一些重要概念表现的同时,又通过"车之双轮""车之双辕"的比喻,有关居家管理、军旅指挥、国家政权的管辖的比喻,多头蛇和一头蛇的故事等,都形象地说明了事物的辩证关系,深刻揭示了世间万物的道理。特别需要提及的是,成吉思汗的"必力克"箴言留传下来的虽然不多,但是以蒙古谚语、格言形式留存的教诲却广泛传承着,并且为他的后人们执政、创业,一直发挥着无比深刻的影响。总而言之,成吉思汗思想的哲理性,是通过他的"必力克"箴言的形式传承给了其后代。其三,从实际出发,坚持理论和实践相结合,提出了"莫鲁约孙"(行为约孙)的理念,又激励人们:

> 不要畏怕路途遥远,
> 坚持走路就能抵达;
> 不要畏惧担子沉重,
> 只要坚持扛就能举起。

综上所述,成吉思汗哲学思想是通过他的一系列实践活动,即他所建立的丰功伟绩传承下来的。在成吉思汗哲学思想中"坚持实事求是、坚持发展变化、坚持实践,提倡主观能动性"的"三个坚持"与"一个提倡"的观念占有主导地位,并且发挥了重要作用。其主观能动性的特点是超越自己,崇尚人类精神。著名蒙古学家符拉吉米尔佐夫说:"精神的力量,克制自己的决心,抑制邪念,保持稳定的心情的能力,正如我们在其他场合所强调的那样,这是他性格的一个重要特点。"①这是在敏锐地观察、深刻地思考蒙古历史文化的基础上给予成吉思汗的准确的评价。

四、成吉思汗思维方式的主要特征

古代蒙古人是以形象思维和抽象思维的统一来体现自己思维特征的。在哲学思想史研究和思维研究中,人们都将抽象思维看作是比形象思维更加深刻和更高一级的思维形式,十分强调二者的不同之处的现象很普遍。这虽然是突出了自己的特点和自己优越的一面,但如果因此而忽略和否定了抽象思维和形象思维统一的地位、作用和影响,那将不符合历史事实和思维发展的客观规律,尤其对评判古代蒙古人的思维特点则更为不利。事实上,在人类历史早期,人们的抽象思维和形象思维的界限并不是很明显,而且是有机统一的,他们主要是从一个整体上来认识事物的。在游牧经济和草原文化的条件下,特别是书面文化尚未形成或完善的民族更是以抽象思维和形象思维的统一来进行思维和表达思维的,这是显而易见的现象。蒙古人所喜闻乐见的"男子三技",实际上是一种既形象又生动的竞争教育。我将其归纳为"力量、速度和准确度"三个理念的教育。这是形象思维和抽象思维的完美而又天才的结合。它如同奶食和肉食一样,滋养着蒙古人的精神、思维方式。蒙古人对此有亲身体验和深刻感悟。蒙古民间文学,如那些英雄史诗、民歌、谚语和格言中这种思维非常深刻,十分普遍,用形象思维和抽象思维统一来突出而强烈地体现出自己的历史作用和战斗性。蒙古格言中有"千事一个结,万事一道关"这样的话。意思是说不管事物多么纷乱复杂,其关键和要害只有一个,只要抓住了它,一切总都会迎刃而

①[俄]符拉吉米尔佐夫:《成吉思汗传》(蒙古文版),宝音德力格尔译,内蒙古人民出版社1981年版,第81~83页。

解。诸如,"舌头是扁的,事情是圆的""成事要圆""宰牲要断其脉,除恶要除其根"等格言和谚语,显示出对事物的形状到本质的深刻认识。我在《圆圈观念》和《胸怀策略》等论文中对圆圈思维和胸怀策略的概念做过详细地阐述,在这里提纲挈领加以概括:近年来,人们在强调整体思维的特点和优越之处。形象思维和抽象思维的结合对坚持整体思维的原则十分有利。古代蒙古人对它有深刻的认识并付诸生活的方方面面,这是令人惊奇的现象。例如,他们在宰杀牛羊时用的是掏胸(断主动脉)和刺项椎(牛耳后根)方式,而宰杀鹌鹑、雉鸡和鸡类时采用断脊椎方式,宰杀猫类和獾类动物则采用鼻杀方式。这就是蒙古人抓住问题的关键或要害的传统思维方式的具体体现。也就是说,要害思维是以整体思维为前提的,而整体思维和圆圈思维是以要害思维为关键的。圆圈思维是整体思维的形象化表达而已。如果把立体思维也要用圆圈思维来表述,那应该是更为形象生动、更为准确的了。随着现代科学和工业的发展,在思维研究中出现了热衷于抽象思维研究的潮流,并且盛行多时。但是,近年来随着人与自然的关系日趋紧张,加之东西方的文化交流日益频繁,人们开始更加注重整体思维或者立体思维的研究。所以,形象思维也重新受到青睐,形象思维和抽象思维相结合,以提高思维质量的要求更加迫切了。这是今天结合蒙古人的思维特点,重新强调古代蒙古人形象思维和抽象思维结合的传统,具有时代意义,也是一种否定之否定也。

成吉思汗是古代蒙古形象思维和抽象思维相结合的创造性继承和发展者的杰出代表。在成吉思汗研究中应该在重视研究他的丰功伟绩的同时,还很有必要重视研究他形象思维和抽象思维相结合的思维特点。

在《蒙古秘史》中记载的"纳忽昆山崖之战",就是成吉思汗思维特点的最集中、最深刻和最生动的写照,从而一直受到哲学家们的重视。"纳忽昆山崖之战",不但是在成吉思汗成就伟业中发挥过关键性作用的一次战役,也是成吉思汗在政治上、军事上和思想上全面成熟并提高到新阶段的重要象征。成吉思汗是在从形象思维和抽象思维相结合的高度来思考问题的同时,又从这个高度把思维深刻而又生动地灌输给人们,给人以深刻印象,从而能够带动他们的天才。成吉思汗在"纳忽昆山崖之战"前的战斗动员中说:"进如山桃皮丛,摆如海子样阵,攻如凿穿而战乎!"①学者们把这句话归纳为"战争三条原则"。实际上这是他用许多抽象考虑和形象考虑做前提,抽象和形象相结合的典型事例之一。其"摆如海子样阵",是指在战场上摆环形包围阵式的意思,其"攻如凿穿",是指捣毁敌人的要害之处或指挥中心。因此,学者们将"摆如海子样阵"解释为将敌人像汪洋大海一样地包围起来,将"攻如凿穿"解释为集中尖端之力去突破敌人之阵地,直至斩首……②这是有根有据的准确解释。这是成吉思汗圆圈思维和要害思维的具体体现和具体成果。如果说圆圈思维是强调和加强了整体思维,明确了它的前提的话,那么要害思维是在圆圈思维的基础上突出了事物的关键、核心和要害。"重点、核心、要害、心脏"等等,虽然说法不尽相同,但均指事物内在的中心、主导等关键部位和作用。如果"摆如海子样阵"是指战场的整体安排布阵的话,那么,"攻如凿穿"就是直指敌人的心脏命门。所以,如果不会从整体的角度进行圆圈思维,就不可能紧紧抓住整体的关键和命脉,也不能把握其规律。如果不能把握事物的要害核心,任何一件事情和追求的实现都将是一句空话。成吉思汗无论是在军事斗争、政治治理,还是在人才使用和社会管理等诸多问题的认识和处理中把全局与局部,中心与一般之间的关系解决得得心应手。这也是他成为第二个千年的千年第一人的主要原因所在。

附:

"成事要圆",很难断定这句俗语到底从何时开始使用的,但是,成吉思汗鼎盛时期独贵、圆满、圆圈、圆形就很时兴,这一点可以从"纳忽昆山崖之战"前成吉思汗的战前准备中可见一斑。众所周知,纳忽昆山崖之战,是成吉思汗创立大蒙古国,实现蒙古族统一的决定性战役。此时,成吉思汗的世界观、生存观和价值观全面形成,他作为伟大的政治家、杰出的指挥员,正在全面成就伟业。据《蒙古秘史》193节所记载,"纳忽昆山崖之战"战前动员是在"鼠儿年(甲子,1204年)夏首(四月)十六红望日",而有的史书上写的是四月十五日月圆之日。关键是月圆的"圆"。每月的十五、十六月圆。圆则圆满之象征也。因此,选择

①巴雅尔:《蒙古秘史》(蒙古文版),内蒙古人民出版社1991年版,第821~822页。汉译参阅道润梯步:《新译简注(蒙古秘史)》,人民出版社1991年版,第198页。
②道润梯步:《新译简注(蒙古秘史)》,内蒙古人民出版社1991年版,第193页。

这一天祭旗发誓,以期信心十足,事业圆满。正如上面相关章节所述,成吉思汗苏力德中就有"独贵"和圆满的含义。显然,圆圈思维或圆形观,是蒙古文化的重要传统之一。研究成吉思汗思维特点时,蒙古人圆圈思维必然成为其重要内容。为了给学者们今后的研究探索提供参考,现将刊登在《内蒙古社会科学》杂志1987年第三期上的《圆圈思想》一文原文转载如下:

一年前,L·胡尔查巴特尔我们俩在一起研究讨论蒙古族文化和哲学历史的有关问题时,商定合写一篇《圆圈思想》的论文。但是,这一年多的时间里由于我的工作繁忙,对这篇论文的写作没有帮上什么忙。今天为L·胡尔查巴特尔同志付出巨大劳动写出的《关于古代蒙古独贵观初探》写篇简短的前言,权当我们俩人的合作,意在提出"圆圈思维"这个概念,想听听各位专家和同仁们的高见。

1. "圆圈思维",并不是L·胡尔查巴特尔我们俩的发明。"圆圈思维",是在蒙古族文化史上长期运用的深邃而明显、实际又抽象、民间又民族的,为蒙古族哲学发展发挥了多方面作用的光辉的思想,也是不以人们主观愿望而转移的客观存在的蒙古族思维形式的光辉成果。它和蒙古族其他思想一样经过了萌发、形成、发展的过程,并以一定的形式体现出来。对这一点必须要充分注意到。总之,无论"圆圈思维"的表现形式如何,或者不管一些人有没有意识到它的存在,但它的战斗作用和客观实质,是谁也抹杀不了的。

2. 蒙古人居住的蒙古包是圆圈形的,蒙古人按圆圈形安营扎寨,打猎打围时是圆圈的,行军打仗往往采用圆圈阵形,甚至近代革命斗争史上非常有名的"独贵龙"运动的组织形式,就是依据"圆圈"而来的。所有这些现象,充分说明其普遍性。L·胡尔查巴特尔同志在这篇论文中,从蒙古人生活、生产劳动、行军打仗、信仰及风俗等各个方面对"圆圈思想"的普遍性进行了初步探讨。概述如下:蒙古人认为世间的一切事物,即从微观到宏观皆处于圆圈规律,所以,思考、处理问题时坚持"舌头是扁的,事情是圆的"这个原则。认为一切事物都是圆圈形的,按照这个规律解决问题,如同舌头是扁的一样,是不变的真理。蒙古族有句谚语,叫:"只要认准了理儿,赶着牛车也能撵上兔子。"这是蒙古人常用的并且具有广泛影响的一句谚语,同汉语成语"实事求是"意思相近。为什么慢悠悠的牛车能撵上跑得很快的兔子呢? 其奥妙在车轮里。只要像圆圆的车轮一样锲而不舍地向前滚动着,目标一定能达到,真理就一定能实现。这个真理便是"圆圈"的体现。用浅显易懂的谚语、俗语表达深奥的思想,作为社会教育的内容把它普及化,这是蒙古文化的又一个特点。"圆圈思想"的内容和形式如此广泛运用,是由它的普遍性和进步性所决定的。

3. "圆圈思想"被广泛运用,对认识发展发挥过,而且仍在发挥着巨大作用的另一个原因,是由它的战斗性、凝聚性、开放性和整体性所决定的。

围而攻之疏而不漏,圆而扎之牢不可破。这是圆圈结构的基本功能,也是它战斗性的集中体现。它在自然界里,在人类社会及思维领域中,无论是以封闭型圆圈、弓形圆圈、口袋型圆圈,还是以围栏型圆圈、锥型圆圈,不管以哪种形式出现,目的就一个:保护自己,战胜敌人,达到自己的目的。这是蒙古人在努力适应严酷的自然环境和错综复杂的社会生活的过程中总结出来的科学认知。这个基本规律,是和一些专家所说的动物的躯体由多层圆形结构组合而成,所以才能适应自然界的多种变化的观点是相吻合的。

圆圈的战斗性还在于它内部的凝聚性。蒙古人确信"虽有二十个人,若不团结,好比残垣断壁;即使两个人,若齐心协力则固若金汤""云聚下雨,人聚增力"。凝聚性,就是建立在一定利益上的圆圈结构内部的协调和团结。所以,蒙古人认为"最高的本事是团结"。

圆圈结构是灵活多样的,如弓形、如扇形等多种多样,如果误认为封闭型圆圈,那么,就认识不到其开放性。在蒙古文化历史上,一直注意向其他民族,如汉族、藏族、俄罗斯、突厥等民族学习,吸收其文化的优秀东西,不断丰富自己。这个历史是蒙古文化开放性的重要见证。我们的民族如此积极又善于吸收其他民族文化的优秀部分,我们称其为开放性。

圆圈思想的整体性,是指它的圆圈构造和其功能,即任何一个圆圈构造总体上是由一个中心、十个面、上下共由十三个因素所组成的,是保护和攻击功能兼容的一个整体。这十三个因素的具体名称虽然在不同历史时期,在不同地区不尽相同,但是其共性是明确的。具体说来,首先圆形构造均有十三个因素。虽然它是粗线条的或经验型的,但它不是平面的而是立体的,不是停滞的而是主动的,所以,非常有利于人们的立体思维。换句话说,圆圈思想在本质上是立体思维的。其次,十三个因素的内部关系中,在特殊情况下虽然强调中心因素与其他因素间的关系,但总的来说最注重由整体因素网状关系所形成的整体功能。

这与在蒙古高原严酷的自然环境和错综复杂的社会生活中,只有依靠共同的努力才能保障自己的生存的共同的文化意识有直接的关系。

总之,圆圈构造是最具生命力的构造。它的总的趋势和作用在蒙古历史文化中必然会越来越明显。但是,这个问题需要以后更加认真研究,多方论证。

4.圆圈思想是客观世界的圆圈结构,即宇宙中的星球和微观世界中的颗粒构造的反映。纵观客观世界的发展过程,一切事物的发展都有其周期,一个周期接着一个周期,每个周期的结尾便是下一个周期的开端,如此周而复始,给人以一环扣一环的环形或圆圈形态的感觉。

5.一切事物都有其两个方面。同样,圆形思想也有开放性和封闭性两个方面。如果忽略它的主动性和开放性,片面认为圆圈是封闭的或停滞的,那将是错误的。这个问题,在以后的研究中是值得注意的。

第三节　成吉思汗的信仰观

一、关于信仰问题的解读

人是要有一种精神的,同样,人还要有信仰。信仰是巩固和发扬人的精神的源泉和动力。这是人类与其他任何动物之间的最重要的区别之一。但是几千年来,一提到信仰,人们往往把它与宗教信仰混为一谈。这说明人类的信仰是一个十分复杂的问题,它是以多种形式来表现的。因而对人类的多种多样的不同信仰做科学的分类归纳,是人类文化研究的迫切课题。这就是马克思所说的"要把信仰从宗教的邪魔中解放出来"①的道理。如果我们不把信仰和宗教的区别分辨清楚,那么,我们就不会正确认识和掌握古代蒙古文化和成吉思汗思想。根据古代蒙古文献和民间英雄史诗来考证,古代蒙古文化中蒙古人的信仰观与宗教观有着明显的区别,其形成、发展和演变有着自己独特的轨迹。首

---

①《马克思恩格斯选集》(3),人民出版社 1972 年版,第 24 页。

先,当时人们的英雄行为都是倡导依靠自身的力量的。实质上,这是人类对自身本质的信仰。从具体实现的角度来观察人类的本质,就是人的能力和智慧的统一。如果说汉族的孔子、老子的学说是以古代农耕经济为基础,主要是研究和倡导人的智慧,并以概念的形式表述的信仰学说的话,那么,蒙古古代文化中所反映的蒙古人的信仰则是结合草原经济——游牧经济,集中表现在通过民间文学反映英雄本质的关于人的力量的学说。因此,在古代对人的本质的信仰大体可以分为以人的力量为主的信仰和以智慧为主的信仰两个类型。当然,这是从人的本质的直接表现的角度来谈论信仰观的。如果从人的本质的变异来谈论的话,就正如费尔巴哈所说"不是上帝创造了人,而是人创造了上帝,宗教是人类本质的异化。"①这实际上是区分信仰与宗教信仰的最精辟的论述。如果一个人不是沉湎于宗教信仰,而是以人的本质的力量、智慧的力量的结合来树立自己的信仰的话,那他将能以无限的力量去实现自己的目标。这就是随着社会科学的发展,古代信仰观向科学信仰学说升华的必然规律。

二、古代蒙古人的信仰观

在《蒙古秘史》第 1～54 节中,以年代顺序详细记载了从孛儿帖赤那——豁埃马阑勒到成吉思汗之父也速该巴特尔的二十二代祖先的历史。这是多么精彩、多么严谨的开篇呀! 真可谓反映了蒙古文化的博大精深,是沉积了蒙古人的灵魂的记载。所以,我们认为:《蒙古秘史》第 1～54 节记载,是古代蒙古族信仰的最集中、最生动、最珍贵的文献资料。国内外学者们都十分感叹蒙古人如此尊崇自己祖先的传统。著名蒙古学者符拉吉米尔佐夫特别提醒人们注意拉施特《史集》中的一段相关记载:蒙古人"像如数家珍般地珍视自己族源宗系的阿拉伯人一样","牢记自己的族源和出身","孩子们一旦懂事起,其父母必定向他们讲述自己祖先和家族的过去"。② 这是从风俗、道德角度敏锐观察和细心研究蒙古人珍视并牢记自己族源的习惯的具有代表性的观点或著作。

针对清朝的统治政策,蒙古学者们十分重视蒙古文化中崇尚先祖传统的研

---

①[德]费尔巴哈:《费尔巴哈哲学著作选集》(下册),商务印书馆 1984 年版,第 28 页。
②[俄]符拉吉米尔佐夫:《蒙古社会制度史》,宝音德力格尔译,内蒙古人民出版社 1980 年版,第104～105 页。

究,将其视为具有战斗性的觉悟加以倡导。在这方面,以近代大思想家尹湛纳希、罗布桑却丹为代表的蒙古族进步学者们做出了许多有益的工作。尹湛纳希把不忘蒙古族源上升到政治的高度,联系到人的本质。他在《青史演义》初序中写道:"不知自己祖先族源,为人而不知其根本者,乃禽兽也;不知台吉和先辈者,乃畜牲也;有眼而不阅历史者,乃鼹鼠也;有识而不思族源者,乃蠢猪也!"①蒙古族最恶毒的骂人话就是比作畜牲。如"自知之明者谓人,认知草场者谓畜",就是说人要有自知之明,牲畜要有认识草场的本领。所以,尹湛纳希把牢记自己祖先,看成是人和畜牲的根本区别。难道这不能令人叫绝吗?!大思想家罗布桑却丹从人的根本信仰的角度细心而又敏锐地观察蒙古人崇尚祖先的传统,他把这种传统与佛教信仰相提并论,这更是绝妙之至!他在《蒙古风俗鉴》一书中说:"上古时,人们崇拜着白奶奶和灰爷爷,拜他们为双神。"②这乃是从历史和逻辑的统一上搜集提供的非常重要的记载。可惜的是,这类记载目前尚能找到的真是凤毛麟角啊!不过,罗布桑却丹的记载同诸多历史故事传说以及《蒙古秘史》等文献的记载在逻辑上有着密切的内在联系,这一点是值得注意的。细查罗布桑却丹的记述,他对这种认识更加具体化,说"蒙古人崇尚严格的家教"③,"蒙古传统人名称'巴特尔'者颇多。早先,家家户户在家教中都以'巴特尔'为主,进行英雄观好汉观教育,用其事迹教育孩子,这是父母每日每时都要做的事"④。他更是从蒙古族传统文化的特点着手,说"家教乃国之根本"⑤,"扬英雄之名固部落之根"⑥云云。由此可见,蒙古族的信仰祖先的传统是关乎当时的国家民族的兴衰存亡的重大问题,是以英雄崇拜为主,以家教形式延续下来的。实际上,这些思想家的论述,就是对古代蒙古人从孛儿帖赤那、豁埃马阑勒直到也速该巴特尔的二十几代都牢记在心的原因的深刻解读。

正如人们在孩提时代智力处于萌芽阶段,在天真无邪地看待事物时,把父母兄长视为唯一的信奉对象,怀有无限的崇拜心理一样,古代蒙古人在萌生宗

①尹湛纳希:《青史演义》(蒙古文版)(1),内蒙古人民出版社1997年版,第28页。
②罗布桑却丹:《蒙古风俗鉴》,哈·丹碧扎拉桑校注,内蒙古人民出版社1981年版,第123~124页。
③罗布桑却丹:《蒙古风俗鉴》,哈·丹碧扎拉桑校注,内蒙古人民出版社1981年版,第353页。
④罗布桑却丹:《蒙古风俗鉴》,哈·丹碧扎拉桑校注,内蒙古人民出版社1981年版,第103页。
⑤罗布桑却丹:《蒙古风俗鉴》,哈·丹碧扎拉桑校注,内蒙古人民出版社1981年版,第355页。
⑥罗布桑却丹:《蒙古风俗鉴》,哈·丹碧扎拉桑校注,内蒙古人民出版社1981年版,第352页。

教信仰心理之前,其信仰祖先的思想就是他们唯一的思想支柱,它是在生活过程中产生的信仰的原形。这种信仰观作为古代蒙古文化研究的重要对象,则与图腾崇拜有着某些相似之处。但必须指出的是从本质和基本内容来看,与图腾崇拜还有一些区别。可幸的是,在拉施特《史集》的记载中说"蒙古语'奇颜'乃是'山崖上跌落而下的激流'之意,故奇颜氏族刚毅、勇敢、大无畏,并以此为自己的名称",这是表明古代蒙古人祖先信仰观的最好证据。这里是从社会思想的视觉,以奇颜命名为课题,清楚地交代了研究古代蒙古人的思想的起源、发展和原则。《多桑蒙古史》中也沿着这条主线,说"合不勒汗有六子,他们都以英雄果敢闻名,其被称为乞牙(奇颜)惕"。特别是他指出:是合不勒汗"恢复了奇颜这个名称"。如果忽略了这些记载,那么,就很难理解《蒙古秘史》中记述的"乞牙惕百姓之苏力德""也速该奇颜"等说法的历史情况和具体内容了。归根结底,奇颜名称的最高境界就是把自己的"刚毅、勇敢、大无畏"视为信仰对象,而奇颜(激流)仅仅是它的象征物而已。这和图腾崇拜或自然崇拜的总是以某种强物作为崇拜对象是有原则区别的。

古代蒙古族信仰观,是古代草原文化的产物,而且是其重要组成部分,也是根据蒙古族统一体形成的历史需要相伴而生的进步思想。在当时,蒙古社会虽然有伊斯兰教、基督教、佛教、景教等宗教与蒙古萨满教共存,但是显而易见,它们不能承担起蒙古人信仰观形成发展的历史任务。这就从另一方面证明了古代蒙古人是在奇颜精神主导下,以信奉自己的祖先、信奉自己的力量和倡导团结和睦思想为自己信仰的基础的。"寻旧言、引古语"[1],蒙古族自古以来就有的思想观念不仅影响着他们的社会、政治、经济,而且深刻影响着他们的日常生活。

三、成吉思汗的信仰观——古代蒙古人信仰观的继承和发展

没有任何信仰的人是根本不可能动员广大群众去彻底改造和促进社会发展的。成吉思汗彻底改变古代蒙古社会,绝不是没有信仰遵循的随心所欲的行

---

[1]内蒙古社会科学院:《蒙古族哲学与社会思想史资料选编》,内蒙古教育出版社 1988 年版,第 645 页。

为,也不是仅仅依照某一宗教信仰的力量或者某一先辈思想家现成的设计来完成的。那么,成吉思汗究竟是依靠什么原则、什么思想、什么传统来成就伟业的呢? 应该说,他继承和发展了蒙古族古代优秀文化传统,特别是在继承和发展了奇颜部自力更生的精神的同时,依靠一切可以依靠的力量,利用一切可以利用的力量,从根本上改变了当时蒙古社会那种旧秩序:

> 星空旋转,
>
> 诸国相攻,
>
> 厮杀掳掠不休,
>
> 使人无暇入睡!
>
> 大地翻滚,
>
> 列国互攻,
>
> 相斗杀戮不停,
>
> 使人无暇入寝!

认识到建立具有新体制、新秩序的蒙古社会,是全体蒙古人的意愿,是客观要求,也是历史的必然。他在这种信仰的内在动力下进行了不懈努力。也就是说,成吉思汗把蒙古社会推向一个崭新阶段,其基本动力之一就在于他树立起了信仰人的力量的思想观念。这样,成吉思汗在信仰史上建立起极具特色的信仰观的新理念,为蒙古文化乃至人类文化宝库做出了不可磨灭的贡献。

人类的本质是一种伟大的力量。为了真正认识自己的力量,人类自古以来就一直在不懈努力着,并且这种认识活动现在和将来也将要无限期地进行。人类在认识自己的力量和发挥自己力量的长期努力中出现了诸多思想家和学者,也积累了很多有关人类认识自己力量方面的学识。但是,旧的问题解决了,新问题又会层出不穷。成吉思汗是在草原环境里,在蒙古游牧经济基础上形成的蒙古文化——草原文化的哺育下成长起来的伟大思想家。他充分发挥自己的聪明才智,通过社会实践,十分敏锐和准确地感知并信仰人类的本质,从"众人之道,宇宙之理"角度提出了"人多可畏,深水可涉"等这样一些令人惊叹的论断。总之,成吉思汗是从"约孙"(道理、理论)和实践统一上信仰人本质力量观念的奠基者。令人遗憾的是,出于历史上的种种原因,后来的人们,特别是我们蒙古族人虽然也以"成吉思汗后代"而引以为豪,但是,系统化地学习、探索、研究他的思想方面的努力却很不够。

那么,为什么说成吉思汗是对人本质力量的信仰者呢? 为什么说成吉思汗是人类信仰人本质力量观念的奠基者呢?

成吉思汗信仰人本质力量观念,是奇颜文化发展的必然成果。奇颜部落的历史,首先是靠自力更生发展壮大的历史。特别是在《阿兰豁阿夫人的传说》中所体现的"额耶坦"(和睦者),就是关于力量的生活理念,而合不勒汗"恢复奇颜"伟大决策,则是奇颜人的思想觉悟升华为自觉地依靠自己力量的水平的有力证明。尤其是到成吉思汗少年时期,奇颜部人不仅有了象征自身威力的"徽旗",同时也产生了"奇颜百姓的苏力德"这样抽象的概念或理念。这在《蒙古秘史》中德薛禅的著名谈话里得到了充分的印证。

成吉思汗信仰人的自身力量的观念,是他从年幼时期就饱受了种种磨难、欺凌和压迫,但是他并没有因此而气馁、沮丧,以坚强的毅力克服各种困难,特别是经受战争和政治斗争的严峻考验的结果。成吉思汗对人的自身力量的信仰,是他用伟大实践来书写的黄金册子。他从小就是在诃额伦母亲举起的旗帜和家庭教育的培养下成长起来的信心满怀、敢于斗争、锐不可当的俊杰。他少年时代就勇敢地从盗贼手中夺回自己的八匹骏马,便是一个鲜明的例证。这是他为了母亲和弟兄们敢于舍身奋斗,浩然正气的实际表现。后来他结拜同盟者,与王汗、札木合等人结盟,初次尝到了报仇雪恨的胜利之果。这是成吉思汗信仰"那和儿同盟"的力量信仰的胜利。特别是在 1206 年创立大蒙古国,形成了蒙古族的统一体,将蒙古族立足于世界先进民族之林,这真是依靠信仰众人力量的结果。成吉思汗说"孛斡儿出、木华黎你们对我的正确的事全力实施之,对我错误的事则力谏之,使我登此汗位",在如此客观、公正地评价自己属下将领的功绩的同时,还盛赞道:

> 在那黑云密布的夜晚,
> 守着我风中的毡房,
> 是我安心入眠的宿卫们,

扶我登上大位的功臣们！

在那繁星闪烁的长夜，

卧于我寝帐的周围，

未使我梦中惊醒的宿卫们，

扶我登上了今天的高位！

在那漂泊倾盆的大雨中，

在那瑟瑟刺骨的寒风中，

是我吉祥心诚的宿卫们，

守着我圣洁的毡房，

护着我生命的温床，

扶我登上了可汗的宝座！

在那乱箭飞舞的日子里，

在那仇敌猖獗的危情中，

是我神勇机警的宿卫们，

昼夜守护着我居住的毡房，

奋力保卫我热血的生命，

未曾动过一次，

桦皮箭筒的响动！

未曾错过一次，

柳木箭筒的响动！

故将随我多年的宿卫们，

称为吉祥的老卫士们！①

　　这首诗词中，从士兵到侍卫盛赞他们的功劳，表明只有依靠了将领和全体兵民的齐心协力，才建立了今天大蒙古国，我才登上了可汗的高位。这是成吉思汗的肺腑之言，也是他依靠众人的力量信念的真实写照。

————————

　　①满昌：《新译注释〈蒙古秘史〉》，内蒙古人民出版社 1985 年版，第 252 页。译文引自特·官布扎布、阿斯钢：《蒙古秘史》（现代汉语版），新华出版社 2006 年版，第 214 页。

四、成吉思汗信仰观的基本特点

1. 成吉思汗的信仰观当属自然的或经验性信仰的范畴。不过,这只是从他的信仰观的主体和本质概括而论的。如果从全方位展开来说,他的信仰观应该是以自然和经验性信仰为主,天的信仰和萨满教信仰,以及包括科学信仰在内的复杂体系。例如,"众人可畏,深水可殆",是有科学性的;"天之劝""天之气力""借长生天的气力",是宗教性的。不去观察成吉思汗信仰观的历史实际情况和背景,将其完全归类于某种宗教信仰是不对的。为什么呢?其一,他的人本质力量的信仰是居于主导地位,并发挥主要或核心作用;其二,如果成吉思汗真的是萨满教徒,天之信仰在他信仰中居于主导地位,那他绝不会把被称之为"天的使者"——在蒙古上层中不可一世的阔阔出"帖卜·腾格里"处死的。如果成吉思汗真的是一个纯粹的萨满教徒,那他即使是制定了宗教平等相存的政策,也不会贯彻实施的。如果成吉思汗是一个纯粹的萨满教徒的话,就应该推崇萨满教义,使其系统化,成为治理国家和社会的武器,而大可不必创立实施"札撒""必力克"吧!作为伟大政治家的成吉思汗,必然会尊敬和爱护千千万万个天的信徒,并团结带领他们参加到自己的宏图大业中来。因此,他也经常用"天之恩赐""借长生天的气力"等表达自己对天的崇拜之情。敖其尔先生说:"蒙古族近代杰出的作家、诗人、史学家和思想家尹湛纳希在《青史演义》一书中将成吉思汗誉为'天之骄子''天主''腾格里克族'等,据我愚见,他所说的是'像天一样高贵者的子嗣,如苍天一样神圣的意思,而不是说他就是天的儿子。"①这是完全正确的。成吉思汗对速不台说过:

> "虽在不见处,
> 却如在眼前一样思念着我们;
> 虽在遥远处,
> 却如在身旁一样挂念着我们。
> 天之恩惠时刻在焉。"②

---

① 《内蒙古日报》2006 年 9 月 22 日版。
② 满昌:《新译注释〈蒙古秘史〉》,内蒙古人民出版社 1985 年版,第 240 页。

　　这不是成吉思汗将自己的伟业视为苍天一样尊贵的意思吗？按着成吉思汗这样的认识，可以把人本质力量表述为天的气力。学者们都一致认为尹湛纳希是个无神论者，更主要的是，尹湛纳希作为当时蒙古族中头等文化大师，是深谙蒙古文化和成吉思汗思想的人。"天之骄子"这个概念，本是汉族文化中固有的概念。在汉文化中皇帝就是"天子"。附带说明的是，古代蒙古人显然也受与此相似的观念的影响，或者是直接受汉文化的影响，在蒙古部分地区"天之骄子"之类的说法可能比较盛行。

　　2. 具有明显的政治性，是成吉思汗信仰观的另一个突出特点。贵由汗的玺文为"借长生天之气力，大蒙古国可汗圣旨所到之处之臣民敬之畏之"。一些学者认为，这应该是成吉思汗玺文才对。以我拙见，该玺文所表达的思想内容，无论从哪个方面看完全是成吉思汗所坚持实施的思想。成吉思汗的"札撒""必力克"肯定是他以治理国家和社会为目标的"以法律治理，以额耶治理"的具体体现。在《黄金史》中还有这样的记载：

> 行至古稀之年，
> 要如犊牛般飞奔；
> 对待奋斗的事业，
> 要如鸟儿觅食般勤奋；
> 在欢乐的游戏中，
> 要如马驹般兴奋；
> 在激烈的战斗中，
> 要如鹰隼般冲向敌阵。①

　　在这个诗词中，表达了与"敬之""畏之"一脉相承的，语义相近的意思。成吉思汗在赞扬自己的战将孛斡儿出时说：

---

① 罗布桑丹津：《黄金史》（蒙古文版），乔吉校注，内蒙古人民出版社 1999 年版，第 418 页。

"与友邻来往时，

如一头温驯的牛犊；

与仇敌厮杀时，

如狂暴的狮虎；

为了震慑可恶的敌人，

不惜生命，出生入死。

我功勋卓著的孛斡儿出。"①

特别需要注意的是，成吉思汗在谈论信仰时往往联系到图鲁约孙（政权约孙）的问题，更有其深远意义。例如：

"安抚百姓之理，

如母牛哺乳，

征服敌人之理，

如鹰隼捕鼠。"②

"图鲁约孙正，

万民才信服。"

"在千万人之中，

知约孙者为上也。"③

根据上述例子，可以说成吉思汗的信仰观不是空洞的说教，而是具有鲜明的时代特征。具体说，成吉思汗当时在蒙古高原建立具有政治性的政权实体，终结了部落之间的无休止的仇杀，创立了蒙古族共同体，其目的是为了摆脱契丹等异族多年的压迫和欺凌。这其中关于国家政权的信仰观是决定性的因素。这种信仰观在大蒙古国建立以后，在巩固和发展它的过程中仍然发挥着同样重

---

①赛熙亚乐：《成吉思汗传》（上），内蒙古人民出版社1987年版，第442页。

②［蒙古］格·阿凯姆：《成吉思智慧赏赐》，远方出版社2005年版，第22页。

③罗布桑丹津：《黄金史》（蒙古文版），乔吉校注，内蒙古人民出版社1999年版，第403页。

要的作用。如果说,恩格斯用《家庭、私有制和国家的起源》的逻辑指明了政权的阶级性和发展变化的话,成吉思汗则用"家庭、部落、国家"的逻辑在蒙古社会把建立国家的历史必然性与人们的信仰观结合起来予以重视是耐人寻味的。成吉思汗的政权观念虽然是为了巩固其统治阶级的统治,但是他在思想上则把利用人的信仰与历史发展趋向完全相结合起来的做法毕竟是进步的。

3. 成吉思汗的信仰观是属于信仰学说的初级阶段的产物。成吉思汗是坚守自己信仰的伟人。他从幼年时期起就在奇颜苏力德的阳光哺育下成长,后来以其艰苦卓绝的斗争终于树立起九斿白旗苏力德,建立起军民统一体的大蒙古国,在蒙古高原营造安定社会的同时,创立了以奇颜部落为核心的蒙古族统一体。那么,在思想意识方面,成吉思汗是依靠什么来成就其伟业的呢? 当然是成吉思汗所创立的一整套的思想体系。这其中他的信仰观占有举足轻重的地位和具有决定性作用。这正是:

> 身强者能胜独夫,
> 智强者能胜众敌。

4. 文化是人和人类社会的产物。可是,不论哪一个时代的人和社会,都是在当时文化的指导下前进的。信仰观,是文化的生命线。如果说儒家学说和道家学说是以中原农耕文化为灵魂的话,那么,成吉思汗的信仰观就是以蒙古草原文化为灵魂的。因此,我们说成吉思汗是具有蒙古族特色的信仰学说的奠基人。毫无疑问,成吉思汗的信仰观是贯穿于成吉思汗所领导的伟大的实践活动中,并且通过这种历史实践所检验的一系列观念——诸如"约孙""额耶""也可额耶""故土""奇颜精神"等等具体而又抽象、生动而又稳定的概念系统组成的初级阶段的信仰学说。因此,如果将它与那些发达的宗教信仰学说,乃至马克思主义的科学信仰学说相比较的话,还是属于粗线条的,由于诸多历史原因,尚未得到令人满意的发展和提升。我们今天在党的以人为本的科学发展观的指导下,用科学的信仰观来审视成吉思汗的信仰观,取其精华,弃其糟粕,弘扬其信仰人的本质的传统,那么,将对我们民族的全面发展进步,实现现代化会有重大的理论意义和实践意义。也就是说,人类必须对自己的认识能力和实践能力

充满信心。这是对人类本质信仰的前提和基础。我们不妨再来引用成吉思汗
的一段话：

> 向着高山的山麓走，
> 向着大海的渡口去；
> 不要惧怕路途遥远，
> 坚持走就能抵达；
> 不要畏惧担子沉重，
> 只要扛就能举起。

这段话说明人只要有坚定的信念，就会涌现出锲而不舍的干劲。

> 凡征服八方之国，
> 与其说是先治人，
> 不如说先治心。
> 得其心，其身还能往哪里去?①

蒙古学者道·德力格尔仓先生深刻了解成吉思汗思想，请看他的一段
记述：

> 圣成吉思汗，
> 以信奉苍天之情，
> 降旨曰：
> "依靠图鲁约孙，
> 征服这苍茫大地；
> 依靠吾之权威，
> 主宰这天下万物；

---

① 道·德力格尔仓：《成吉思汗智慧之光》（蒙古文版），内蒙古文化出版社 1993 年版，第 210 页。

> 在吾之头上，
>
> 惟有汗之冠冕。"

这一段记载说明成吉思汗把自身与苍天等同看待，或者说他真正信仰的不是天，而是人自身的力量。成吉思汗的令人叹服之处是，他没有把人们的信仰观变成宗教观念加以推崇，也没有试图让人们盲目地崇拜他本人。后人们崇敬成吉思汗，在蒙古族地区成吉思汗祭典、苏力德祭祀活动等同时延续下来，其实质不属于宗教崇拜，而是对人的本质信仰的一种礼规或者机制的一种形式罢了。其本质仍然是为了弘扬和倡导人的力量、激发人的智慧的。在"查干苏力德"祭祀的颂词中有这样一段话：

> 聪明和睿智快降临吧，
>
> 刚毅的精神快快来吧，
>
> 英雄的力量快快来吧，
>
> 幸福和缘分快快来吧，
>
> 理性和智慧快赋予我们，
>
> 力量和信心快赋予我们。①

这段颂词十分简练和十分明确地表达了成吉思汗祭典和苏力德祭礼的原意、本质。

五、九斿白旗——成吉思汗信仰观的集中体现

九斿白旗的构成、演变及其形状、结构、内涵，我在前面的章节中已经做了详细论述。在这里主要是进一步论证为什么说九斿白旗是成吉思汗信仰观的集中体现的问题。九斿白旗——这个古代蒙古人具有独特性的创造，作为人类本质的表达和象征，并没有把人的本质神灵化，而是适应了蒙古人的特点，以人的力量的象征来表达的。

---

① 胡如达诺日布：《九斿白旗祭祀》，内蒙古人民出版社 2006 年版，第 140、179 页。

　　九斿白旗直接来源于"奇颜百姓的苏力德"，或者说是苏力德的演化物。蒙古人自古以来就交叉使用奇颜或白色，以它作为自己最高神灵的象征。大思想家、大作家尹湛纳希称奇颜部落孛儿只斤为"白色部族"（查干雅斯坦），曾用"白色部族的杰出英雄"[1]来颂扬之。如果是古代蒙古人把奇颜神灵化，从而把奇颜作为自己的名称的话，那他们的部落只能被称作奇颜图腾崇拜者或者自然崇拜者，而不会直接称他们为奇颜人。与此相同，在九斿白旗的构件中，顶端三叉铁矛如升腾的火焰，以此象征人的精神焕发和朝气蓬勃；三叉矛头下端的"查儿"（圆盘）沿边固定的鬃毛缨穗象征团结和睦；下垂的鬃毛缨穗象征倾泻而下的瀑布。这只能理解为火焰和瀑布象征奇颜的威猛之势，鬃毛缨穗象征团结和睦，而不能理解为萨满教火崇拜的含意。我们用奇颜——"从山崖上倾泻而下的激流"，汹涌澎湃，锐不可当的瀑布来命名自己的氏族，同样，用九斿白旗来象征力量和团结，象征蒙古人的精神和运气。

　　总的来说，九斿白旗是古代蒙古文化的信仰人的本质力量传统信念的继承和发展，也是成吉思汗睿智思维下的伟大成果。换言之，"苏力德"是蒙古人自身力量的象征，是信仰自身威力和运气的情感和精神的象征。因此，苏力德不是神灵化的崇拜物，而是信仰人的本质的生活化的象征物。所以，它与任何一种宗教信仰都有本质区别，也与人的本质的抽象理论有区别的。当然，在现实生活中将苏力德神灵化的人时有出现，甚至在我党的历史中出现的"左"倾路线影响下，对苏力德进行政治化解释的也大有人在。这其中虽然有多方面的原因，但关于蒙古苏力德的准确解读还不够，蒙古族思想史研究尚处于初级阶段是主要原因。

　　成吉思汗关于人的本质的信仰观正是以人为基础的，所以他才如此成功地超越部落联盟传统势力的障碍，从蒙古族统一体和大蒙古国一跃而进，使蒙古族成为世界性的民族。与此同时，也正是由于成吉思汗的信仰观真正坚持以人为基础，真正崇尚人的自身力量，所以才能冲破萨满教的束缚，制定了各种宗教平等相处的政策，使蒙古人在信仰人的本质力量的基础上能够从其他宗教文化中吸取了对自己原本文化有用的营养。这两点就是在当今对蒙古文化的发展

---

[1]尹湛纳希：《青史演义》（蒙古文版）（1），内蒙古人民出版社1979年版，第649页。

也是具有重要意义的。如,蒙古人无论到世界什么地方,总牢记蒙古故土,热爱自己的民族,为民族的荣誉和未来的发展做贡献,真是可歌可泣,可敬可叹! 这与成吉思汗从民族意识和国家意识的统一上发展促进蒙古历史的丰功伟绩和远见卓识有直接关系。尤其是今天生活在世界各个国家和地区的蒙古人继承和弘扬民族文化意识的光荣传统,把振兴民族和建设自己的祖国有机地结合起来,作为世界先进民族为人类文化宝库添砖加瓦,做出贡献。他们的巨大努力,也为我们所提出的观点提供了有力的佐证。

附文：

苏力德信仰的本质及其魅力

一、苏力德及其物化形态

　　蒙古族苏力德信仰和其他大的信仰体系一样，也是自称独立的系统，由三个方面或层次构成，当然这是在历史的长河中逐渐形成的，概括地讲，它既表现为物质形态或物化形式，又表现为行为规则或语言文字，还表现为观念、思想等，这三个方面既可以各自独立存在，又相互关联，互为渗透、互相依存，是一个独立的整体。为了全面准确地理解苏力德信仰，我们首先从其整体入手也就是从它的物化形态入手认识苏力德信仰。蒙古族信仰和供奉苏力德传统古已有之。苏力德以其形状、含义和功能，分为查干苏力德、哈日苏力德和阿拉格苏力德三种，俗称制胜三枚苏力德。所谓苏力德，是一种由色斯姆（或矛）、托盘、古呼勒（斿、缨）和旗杆等组成的旗纛。其中的古呼勒须用公马顶鬃制作，查干苏力德用白马鬃，哈日苏力德用黑马鬃，阿拉格苏力德用花马鬃，以此区分。制胜三枚苏力德在鄂尔多斯的传承，具有典型性，因此以它为例，先说几点：

　　查干苏力德，也叫作九斿白旗或九斿白纛。据《蒙古秘史》和《元史》记载，查干苏力德建于 1206 年。《蒙古秘史》第 202 节："将那些毡帐百姓征服后，于虎儿年（1206 年），聚会在斡难河源头，建立九斿白旗，成吉思汗登了可汗位。"《元史·本纪太祖》也记载："元年丙寅（1206 年），帝大会诸王群臣，建九斿白旗，即皇帝位于斡难河之源。诸王群臣共上尊号曰成吉思汗。"关于查干苏力德的生成，《九斿查干苏力德祭词》云："受长生天造化而生成的"，"由英明圣主铁木真创制的"，"用白马鬃制作的九斿来相连的"，"天之苏力德"。由此可见，查干苏力德是"受长生天造化而生成的""天之苏力德"，并且"由英明圣主铁木真创制"，"用白马鬃制作的九斿来相连"。查干苏力德建成后，常年立于可汗的斡耳朵前，绝不轻易移动，并相随着一定的供奉仪式。在成吉思汗之后，查干苏力德由其继任者代代相传,经元十几代和北元二十几代可汗,最后传到了北元林丹汗手里。林丹汗与后金交战失利,西走青海,于 1634 年在青海驾崩。1635年,其子与母后东去沈阳降后金,途经鄂尔多斯乌审旗时,护旗的察哈尔部将士不愿跟从,便携此查干苏力德留在乌审旗南部紧靠长城的叫作宝日陶勒盖的地方,世代供奉,从未中断。于是这枚曾是蒙古大帝国、元朝和北元的旗纛,失去原有的这一功能,转而恢复或变成民间的祭祀圣物。该查干苏力德现存乌审旗无定河镇毛布拉格村。

此外,还有一枚查干苏力德,俗称木华黎查干苏力德。《元史·列传第六·木华黎》记载:"丁丑(1217 年)八月,(将木华黎)诏封太师、国王、都行省承制行事,赐誓券、黄金印……谕曰:'太行之北,朕自经略,太行以南,卿其勉之。'赐大驾所建九游白旗,仍谕诸将曰:'木华黎建此旗以出号令,如朕亲临也。'"实际上,这是由第一枚查干苏力德派生的子查干苏力德或副查干苏力德。之后木华黎携此查干苏力德与金国和西夏作战,于 1223 年在山西闻喜县去世。后来,由其部属将该查干苏力德与木华黎陵寝和其他遗物一起祭祀,沿袭至今。该查干苏力德现存乌审旗苏力德苏木塔莱乌素嘎查。

哈日苏力德(也叫作黑纛)是军队旗纛。古时蒙古可汗、部族首领及大将军们,在狩猎和领兵打仗时,均要随身携带哈日苏力德,以振军威和号令全军。元代画家刘贯道所绘《元世祖出猎图》中就有一个专司举哈日苏力德者。足见元朝皇帝们不曾中断其供奉查干苏力德和哈日苏力德的习俗。该枚由蒙元历代可汗相传的哈日苏力德,现供奉于成吉思汗陵。而且除可汗外,其他凡带兵打仗者,也曾携带自己的哈日苏力德。其中木华黎哈日苏力德、呼图克台彻辰哈日苏力德、萨冈彻辰哈日苏力德和葛尔丹哈日苏力德等,至今在鄂尔多斯各地保存和祭祀着。

阿拉格苏力德(也叫作花纛),是古时蒙古部落之旗纛。《成吉思汗陵》一书之《阿拉格苏力德祭词》中有"由孛端察儿薛禅可汗创制的"圣主之旗纛,孛儿只斤之标志"之语。《蒙古秘史》卷一第 63 节中,成吉思汗的父亲带着九岁的铁木真求亲,路遇德薛禅。德薛禅说:"梦得好梦,托此好梦,盖汝之乞颜百姓的苏力德来告知也。"这里所说的苏力德,是指孛儿只斤家族供奉的阿拉格苏力德。孛端察儿是成吉思汗第十代祖先。因此成吉思汗家族孛儿只斤氏供奉的阿拉格苏力德,可能创制于公元九世纪末十世纪初。该阿拉格苏力德由孛端察儿下传,经也速该传到了铁木真,铁木真做了成吉思汗之后交给了胞弟哈撒儿。1635 年北元灭亡后,该阿拉格苏力德也落脚于鄂尔多斯,现供奉于鄂尔多斯市鄂托克前旗昂苏镇。此外,在鄂尔多斯还保存和供奉着一枚成吉思汗的大将哲别家族的阿拉格苏力德。

上述两枚查干苏力德,第一枚查干苏力德从建立到现在已有 807 年,第二枚察于苏力德从赐予木华黎到现在已有 796 年,均系成吉思汗所建查干苏力德之真传,渊源清楚,脉络清晰。还有,阿拉格苏力德是成吉思汗奇颜部苏力德,在成吉思汗陵祭祀的哈日苏力德,也是最早由成吉思汗所建。所以,人们习惯称这些苏力德为"伊金苏力德"(圣主苏力德)。

蒙元之后,所有苏力德均失去大蒙古国时期政治性、宗教性意义,恢复并提升了纯民间或世俗信仰的涵义。人们在固定的日子,在苏力德祭祀人员主持下,举行固定的仪式,吟诵固定的祭文,供奉固定的祭品,来表达对苏力德乃至对长生天、对苍茫大地、对自然万物和对伟大祖先的崇敬、爱戴和虔诚,以及对伟大的人格精神和美好生活的向往、热爱和祈祷。

二、苏力德信仰的形成及其特点

苏力德,在蒙古文化概念中,是长生天的使者,天人一体的物化形态,是与天地沟通,与大自然相联系的中介,也可以说是移动的敖包。其特点是与自然崇拜、祖先崇拜和萨满教搀杂在一起,因此,往往利用萨满教的形式宣扬自己,因为当时萨满处于主导地位。比如,铁木真在蔑儿乞人的斗争中一次在逃到山上曾说"合勒敦——不峏罕山护了我,我这小如燕禽的生命! 我深为恐惧,〔今后〕对不峏罕——合勒敦山,每晨必祭祀,每天必祷告……。"①当然,由于成吉思汗之前大约两千年时曾有了"额尔古纳昆的传说"展示奇颜人的"大胆、勇敢、志坚"的传统,因此,在同一时期,即成吉思汗的小时候已有了奇颜部苏力德威力的传说,德薛禅讲的苏力德标志物白海青就能手里捉着日、月(萨满教的信仰物),显现自己威力。由此可见,这时苏力德已成为独立的、较强大的信仰思想

---

① 阿尔达扎布:《新译集注〈蒙古秘史〉》,内蒙古大学出版社 2005 年版,第 174 页。

了。

　　与此同时德薛禅的表述也开辟了把苏力德人格化的先例,说铁木真是苏力德的化身。成吉思汗继承并创造性地发展了祖先传下来的苏力德,在制胜三枚苏力德的统一上,树起了苏力德信仰的正统,这是苏力德信仰形成发展的关键时期。成吉思汗在建国之前于1204年4月16日和乃蛮部决战时亲自带头祭苏力德以示苏力德的权威,并反复讲约孙、札撒、必力格(智慧)等理念,强化苏力德在蒙古文化中的特殊地位。也就是说,在语言和文字上约孙、札撒、伊克伊(大和)等概念已成了蒙古文化的基本概念并标志着文化精神和时代精神。成吉思汗于1206年创建大蒙古国时已深深感到统一的蒙古族已形成,因此,他强调民族的"征战力"和"约孙、札撒、和睦(伊克伊)"目的都是为了全民族的强盛和安稳。从成吉思汗的伟大实践和整个思想体系上看,不仅能看到他所强调的约孙、札撒、伊克伊等基本理念,而且还非常清楚地看到为落实这些基本理念或精神,他还从组织上、体制上针对蒙古人的劣根性,非常尖锐而深刻地指出:如果你们当中没有一个领袖,让其余的兄弟、儿子、朋友和同伴服其决策,听其指挥,那么,你们的情况又会像多头蛇那样了。一个夜晚,天气酷寒,几个头为了御寒,都想爬进洞去。但是一个头进去,别的头反对它;这样,它们都冻死了。另外一条只有一个头和一条尾巴的蛇,它爬进洞里,给尾巴和肢体找好安顿之地,从而抗住严寒而获生。① 由此可见,成吉思汗为民族强盛的全部努力中包括思想观念的灌输和体制上的努力,其中最有效、最有持久力的还是他的为民族所树立的苏力德信仰。也就是说,游牧经济条件下,只有他的苏力德信仰最具有根本性、长期性的特质。这就是信仰的力量。

　　以《成吉思汗小祭文》和《伊金苏力德桑》为代表的祭文、祭礼又把苏力德信仰提到新阶段,把它理论化、系统化,其核心是在苏力德和成吉思汗的统一上确立了伊金(圣)苏力德理念,并创造性吸取萨满教尤其是佛教的诸多祭祀礼仪形式和祭文模式使苏力德信仰更为系统,更为完满,更易于普及和推广了,从而有效地扩大了自己群众基础。这样祭敖包就成了祭苏力德的基本形式之一,敖包就是一种鄂尔多。所谓鄂尔多就是宫殿或祭坛,可见群众把敖包当作祭苏力

---

　　① 〔伊朗〕志费尼:《世界征服者史》(上册)(蒙古文版),内蒙古人民出版社1980版,第68页。

德的宫殿。总之苏力德在物化形态、祭祀制度、祭礼形态和诸多观念、理念的统一上成了蒙古族有信仰的象征。如果说,北京有天坛、地坛,那么鄂尔多斯成陵、乌审旗就有圣坛(圣人、圣物之祭祀地)。

总而言之,成吉思汗继承和发展了"奇颜苏力德"和阿拉格苏力德、哈日苏力德传统,并根据当时的社情复杂、思想混乱的情况,增设了查干苏力德,以便在制胜三枚苏力德的统一上展示了苏力德信仰的正统。由此可见,苏力德是蒙古人的信仰标志,是一种信仰精神模式,它所展示的是蒙古文化的基本精神,它不是大蒙古国国徽。当然,成吉思汗增设查干苏力德显现国家机器的使人"信服"的功能与他建大蒙古国,登可汗位是同时实现或形成的,而且又开始实行由国家最高领导人即可汗亲自主持供奉苏力德的传统。这是人们把苏力德误读为国徽的重要原因之一。

苏力德作为信仰的象征,早在大蒙古成立之前,不仅已有了阿拉格苏力德,哈日苏力德《蒙古秘史》(第170节),而且还有奇颜苏力德概念,并在具体物化形态和抽象观念的统一上,以人格形式呈现其活力。也就是说,苏力德在大蒙古国成立之前,在物化形态和观念形态的统一上已成为较为成熟的信仰标志了。苏力德作为一种文化意识,作为一种精神象征和信仰标志,它起源于个体信仰,随之逐渐成为氏族信仰,最后在成吉思汗的英明领导下才提升为全民族的信仰象征。精神是信仰的本质属性,苏力德所展示的精神首先就是一种人格精神,然而由于人格精神是以人的自我意识的生成为基础,以个体人的存在为载体,因此,无论是德薛禅把苏力德人格化,还是札木合说的成吉思汗的"苏力德"都是首先指个人的精神,这既符合历史实事,又符合信仰思想发展的逻辑,即先是个体的生存信仰,之后才是社会的理想信仰,也就是说,苏力德不仅是理想人格的旗帜,更是引领"众人"实现和谐(伊克伊)社会的旗帜。

三、苏力德概念的形成及其活力

人是有信仰的,这是人的本质所决定的。人类在追求生存、发展的征途中,总是期望能够获得一种强大无比的力量。由于对这种力量的认识和获取途径的不同,在人类历史上形成了形形色色的诸多信仰,在社会转型期对信仰的需求更为迫切。这是因为那样的时期既利于所信仰思想的形成和发展,也利于已有信仰的提升和拓展,宗教信仰、世俗信仰、科学信仰的发展过程已证明了这一点,而且每一种大的信仰系统,也可分为很多具体的信仰,如宗教信仰就分为佛教、基督教、伊斯兰教等。蒙古族的苏力德信仰属于世俗信仰,我认为儒教也是一种世俗信仰。

整个信仰的历史又证明,凡是独立的信仰系统,都有自己严密的内在结构,都有自己的忠实信徒和礼仪等教规。在此,组成信仰体系的经文及其概念是关键。因为只有通过理解必要的概念才能实现信仰,无任何概念的信仰是不可能存在的。也就是说,人只有通过某种概念才能接受特定的信仰,成为其忠实信徒。比如,如果不理解、把握基督教讲的那些普世概念,就无法成为基督教徒。同样,要想把握儒教,首先必须把握其"仁、义、礼、智、信"等基本概念。要是离开这些基本概念,就无法了解儒教及其传统。苏力德信仰也是由诸多概念形成的独立系统,其中最为基本、最为核心的,就是苏力德概念。只有正确理解苏力德概念,才能从根本上理解和把握苏力德信仰的实质,才有可能坚持和发扬蒙古传统文化的基本精神。

苏力德概念是在蒙古文化及其语言环境下产生的,它的产生、演变以及最后形成,是个非常有趣的过程。它一方面是标志物的演变和定型过程。它作为特定众人的标志物或符号,大体经历了旌旗—白海青—哈日苏力德—阿拉格苏力德—查干苏力德—伊金苏力德几个阶段。值得指出的是,苏力德在古代跟汉语的"纛"字一样只是某个群体的标志或符号。自从成吉思汗时代起,它既是个人的,如德薛禅和札木合说的苏力德首先是指成吉思汗一个人的,同时又是群体的,如奇颜部或蒙古部标志或符号。这些苏力德之所以能够成为标志物,它所表示或展示的是力量。他们认为,只有拥有足够的或强大的力量才能生存,才能发展。在实际生活中,它成为引领方向,激励斗志,凝聚力量的标志,成为他们的精神支柱。为准确理解苏力德概念的深刻内涵,我们要从苏力德概念的词形演变说起。苏力德古时不叫苏力德,先是叫苏(su 或 suu)和苏·扎力,之后苏·扎力又演变为苏力德。根据历史文献记载,古时苏力德为苏(su),指精神、雄威,随之又叫苏·扎力。扎力本意指火焰或火苗,把它与苏连起来就成为苏扎力,就指旺盛的精神。与孟子讲的"气"相似。值得注意的是,把苏和扎力这样连起来,这就是一种觉醒、一种智慧,反映了他们的追求或追逐智慧的状态。最后又由"力德"之音借替"扎力"之音,从而定型为现在的苏力德概念。该词形的这一变化意味深长、内涵丰富,标志着人的"类"(马克思语)意识的形成即人的文化精神的确立。因此首先必须弄明白"力德"之意。力德就是借用朱力德概念之力德而来。所谓朱力德,就是指动物的致命部位或命根儿。萨满教认为生命所在处为朱力德。由此可见,由苏扎力演变为苏力德之后,它不再仅仅指精神或雄威,而是专指精神、生命(类意识或札撒)、智慧三者所构成的特殊概念,相当于宗教信仰限制性讲的人的灵魂。如果不懂蒙古语,要准确理解苏力德概念,确会产生难解之处。在揭示公与私的关系上,作为想象思维的产物,它与汉语的公字也有类似情况。它与汉字"公"的出现有很多相似的地方。在古时,"厶"就是自私的私字,以人字把它盖住,就演变为公字。这就是说,以人限制的私就是公。这就是生动地展示了"个人原则"和"社会原则"的内在统一性。

以成吉思汗为代表的蒙古人,把查干苏力德、哈日苏力德、阿拉格苏力德等和苏力德概念所体现或包含的涵义统一起来,形成了今天的伊金苏力德(圣主苏力德)理念。由此可见,苏力德概念的内涵的演变是一个不断丰富和提升的过程,也是由具体到抽象的过程。由苏力德到伊金苏力德这是一个质的飞跃,标志着苏力德信仰体系的形成。这不仅是一个认识过程,又是一个实践过程,也是蒙古民族人格素质提高的过程。蒙古人在游牧经济条件下寻求生存之道,一方面寻找何谓"人之主",另一方面又寻找自强之路。伊金苏力德概念,巧妙而准确地回答了这两个根本问题,而且伊金苏力德更加明确了它是既属于个人的,又属于民族的,从而为实现"个人原则"和"社会原则"的内在统一,创造了坚实的思想文化基础。伊金苏力德不仅在理论上标志着苏力德信仰体系的形成,而且还展示了蒙古文化的发展水平。苏力德信仰无论从它的理论体系上,或是从传承实践上看,还是从传递的文化精神和智慧上看,均达到了世界"三大宗教"所宣扬的信仰水准,而且包涵了诸多合理内核和科学因素,为科学信仰的丰富和发展提供了一个有效途径和有利模式。

四、苏力德信仰的主要内容及本质

苏力德信仰的主要内容,简要说就是伊金苏力德。伊金(主)一字深刻而准确揭示了苏力德概念的地位和作用。苏力德作为语言学意义上的标志和符号，是抽象的人的力量的标志，哈日苏力德、查干苏力德、阿拉格苏力德作为具体的标志物是力量的标志，也是人的力量的特定标志。如上所述，人是在追求生存的征途中，总是期望能够获得一种强大无比的力量，在这样追逐力量的过程中找到了三种途径。

一是宗教信仰。从人类社会之外去寻找一种强大无比的力量，这是各宗教所开辟的道路，这样就形成了上帝或神与人的关系的生存模式。在此，主宰和支配人或事物的力量就是上帝（神）。也就是说，上帝（神）以人之主的身份帮助人类生存，因而人的主体地位无从谈起。二是世俗信仰，苏力德信仰是它较为典型形态。从人自身去寻找生存发展的力量。蒙古先民即成吉思汗祖先奇颜人开辟了从自己身上寻找生存力量的先河，不仅以奇颜（洪流或瀑布）命名自己，而且还讲清了为什么以它命名的内在根据和时代背景。所谓内在根据就是他们的"勇敢""大胆""刚强"（zhorig 应译为志坚更贴切——引者）的精神。所谓时代背景，就是指他们在突厥人的战争中被打败的境况（参看拉施特《史集》第一卷第二分册第 251 页）。如果说，以奇颜为标志或符号来表明自己的"大胆（sus,hato）、勇敢、志坚"的人格精神是一种智慧，那么，这种智慧的结晶就是奇颜部苏力德。三是科学信仰。这是人类的最高层次的信仰，从社会实践及其规律中寻找人类生存、发展的力量和智慧，是人类发展的精神支柱。

成吉思汗创造性的继承和发展了"奇颜部苏力德"的合理内核和科学成份，并在抽象的苏力德概念和哈日苏力德、查干苏力德、阿拉格苏力德的统一基础上确立了苏力德信仰的正统。由此它在传递传统、激励斗志、凝聚力量、引领方向上，成了时代的旗帜，从此蒙古族有了统一的文化精神和强有力的精神支柱。此后大约在元朝初期逐渐形成诸多祭文、祭词，开始了理论说明其体系的新时期。以《成吉思汗小祭文》为代表的祭文和后期的《伊金苏力德桑》等，都从理论上阐明了伊金苏力德概念。这样伊金苏力德不仅成为标识人的本质的符号或标志，而且还成了标识苏力德信仰的符号和标志。从此以后苏力德概念在现实生活中就以理念形式发挥它的作用，从而使其变得更为深奥有效，成了信仰对象。作为苏力德信仰的核心理念，它在和其他信仰对象一样具有神秘性、神圣性的特质的同时，它也有自己的特性，这就是在人的"类"意识、精神和智慧的有机统一上显现其功能集中展现为人格精神。由此可见,它既不是从天上掉下来的,也不是在人的头脑中固有的。因而它为人格的健全和完善,为人的科学精神和实践精神的提升,提供了丰富的思想资源。

《成吉思汗小祭文》(成吉思汗黄金宫阙小祭文)收录在《成吉思汗金书》的首位。它是以誓言(乌其格)的形式写成的,因为向祖先或天地发誓以表决心是蒙古文化的一种传统。该文创造性地继承和发展这一传统,并把赞颂成吉思汗伟业和苏力德信仰巧妙地统一起来,也就是说把苏力德人格化的传统和把成吉思汗圣主化的现实统一起来,统称为圣主,并要求信徒向圣主即伊金苏力德宣誓,以表自己的决心和信仰。本文的核心内容可概括为"一体三有",即以天地人的统一为体(也可以叫天人合一),并以人的"三有"即人的"类"意识、智慧、精神的内在联系来宣示其内涵。那么本文又是如何表述的呢? 为了较为全面准确地了解本文内容,我们介绍通用的两种译文:

> 奉上天之命而降生,
> 集天子大名于一身,
> 尽夺天下列国大权,
> 天之骄子成吉思汗。
> 你出生于神圣的腾格里,
> 具有超凡的智慧,
> 无所不通的天才,
> 牢不可破的政权,
> 我圣明君主成吉思汗!
> ——《成吉思汗金书》第 151 页

> 受上天之命而诞生,
> 集天骄大名于一身,
> 夺天下国家之权,
> 长生天骄子——
> 成吉思汗。

苍天之根源，

计谋之远大，

天生之智慧，

不衰之政权，

英明伟大的——

成吉思汗。

————《成吉思汗祭祀史略》第 191 页

　　以上这两种译法角度不同，各有特点。虽然其本意表达较准确而通俗，但也有值得商酌的地方：一是第一段将"腾格里克"译为天骄不够准确，应译为"苍天一样"或与天一体的（有的译为"苍天一样神圣或力大"）；二是第二段第一句"天"字前有 suut，第五句成吉思汗前也有 suut，本意是力大，是对应腾格里克的，说明成吉思汗和苍天一样力大无比；三是第二段第二句的 suzhali，本意是旺盛的精神，zhali 古义为火苗，今义为伎俩或奸狡；四是第二段的第四句"政权"一词，在清代时才有这个含义，古时与 zha 同用，意为法度、治理等。在《蒙古秘史》第 153 节、197 节中都有 zhasǎg 一词，但其意只指治理。所以我认为第二段是否应译为：

成吉思汗天之根，

具有旺盛的精神，

拥有超凡的智慧，

持一以贯之的道。

力大无比的成吉思汗。

　　说天是成吉思汗的根源，说清了蒙古文化的传统观点。蒙古文化在人与大自然的关系上，其基本观点始终认为人是大自然的组成部分，是大自然自身发展的产物，天为父、地为母，是他们是常说的道理，学术上我们把它概括为天人一体或"天人合一"。这既是他们的生态观，更是他们苏力德信仰的前提或基础。只有这样，既有利于与宗教信仰划清界限，又有利于人格素质的健全和完善,也有利于社会的进步,有利于把苏力德信仰的科学因素和合理内核提升为科学信仰。

人作为文化之人,有三个本质特征,即意识、智慧、精神。只有三者有机统一,才能在社会实践中得以真正实现。因此,以人的本质力量为对象的苏力德信仰,必然具备主体性、实践性的特质。

成吉思汗的一生以旺盛的精神,超凡的智慧和一以贯通的道(札撒)的统一上充分体现和发展了蒙古文化的优良传统。由此可见,人的本质又表现为人与人的关系上。本祭文所讲的一以贯通的道就是蒙古文化优秀传统。由于古时约孙、札撒(札撒格)都是为调节人与人、人与社会关系而用的概念。因此,约孙和札撒格是人的"类意识"高度发展的产物。这就是成吉思汗强调指出的"我也绝不让祖先传承的规则和约孙遭受破坏"①之道理。蒙古人世世代代坚持这一札撒格传统并把它提高到完整的信仰系统,这是他们为人类文明所奉献的伟大贡献。总之,"一体三有"是一个整体,一体是前提、基础,而不是上帝和神是前提。苏力德信仰是从天人合一的世界出发,才得以成为独立的、自成体系的信仰系统。"三有"是苏力德信仰的核心内容,它既揭示了人的本质的基本内容,又宣示了三者的统一成为巨大力量的内在依据,也表明了它的神秘性、神圣性。当然它作为一种世俗信仰,作为标志人格形成、发展的文化现象,具有重要的合理内核和科学成份。因此不仅具有重大的理论价值和实际意义,而且也是通向科学信仰的有效路径。

对苏力德信仰的本质,我们曾从不同角度进行了分析。其基本点可概括为:一是苏力德信仰本质上不同于宗教信仰,不信鬼神,在人类信仰史上开创了一个独具特色的信仰系统。宗教信仰认为,主宰万事万物的是上帝或神。这是从人的世界之外去寻找人之主的方法或途径所造成的。当然还有一种崇拜思想,虽然不是从人之世界外去寻找人之主,但以崇拜武力(如奴隶社会)、权力(如封建社会)或崇拜金钱,来把人类自身的力量异化为"人之主"。其实质与宗教信仰一样使人丧失了主体性,什么自主、自强等,都成为虚的东西。虽说世界上各大宗教在蒙古地区的广大牧民中长期存在并发挥了各自的作用,影响广

---

① 　［波斯］拉施特:《史集》,商务印书馆 1983 年版,第 178 页。

而深,但是总体上没有完全代替传统的苏力德信仰。尤其值得注意的是,近年来,虽然随着市场经济的迅猛发展,崇拜金钱的拜物教思想兴起,其影响既广又深,危害极大,但是广大蒙古地区却是苏力德信仰快速发展,形式多种多样也很灵活,其中就包含了祭敖包现象。祭敖包其实质还是属祭苏力德。因为祭敖包活动中很大一部分内容是祭苏力德,历来如此,因此祭敖包也就成了苏力德祭祀的基本形式之一。总之,信仰思想的产生和发展是历史发展的必然,无论是个人的信仰,还是社会的信仰;无论是属于宗教信仰,还是属于世俗信仰或科学信仰,都是由于人的需要而产生和发展起来的。关键是要善于分清各种信仰的本质,按照我们党信仰自由的政策,确立其信仰,健全和完善其人格,促进社会进步。二是苏力德信仰的本质,是对人的本质力量的信仰。人的本质,一方面表现为人的体力和脑力的统一。由于脑力主要表现为智力,因此体力和脑力的统一实际上就是体力和智力的统一。在学术上把这种统一叫作智能,这难道不是人的本质力量吗?当然人的本质力量只有在人的社会实践中才能充分体现。所以人的本质的另一方面,还表现为人的分工协作的能力即人的社会性。这也是社会学家讲的"个人原则"和"社会原则"的内在统一性。

因为人的"脑力"是一个无法打开的"黑箱",所以人的智力又是如何形成并如何运行的至今还是个谜。说得具体点,就是智力的神秘性和人的社会性的深奥性则成了人们认识自己的大难题。在探求这个难题的过程中,蒙古先民尤其是以奇颜部的成吉思汗为代表的智者们在追求生存、发展及追求社会的和谐稳定的过程中,终于发现了信仰的力量。他们曾信仰"图腾"、萨满教及佛教、基督教、伊斯兰教、儒教、道教等,有的教广为流传,影响很大,但是始终没有一种宗教能够完全代替苏力德信仰。反而苏力德信仰还吸收其他宗教对自己有用的文化精神,如佛教的祭祀祭文的形式等。这就是说,苏力德信仰作为世俗信仰较为典型的形态,也作为蒙古文化的优良传统,充分展示了自己巨大魅力和强大生命力。而其实质是,它反映了人的本质,注重人的潜力、精神,注重人的自主、自由和自强。总之,注重人的主体性是它的本质特征。

五、苏力德信仰是蒙古文化的重要组成部分

为正确把握苏力德信仰及其价值,必须弄清蒙古文化与苏力德信仰的内在

关联。蒙古文化在执意追求生存之道(约孙)方面反映了自己的特色。当然要全面准确阐述它,是一个很大的命题。今天我们只从信仰的视角探索其与苏力德信仰的关系。这是为从根本上把握苏力德信仰的需要出发,因为信仰是属于文化的一种自觉形态,信仰在文化中处于核心地位、发挥着引领或主导作用。如果说,信仰是人类把握世界的一种方式,那么苏力德信仰则是蒙古人在游牧生产生活条件下为把握自己而创建的一种信仰方式。苏力德信仰作为蒙古文化的核心必然要表征人格精神。由于苏力德信仰在探索人的生存智慧的征途中,拓展了蒙古文化的发展道路,深化了蒙古文化的科学内涵,提升了蒙古人的自主精神和自强不息的生存能力,从而在人类文化发展史上,尤其在人类信仰史上,苏力德信仰成了一面鲜艳的旗帜。

由于苏力德信仰是在蒙古文化的土壤中生根、成长和结果的,因此它在回答信仰的根本问题时严格遵循蒙古文化优良传统,不是像宗教信仰那样从人的世界之外去寻找人之主,而是从人的世界即人的实际出发,从人的生存问题出发来回答何谓人之主的问题。这就是人们研究人与天的关系、人的内心世界与人的类意识、智慧、精神之间关系以及人与人的关系即社会关系的根本目的所在。这也是蒙古文化自主性和主体性原则的生动体现。

众所周知,人类历史就是人自己创造的。这本来是常识,但是由于世界几大宗教都在讲天地万物的创造者和主宰者是上帝(神),再加之对苏力德信仰的宣传的缺憾,很多人都不理解蒙古文化如何创建苏力德信仰。蒙古文化认为,人是大自然自身发展的必然产物,说明天和人是一体的,而不是上帝(神)的创造物。由于人类意识和智慧、精神在实践中的发展,人终于独立出大自然,创立了人的社会。但是又由于天和人是一体的,因此人的独立性是相对的,所以人类终于创造了天人合一的人类文化。汉文化和蒙古文化,是两个较为经典的模式。伊金苏力德理念作为人的能力或力量的标志,是蒙古人在恶劣的自然和社会环境下为生存、发展,在不断完善处理人与自然、人与人的关系中,不断提升自我意识的产物。这既是个体的自信心不断提高的过程,也是他们对"众人力量"或社会力量的认识不断提升的结果。

具体说,在游牧生产方式下,草场(土地)既是生产资料,又是生活资料,同时它既具有公有性又有私有性特质以及人们的劳动方式的个体性、选择性等特质。所有这些生动而巧妙地展示了"个人原则"和"社会原则"的内在统一性，从而树立或创建了共同的理念，如腾克里克、约孙、伊克伊（也可额耶），尤其是为树立和创建伊金苏力德概念，创造了必要的文化思想条件。成吉思汗天才地发现蒙古人对普遍理念的追求并把它提升到民族意识的高度来进行提炼，这是蒙古文化的伟大和骄傲。成吉思汗明确指出："无论何等民族，儿不尊父之诲，弟不听兄之言，夫不信妻之贞，妻不从夫之意，公不善媳之德，媳不敬公之道，长不护幼，幼不孝长，权贵者只近奴仆侍从而疏他人，富而不助贫，轻约孙札撒，不知和睦乃至犯国主者。盗窃、谎言，敌人及欺骗者，乃遮其乡土之日，劫掠其地，其乘骑马群不得宁，征战力不从心，乘骑不得远行而毙命焉。"①在前面引用的成吉思汗关于蒙古文化基本精神的论述中还能看出蒙古人的民族共同体形成的比较早，并在成吉思汗强有力的领导下在约孙（理、道）、大札撒（法度）、和睦（伊克伊）、和谐等理念的指导下，在正确处理家庭、民族、国家的关系中，充分展示了苏力德信仰的基本精神，即蒙古文化的以人格精神为基础的"征战力"和和睦（伊克伊）传统。我认为所谓人格，简要说就是人的性格、品格、资格的统一。成吉思汗在讲家庭美德和社会道德时，就非常巧妙地从每个人的社会地位出发，如父子关系、权贵者与奴仆或富人与贫穷者的关系乃至国主与民众的关系上讲了蒙古文化的基本精神也就是说，成吉思汗在此以人格精神为核心，既讲了生存之道，又讲了治国之道。这不正是苏力德信仰的基本精神吗？苏力德作为蒙古文化精神的体现，它是个人所具有的精神气质和智力特质，又是民族共有的精神气质和智力特质，是个人原则和社会原则内在统一的绝妙体现。

由于多年来人们在探讨信仰时往往把信仰与宗教混在一起，同样也把苏力德信仰的研究与宗教研究掺杂在一起，这既不利于蒙古学研究的深化，也不利于苏力德信仰之研究的深入。按照马克思"把信仰从宗教中解放出来"②的思想，又按照苏力德信仰自身形成、发展的足迹，全面、准确地把握苏力德信仰及其地位，对我们正确认识和把握蒙古文化具有重要的理论价值和现实意义。人们常说，蒙古人的特点是"大分散、小聚居、善自治"。善于自治，是蒙古文化的内在规定，是苏力德信仰所倡导的自主性原则的体现，更是中国共产党正确民

---

① ［波斯］拉施特：《史集》（蒙古文版），第 345 页。
② 《马克思、恩格斯选集》（第 13 卷），人民出版社 1982 年版，第 24 页。

族政策的直接体现。如果离开个人的自主、那么自由、自治等都会成为空话,因此,确立有自主性的个人是苏力德文化之内在规定。如果说,宗教所讲的自由是上帝给的,那么苏力德信仰讲的自主则是人的精神和智慧,在具体实践中构成的。因此具体的自由而不是抽象的自由观的实质就是人的自主,在这个意义上蒙古文化热爱自由,更热爱自主。

苏力德是世俗信仰的杰作

从一定意义上说,信仰是人类思想的支柱。信仰可以分为宗教信仰、世俗信仰、科学信仰。苏力德信仰,是古代蒙古人哲学思想的杰作,它随着体现古代蒙古人对本质力量的信奉、世俗信仰的经典标志、崇尚人性、提高素质等规律,从而具有理论和实践的重要性。

一、关于世俗信仰

人当然有信仰。这是由人的本性所决定的。这是人区别于其他动物的重要特征之一。信仰作为人的思想的支柱,以宗教信仰和世俗信仰两种基本形态而存在。实际上,这两种信仰是人类信仰史上信仰思想的两大流派。然而,由于宗教信仰在历史的长河中在整个社会信仰思想上占有优势地位,发挥主渠道作用,因此,世俗信仰没有得到有意识的或令人满意的发展。所以,马克思曾强调指出:"把信仰从宗教的妖术中解放出来"①。要彻底完成把信仰从宗教的妖术中解放出来的任务,必须要弄清两个方面的问题:一方面要认识到信仰分宗教信仰和世俗信仰两种,另一方面要正确把握这两种信仰的区别和共同点。无论什么样的信仰,都十分注重反映人的思想的主流的基本理念和价值追求。这是人的自我关怀,也是两种信仰的共同点。它们的不同点大体上是,宗教信仰是把人的志气、精神加以抽象化、超脱化,进而使人从灵魂或命运角度只依靠信佛信神。这样,人的本质力量肯定被忽略,陷入把佛和神当作救世主的虚幻之中。

世俗信仰的本质在于注重人的志气、精神的同时,还以珍惜集体的团结和睦为主,信奉人的本质力量所在。据我愚见,人的本质力量可以分为以"必力克"(智慧)为主和以精神为主两种。如,汉民族其实没有自己的宗教信仰,主要

---

① 马克思:《对德国工人党的几点意见》,载《马克思恩格斯选集》(第三卷),人民出版社 1972 年版,第 24 页。

传统是信奉圣贤,并且这个传统是属于以智慧为主的信仰范畴。他们注重人的本质力量的智慧,信奉书籍、理论权威、概念的神力,所以,其世俗性很容易偏向于神化或容易产生个人迷信。与此相反,蒙古文化是突出人的本质力量的英雄主义或志气,主要传统是崇拜英雄俊杰。因此,蒙古文化中所折射出的信仰比较集中体现了世俗信仰的典型特征。因为,世俗信仰实际上属于人的本质力量信仰范畴,人的志气、精神是人的本质力量的核心内容。周恩来在谈到志气和精神时曾经说过:"干工作就必须随时要有迎接困难,战胜困难的志气。如果连志气都没有的话,那就无从谈起了。"①这里非常清楚地说明了人的志气的支撑作用。实际上,人的思想的支撑者不是什么神,而是自己的苏力德。所以,在《大蒙古国九斿白旗祭祀经文》②中称苏力德为"全体的伊金(主)",在《成吉思汗哈日苏力德威猛祭祀祷文》中称苏力德为"全体蒙古人的神物",将伊金(主)和神物两者相提并论。这是对于苏力德信仰的世俗性的最准确的表述。无论苏力德形状如何,或者苏力德祭祀的约孙、规则和桑诵念经形式如何,但是伊金(主)概念的主要内容、本质是明确而固定的。简言之,"伊金"就是指当家做主者的志气。在宗教范畴中,佛教信佛、基督教信上帝、伊斯兰教信主,而蒙古人原始信仰便为苏力德。

那么,古代蒙古人为什么选择了这个信仰? 从远古时期起,蒙古地区曾经流行祖先崇拜、自然信仰、图腾信仰、萨满教、佛教、基督教、伊斯兰教等多种宗教信仰,然而,从古至今没有形成过普及全蒙古的统一的宗教,只是在某一个地区或者在某一个历史阶段信仰某一种宗教而已。可是,一个令人惊叹的现象是,源于"奇颜苏力德"的苏力德信仰在蒙古无论在哪个时代,哪个地区流传至今。这并不是按着古代蒙古人主观愿望所决定的自然的选择。究其原因:

一、是由蒙古高原严酷的自然环境和游牧经济基础所决定的。蒙古族有句谚语:"巴彦(富人)扛不过一场雪灾,巴特尔(好汉)抵不过一支箭矢",反映的不是偶然现象,而是经常遇到的现象。千百年来的实践反复证明,面对严酷的自然环境,只能通过孜孜以求的努力、百折不挠的奋斗来应付,而不能幻想依靠

①毛泽东、周恩来、刘少奇、朱德:《论社会主义文明》(蒙古文版),第 156 页。

②李儿只斤·额尔敦宝鲁德、S·纳尔森、克列·那楚克新:《成吉思汗金书》,内蒙古文化出版社2000 年版,第 138、234 页。译文引自旺楚格编著的《成吉思汗祭祀史略》。——译者

什么神仙。这是苏力德信仰的渊源和本质所在,也是它流传下来的历史原因。在蒙古地区除了苏力德信仰之外,同时也盛行自然崇拜、佛教等一系列宗教,甚至苏力德信仰也利用了萨满教、佛教的一些说法和形式。但是,蒙古人的苏力德信仰不像其他宗教信仰那样对人的本质力量加以异化。

二、以"奇颜"名称为象征,扬名天下的蒙古历史传统,激励蒙古人坚持自信、自勉、自力更生的精神进行思维和奋斗。古时,将成吉思汗的祖先尊称为"答儿列斤蒙古人""尼鲁温(又作尼伦)蒙古"①。古代蒙古人的确是"以故土为根基,以腰杆为支撑"的蒙古人。

三、苏力德信仰作为世俗信仰,不像其他各种宗教那样排斥异己,而是主张各宗教相互尊重,平等相处。这是世俗信仰区别于其他宗教的明显特征和优势所在。蒙古人苏力德信仰以民族形式出色地体现了世俗信仰的基本内容和特征,形成了自己的体系。

这就是古代蒙古人为什么创立、信奉苏力德信仰的根本原因所在,也是蒙古地区虽然流行过其他宗教,但没有能取代苏力德信仰的主要原因。苏力德信仰作为世俗信仰的经典标志,数千年来根基于游牧经济,从蒙古人依靠自己,自力更生的奋斗历史中得到了生命力。所以,世俗信仰的发展趋势一定会转向科学信仰。蒙古人今天的生产生活的实践充分证明了这个发展趋势的正确。也就是说,只有改革开放,全面发展,才能适应时代发展的需要,才能把社会发展与国家民族的发展相结合,才能迈向朝气蓬勃、欣欣向荣的胜利方向。实践证明,中国特色社会主义制度为这个发展开辟了康庄大道。

二、苏力德信仰的基本渊源及其主要理论

苏力德信仰的基本渊源,是古代蒙古文化关于人的生存的基本观点。简言之,人是从"敬之""畏之"的结合上为生存不断增强生命力,不断奋斗的高智商动物。苏力德信仰的所有基本概念和理念,都是在"敬之""畏之"两个感悟基

①参见布仁图:《内蒙古历史文化》,第42页。成吉思汗的十一世祖先朵奔蔑儿干娶了阿阑豁阿为妻,生有二子。这两个儿子的子孙成了蒙古族的"答儿列斤(迭列列斤)氏蒙古人",也就是一般出身的蒙古人。丈夫死后,阿阑豁阿感受天光又生了三个儿子。这三个儿子的后代称之为"尼鲁温蒙古"。"尼鲁温"的意思是"腰",表示他们生自阿兰豁阿的纯洁之腰,是感受天光所生的不平凡的人。三子中最小的儿子叫孛端察儿,即孛儿只斤氏族之祖,其后代成为孛儿只斤氏。成吉思汗属这个氏族。——译者

础上成熟的。解决"敬之""畏之"问题的关键是力量。畏惧别人的力量或用力量让别人畏惧，敬慕别人的力量或用力量让别人敬慕，一言概之，力量就是苏力德信仰的生命线。古代蒙古人之所以用"奇颜"（奔流而下的瀑布）来命名自己的氏族，说明他们关于力量的认识跃上了历史新阶段。源于"奇颜苏力德"的苏力德理念即力量。《伊金苏力德桑》（汉语叫《圣主苏力德颂》）中有"英雄的君主""威猛的圣主"①的说法，《苏力德祭奠祭词》中有"具有巨大无比的力量/在那须弥山之巅/让举世无双的圣主天帝/在你面前屈膝/圣苏力德向你供奉膜拜"②的词文。在苏力德祭奠祭词，包括祝祷词、经文中用"巨大无比的力量"③、"威猛之力"④、"力大无比的圣苏力德"⑤等词汇比喻苏力德即力量，直至对智慧力量加以信奉。苏力德在人们心目中是"伊金（圣主），神物"⑥的统一体，进而祝祷词中祈祷"赐给我们增长智慧的神力吧，赐给我们增添力气的神力吧！"⑦这是因为：一，反映了蒙古人以自己本质力量为前提；二、表达了从苏力德那里得到生命力的渴望和追求。这种渴望在《阿拉格苏力德桑》中表达得更为明显，祝祷词中说："愿所有期望得以实现，让所有人得到幸福"，这是关于期望、精神、幸福三者关系最经典的表述。《蒙古秘史》第 277 节记载着圣主成吉思汗关于"众人可畏，深水可殆"的教诲。这是关于人、关于人的生命力的最集中、最生动并且最准确、最权威的表述。我们只有把蒙古文化的实际情况和成吉思汗整个思想联系起来加以分析，才能完整、准确、深刻理解这段话的内涵。

"认识自己是人，认识草场是畜"，这句精彩的谚语在蒙古人中间流传已久。由此可见，蒙古人具有把正确认识自己当作首要问题的传统。"众人可畏，深水可殆"，是蒙古人正确认识自己的重要体现，因为只有人类才是真正感悟死亡和惧怕的高智商动物。这是人区别于其他动物的重要标准。不过，人并不是因为感悟死亡而惧怕死亡，而是人知道敬畏自然的力量——深水，是知道敬畏人之

①孛儿只斤·额尔敦宝鲁德、S·纳尔森、克列·那楚克新：《成吉思汗金书》，内蒙古文化出版社 2000 年版，第 40、119、285、286、288、289、367 页。译文引自旺楚格编著的《成吉思汗祭祀史略》。——译者

②同上。

③同上。

④同上。

⑤同上。

⑥同上。

⑦同上。

理,国之道的高级动物。如果人没有敬畏之心,也就不会产生崇拜心理。学者认为,自然崇拜和祖先崇拜,大概是人类信仰思想的最初的两种形式。纵观蒙古古代历史,这两种形式也清晰可见。古代答儿列斤蒙古、尼鲁温蒙古,正是反映了这种思想倾向和思潮。学者认为,"答儿列斤"(又作迭列列斤),表达的是头枕着山山水水的意思。我赞成这个意见。但有的学者说,"尼鲁温蒙古"的意思是,表示他们生自阿兰豁阿的纯洁之腰,对此本人不敢苟同。我认为,像阿兰豁阿那样依靠自己力量,"有骨气,腰杆硬"的蒙古人称之为"尼鲁温蒙古",这样才符合历史和逻辑。阿兰豁阿夫人是真正依靠自己力量,用自己的力量拯救自己,振兴自己的,最早也是最值得尊敬的神母。称她的后代为"尼鲁温蒙古"名符其实。成吉思汗说:"我决不让祖先的故土落入他人之手,祖先所制定的制度和约孙决不允许破坏。"[1]这也是对两种崇拜的又一个解读和表述。如果对于人没有这样认识,成吉思汗大蒙古国玉玺上也许不会刻下"敬之""畏之"的字样了。当时的蒙古社会战乱四起,部落氏族之间仇杀掳掠,随时面临灭顶之灾,蒙古地区处于水深火热之中。把这种危机四伏的社会能够改造成安定、秩序的社会的人们,是以成吉思汗为领导的当时的蒙古人。他们之所以能够拨乱反正,事业获得如此辉煌成功虽然有诸多方面的原因,但思想上形成了"奇颜苏力德"传统的、统一的信仰,是主要原因。

成吉思汗将九斿白旗作为国家的徽旗高高擎起,使大蒙古国威望、声誉如日中天,从"敬之""畏之"的统一上真正发挥了国家政权的功能,使蒙古社会跃上新的历史阶段,更加激发蒙古人的精神,进一步巩固了内部团结。大蒙古国的可汗如果不是从"敬之""畏之"的统一上超越自我,如果不具备永葆生存生命力的智慧和力量的话,怎么会把"敬之""畏之"几个字刻在玉玺上,把政权的作用表达得如此精彩? 因此,成吉思汗的子孙,他的那可儿(同志、朋友)团队以及作为蒙古基本队伍的牧民们数百年来牢记成吉思汗的"札撒""必力克",遵循"敬之""畏之"的原则恪守蒙古优秀文化传统,创造性地建立以哈日苏力德、查干苏力德为象征的世俗信仰体系,为人类文化宝库增添了具有蒙古特色的信仰思想。

---

①[波斯]拉施特:《史集》(第一卷第二分册),商务印书社1983年版,第173页。

苏力德信仰为什么在数百年来的历史长河中在蒙古人的心目中扎下了如此深的根,打下了如此牢固的根基?其中有很多方面的原因,但主要是因为:人是知道畏惧的高智商动物。为了应付畏惧问题,一方面要求练就自己的胆量、精神和力量;另一方面,人又是具有崇拜感的高智商动物。虽然说,崇拜感来自敬畏之心,其实,崇拜又是为了应付畏惧。古代蒙古人绞尽脑汁创立的苏力德——生活理念,作为集体的象征——从奇颜苏力德升华为国家的徽旗,同时更重要的是升华为个体的意志、精神、毅力的象征和化身,苏力德是蒙古哲学思想的支柱和核心。因此,苏力德从人的感悟、精神、智慧上升到蒙古世俗信仰的最基本理念,作为整个信仰思想的核心和精髓,在蒙古文化发展中真正起到了支柱作用。那么,苏力德与宗教学说里的灵魂有什么关系?其实,两者都是作为人的悟性、精神的体现,有其共同点。但是,灵魂是宗教的理念或概念。它用超现实的方法把人的本质弄到异化的程度,而苏力德是作为蒙古文化世俗信仰思想的核心发挥作用,虽然说苏力德到如此高的程度,同样是通过超现实来实现的,但是,蒙古人把苏力德作为非神化的信仰,这一点令人惊叹。

《蒙古秘史》中着重记载"以古训为本,以祖训为据"进行教育的传统约孙。成吉思汗说的"祖先所制定的制度和约孙决不允许破坏",指的就是以自己权威为象征的"莫鲁""约孙"的体系。"众人可畏",是这个约孙体系的集中体现。然而,只有大家团结和睦,才能从"敬之""畏之"的统一中凝聚强有力的社会力量,进而达到预期的目标。在这个团结和睦的真正实现中,只有"额耶坦""和谐"的态度和立场才能起到决定性作用。成吉思汗的女祖先阿兰豁阿夫人曾经敏锐地观察,深刻地领悟,真正做到了这一点。

总而言之,古代蒙古文化的"莫鲁约孙"通过合不勒汗、诃额伦兀真,特别是成吉思汗天才的思考、实施,以"莫鲁约孙"或"奉天之命运"①、"也可额耶"或"和谐幸福"②、"奇颜志气"或"智慧之力"以及"查干苏力德"等理念,建立了蒙古人世俗信仰体系。

---

①孛儿只斤·额尔敦宝鲁德、S·纳尔森、克列·那楚克新:《成吉思汗金书》,内蒙古文化出版社2000年版,第30、40、71、138、151、289、291页。

②同上。

三、世俗信仰的重大意义

据蒙古文献记载,苏力德来源于"奇颜苏力德"。自从古代蒙古人信奉苏力德,特别是成吉思汗建立大蒙古国后,将查干苏力德奉为国家的徽旗以来,苏力德理念不仅仅是国家的象征,而且成为蒙古族全体崇拜的神物,并且更重要的是作为每一个蒙古人(这对会蒙古语,熟悉蒙古生活的人来说更为明显)志气、精神、毅力、力量的综合概念,如同宗教中的"灵魂"一样以极其独特的理念在蒙古高原上兴起。苏力德理念作为世俗信仰的中心或核心,一方面被拟人化,被信奉为"胸中有胆气者"[1]、"奋斗不懈的勇士""百折不挠的勇士"[2]、"全能英雄"等,另一方面又用神化的语言和形式,被信奉为"无教自通的天才"[3]、"智慧焕发"[4]、"全体蒙古的神物"[5]或"崇拜物"[6],甚至是"圣苏力德"[7]。这是苏力德信仰之所以在数百年的历史时期能够流行于蒙古地区的魅力所在,也是对于苏力德信仰的生命力来自哪里这个问题的生动而深刻的回答。与此同时,苏力德信仰坚持对佛教、伊斯兰教、萨满教等各种宗教信仰平等相待,不歧视,不排斥,互尊共处,是件很不简单的事情。这充分体现了蒙古文化胸怀、眼光和包容性。当然,这和基于游牧经济,社会生产力没有得到充分发展也有直接关系。

苏力德信仰的内容有着独特的特征,非常集中、非常准确而深刻地体现了蒙古文化的力量、学识修养。因此,必须把蒙古人苏力德信仰的特征和宗教学说及普遍所讲的哲学学说进行对比,才能更清楚地了解和掌握。简言之,苏力德信仰不像宗教学说那样异化人的本质力量,没有把人的智慧变作"灵魂",也不像传统哲学那样直接从世界观的角度去解读人的生存或生命,而是遵循把人的本质力量理解为无限的、不可阻挡的力量这个原理,经过了以苏力德象征奇颜的发展历程。然而,苏力德似"灵魂",但又不是灵魂,苏力德信仰似"宗教",

---

[1]孛儿只斤·额尔敦宝鲁德、S·纳尔森、克列·那楚克新:《成吉思汗金书》,内蒙古文化出版社2000年版,第30、40、71、138、151、289、291页。

[2]同上。

[3]同上。

[4]同上。

[5]同上。

[6]同上。

[7]同上。

但又不是宗教说教中把"宗教信仰"加以神化的宣传,与宗教有着本质的区别。也不像欧洲哲学那样把人的智慧当作由上帝教化的理念而加以推崇,而是感悟人的本质力量,把人的意志、精神、毅力、力量综合起来推崇为苏力德,奉献给人类文化宝库。这是蒙古人的聪明才智,是蒙古文化的博大精深所在,也是成吉思汗推崇众人的力量和智慧,赐给"众人可畏"教诲的根本原因所在。总之,苏力德信仰,是蒙古人掌控自我的一种方式,所以,蒙古人苏力德信仰具有哲学性。换句话说,苏力德信仰,是经过蒙古人生活斗争的实践,特别是经过在成吉思汗领导下实现的宏伟事业的实践的检验,最终形成不断自我改善的莫鲁和约孙。因此,它的重点不在于阐释人生的目标和目的,而在于提升自己的人格、素质。这是蒙古哲学形成发展的又一个重要特点。

人能够自己给自己做"主",能够成为"胸中有胆识"的、"百折不挠的勇士","睿智四射"的"苏力德台英雄"①,在集体中间崇尚"和谐""和睦",作为"全体之主""精神焕发,欢欢乐乐",是全体蒙古的无上幸福和真正的精神享受。有道是"信仰和疑问相伴成就人,志气和力量相伴成就英雄",只有"神奇的英雄",才是"和谐幸福"的保障,只有"精神焕发",才是欢乐的期冀。蒙古人从生活哲学的视角这样认识苏力德,是值得赞叹的。只有以人格、素质为主的哲学思维,才会把换发的精神、朝气的生活当作幸福看待。正如信奉佛教的喇嘛、和尚们把庙宇、深院的念经修身当作幸福和至高享受一样,蒙古传统文化中把向困难、危险、苦难做勇敢搏斗,取得胜利,当作幸福。因此,把"奋斗不懈"的斗争和"胸中有胆识"理解为"睿智四射"的先决条件,具有以英雄豪杰为榜样,推崇"家教"的传统。

①《蒙古秘史》原文音译:"速勒迭儿秃 别耶 赤那 古儿抽 亦列克迭周 速列迭列徹 阿余罢。"直译:"有威灵的你亲自来了,怕你威灵了。"额尔登泰、乌云达赉的《蒙古秘史》(校勘本)中译为"有天命的安答胜了"(第1010页);阿尔达扎布的《蒙古秘史》(译注)中译为"因而被应天而生的安答制胜了"(第381页)。

苏力德信仰的历史足迹

苏力德信仰是蒙古人的祖先传下来的原始信仰。本文根据《蒙古秘史》、拉施特《史集》等经典文献的记载,按苏力德信仰崇拜物形成的特点,把苏力德信仰的历史发展分为奇颜苏力德、成吉思汗祭祀苏力德、伊金苏力德(博格达苏力德)三个阶段加以探讨。这对于弄清苏力德信仰的本质、基本特点和发展趋势有着非常重要的理论意义和现实意义。

一、奇颜苏力德时期

信仰或崇拜理念,是人们掌控世界的一个主要方法。苏力德信仰,是属于古代蒙古人为了自我掌控而创立的一个主要方法。苏力德信仰思想早在古代就发明形成,载入一系列历史文献,吸引人们的眼球。古代蒙古人的祖先在依靠大自然,以游牧为主,以部落氏族为单位生活的过程中,与异族或和平相处或发生战争时,古代蒙古人首先要有一个统一的思想或精神的要求自然而然地摆在面前。成吉思汗的祖先大概离成吉思汗时代两千年之前就把自己命名为奇颜,说明他们自觉地突出强调自己的本质。成吉思汗少年时期,蒙古高原已经有了大家所公认的"奇颜苏力德",古代蒙古人跨入了历史发展新阶段,奇颜文化将其文明水平展现在蒙古高原上。因此,对奇颜苏力德的认定,是反映蒙古文化历史发展新水平的重大课题。

一、它体现了奇颜部落认识自己的优良传统,并继承发扬的自觉性和决心;二、奇颜部落的苏力德,是奇颜文化的核心、精髓或生命线,是奇颜思想的支柱和崇拜物;三、这反映了奇颜人自从有了自己特色的信仰后,在内部打下了团结和睦的思想基础,也有了自觉地提升自己人格或素质的可能。与此同时,对外扩大、提高了在其他部族中的威望,表明了他们已经成为领导核心的历史状况。奇颜人创立了以奇颜苏力德为核心的奇颜文化,奇颜又培育了阿兰豁阿、孛端察儿、合不勒汗、也速该巴特尔等众多俊杰和领袖人物,在历史舞台上一展风采。历史证明,成吉思汗是他们的杰出代表,是奇颜苏力德的新生和化身;四、当初,奇颜苏力德的具体形状或标识是一只白海青。这只白海青作为力大无比的崇拜物苏力德,显然与当时在蒙古地区的另外两个原始崇拜物 —— 图腾崇拜和萨满崇拜很不同,有其明显的特征。图腾崇拜,是崇拜某一种凶猛的野兽,如熊或狼,来做自己的崇拜物。而奇颜人有自己的传统,如用瀑布或白海青来做自己力量的标识或象征。《蒙古秘史》第 62 ~ 65 节中记述,德薛禅认为当时白海青是奇颜的苏力德,并且是铁木真的象征物或吉祥物,这符合奇颜文化的逻辑。换句话说,在这里把白海青表述为铁木真的化身,这是显而易见的。这是由奇颜名称的传统或演绎,而且是奇颜苏力德灵活性所决定的逻辑。这里所记述的赋予白海青以力量,抓着日月落在德薛禅手上,是件奇特又值得注意的大事。因为,当时在蒙古高原上,萨满教处于主导地位,其权威很大。但是,现在奇颜原始崇拜物苏力德 ——白海青居然把萨满教的原始崇拜物的日(太阳)抓着送到德薛禅手上,一方面表明萨满教崇拜和苏力德崇拜的不同之处,另一方面反映了苏力德信仰强势发展的时代新趋势。

总而言之,无论从奇颜苏力德形成的思想起源或文化历史的条件看,还是从奇颜苏力德神奇的力量观察,或者是从它区别于图腾崇拜、萨满崇拜的原则分歧上分析,当时的苏力德信仰显然是已经进入了比较成熟、比较发达的阶段。所以,虽然说奇颜苏力德仍然还属于苏力德信仰初级阶段,但是必须要清楚了解、准确掌握它已经成了比较发达的、比较成熟的信仰。如果没有以奇颜苏力德为核心或生命线的古代奇颜文化环境或文化氛围,奇颜部落怎么能涌现出阿兰豁阿、孛端察儿、海都、合不勒汗、也速该巴特尔等一代又一代的思想家和俊杰呢? 尤其是成吉思汗成长史和他所成就的旷世伟业,就是奇颜文化的杰作。

二、成吉思汗哈日、查干苏力德确定时期

《蒙古秘史》第 79、193 节中记述了成吉思汗从小在诃额伦母亲关于徽旗苏力德教育下成长,在长期严酷的战争生活中恪守奇颜徽旗祭祀制度,继承和发展苏力德信仰,推崇奇颜苏力德为全体蒙古人统一的崇拜物,并建立了哈日苏力德、查干苏力德系统的事情。《蒙古秘史》第 193 节中记载,"成吉思汗于鼠儿年(1204 年)入夏首月十六日红日高照之日祭旗",征战乃蛮部。在第 202 节中

记载，成吉思汗于丙寅年（1206 年）在斡难河源头召集忽里勒台，宣布大蒙古国成立，树起了九斿白旗。具体说：一、成吉思汗出征时祭的是哈日苏力德，成立大蒙古国时祭的是查干苏力德；二、成吉思汗作为军队最高统帅和国家的可汗主持苏力德祭奠，宣布奇颜苏力德 —— 由奇颜部落的苏力德现在升格为国家的苏力德或全体蒙古人所信仰的苏力德；三、由此，苏力德内容更加丰富，由个人苏力德、部落苏力德变为国家或全体蒙古人统一的苏力德来出现。比如，《蒙古秘史》第 201 节中札木合说被铁木真打败的原因是"安答因 速勒迭列 答鲁黑 答罢 必"（原文音译。意为被安答的苏力德屈服）①，同样，第 249 节中，唐兀惕（西夏）亦鲁忽·不儿罕·罕说的"向闻成吉思汗的威名，为之恐惧"②，在第 111 节中赤勒格尔孛阔（跤手或力士）说（孛儿帖夫人）是"忽秃黑台 速台"③（原文音译。速台，指女人的苏力德，意为尊贵之人的苏力德，可意译为冒犯了尊贵的孛儿帖夫人），这些都是指个人苏力德。当然，随着大蒙古国的消亡，其作为国家特征的形态也退出了历史舞台。个人苏力德与民族苏力德的统一，是苏力德信仰的一个突出特点。可是，在"左"的思想统治时期，有人否定苏力德的这一特点，只认为苏力德只是大蒙古国的国家的苏力德，而且把这个观点当作政治手腕或窍门，以此对付和镇压苏力德信仰者；四、成吉思汗苏力德祭奠，一方面推崇苏力德崇拜，创立酷似宗教崇拜的独具特色的崭新的信仰体系，为人类文化做出了贡献，但是另一方面由于采用宗教信仰的祭祀形式推崇和传承苏力德信仰，萨满教和佛教乘虚而入企图把苏力德信仰宗教化或神化。当然，这只是一种可能或倾向而已，总体上萨满教和佛教并没有完全取代苏力德信仰。

经过成吉思汗深谋远略和不懈努力，苏力德信仰成了独立的信仰习俗，增强了蒙古人团结互助，成为他们思想的坚强后盾，并且至今发挥着自己旺盛的

---

①《蒙古秘史》原文音译："速勒迭儿秃 别耶 赤那 古儿抽 亦列克迭周 速列迭列徹 阿余罢"。直译："有威灵的你亲自来了，怕你威灵了"。额尔登泰、乌云达赉的《蒙古秘史》（校勘本）中译为"有天命的安答胜了"（第 1010 页）；阿尔达扎布的《蒙古秘史》（译注）中译为"因而被应天而生的安答制胜了"（第 381 页）。

②同上。

③这个词在《蒙古秘史》音译本中旁注为"福有的"。额尔登泰、乌云达赉的《蒙古秘史》（校勘本）第 954 页中译为"因这般惹了孛儿帖夫人"；阿尔达扎布的《新译集注〈蒙古秘史〉》第 193 页中译为"竟收下了有福的兀真"；特·官布扎布、阿斯钢译的《蒙古秘史》（现代汉语版）译为"却犯尊贵的孛儿帖"。以上均为意译，把"速勒迭""速台"（苏力德）之意演绎为"有天命""应天而生""威灵""尊贵"等等，在不同的语言环境中未尝不可。——译者

生命力。成吉思汗"身强者可胜独夫,智高者可胜众敌"的教诲,说明他深刻领会智慧、思想、精神的重要性,并付诸具体实践。所以,才能够继承和发扬苏力德信仰,把它发扬光大。成吉思汗是真正用自己的实践把苏力德升华到伊金苏力德的高度的第一人。

三、伊金苏力德的发展时期

苏力德及苏力德信仰思想经过了数百年的发展过程,特别是经过了"奇颜苏力德""成吉思汗祭祀苏力德"等较为自觉、较为稳定的发展过程或阶段,按照自己发展规律,形成了"伊金苏力德"理念,跃入了更加成熟、更加彻底、更加系统的新阶段。然而,创立"伊金苏力德"的概念和理念,并不是简单的事情。

伊金苏力德,是在蒙古人千百年来的游牧生产、生活和劳动中出现的必然物。他们一方面在顺应大自然,和大自然和睦相处,逐水草而居,驯化野生动物的过程中,逐渐认识自己智慧、胆气的重要性,尤其在蒙古高原严酷的自然环境中逐渐领悟到依靠自己力量的重要性,另一方面通过部落之间的征战或猎获野生动物,克服自然灾害的过程中,逐渐认识邻里之间的和睦和社会大众团结合作的好处,懂得了要生存,必须要靠自己,而不是靠什么神仙或上帝。他们认识到,这就是"宇宙之理,众人之道"。

伊金苏力德,是成吉思汗思想的发展,并且是他对他实践的科学总结的结晶。成吉思汗在诃额伦兀真关于自力更生教诲及家庭教育熏陶下,从小聪明过人,意志坚强,在克服种种困难,由小到大、由弱到强的过程中,深深懂得了:

"向着高山的山麓走,

向着大海的渡口去;

不要惧怕路途遥远,

坚持走就能抵达;

不要畏惧担子沉重,

只要扛就能举起。"

这条真理。自然法则,就是像过山要沿着山麓,过河要找渡口,只要遵循这个规律,不断实践,不懈努力,才能达到目标。"信仰疑问相伴成其为人,志气胆量相伴成就英雄",这句蒙古语谚语创作年份很难推定,但其内容与成吉思汗少年时期的情况相吻合,也是对成吉思汗的成长和成就伟业的最准确的表述和证明。换句话说,成吉思汗之所以能够成就伟业,成为巨人和伟大的统帅,并不是按着什么神仙佛祖的教导去实现的,而是高举传统的苏力德徽旗,自己当家做主,经过长期不懈斗争的结果。创造性地继承,推崇人的本质力量和本性,成为苏力德信仰思想奠基人的便是伟大的思想家成吉思汗。

伊金苏力德,是在与图腾崇拜、萨满教、佛教、伊斯兰教、基督教等众多教派的错综复杂的关系中形成发展起来的。人与其他动物不同,是有智慧、有思想的特殊动物。但是,人要正确认识自己的特点,有效地加以发挥,也是个非常复杂、非常困难的问题。各种宗教把人的本质力量、本性加以异化,创立了上帝或佛神的理念,反过来认为神创造和掌控世界,人的主人是神。但是,古代蒙古人在游牧生活和严酷的自然环境中,不是异化人的本质力量、本性,而是开辟出直接依靠它的路子,创立了苏力德的理念,把它当作自己真正的主人,自己思想的真正的依靠。成吉思汗,是他们最杰出、最天才、最伟大的代表。

伊金苏力德、博格达苏力德,是成吉思汗祭祀苏力德的直接继承和创造性的发展。说苏力德为伊金,是表明其地位、价值,表明是人的主人。博格达,是表明人的本质力量、本性的崇高、神圣和不可侵犯,其实是伊金的另一种说法而已。因此,我们根据两种名称的相同的意思,汉译时译为"圣主"。一直以来信奉伊金苏力德、博格达苏力德并把它写入文字记载的是鄂尔多斯人,特别是他们中的达尔扈特。上面提到的宗教信仰在蒙古地区广为流传,特别是萨满教和佛教在很长一段时间里处于统治地位。在那种情况下,蒙古人能够坚持并创造性地继承和发展非佛教的苏力德信仰,是件不简单的事情。尤其是在那些宗教利用政治,采用政教合一的手段对付苏力德信仰的时候,苏力德信仰非但没有被消亡,而且以"百折不挠的意志"坚守、发展自己。伊金苏力德、博格达苏力德的名称和伊金、崇拜物、守护神的统一确认,是苏力德信仰发展达到历史新水平的象征。它将苏力德信仰较为完整、较为准确地理论化、系统化,具备了自己的特征。这里大思想家、佛学大师罗布桑丹毕扎拉桑的《圣主苏力德桑》值得一提。他根据蒙古传统祭祀祭奠,特别是成吉思汗亲自主持的苏力德祭奠以及成吉思汗后代把成吉思汗推崇为圣祖而祭祀的两项祭奠糅合在一起,创立了伊金苏力德、博格达苏力德的理念。这在宗教史上,如同伊斯兰教信奉安拉为唯一的神,穆哈穆德为他的使者一样,将信奉苏力德为最为权威而推崇至极的成吉思汗和伊金苏力德、博格达苏力德糅合在一起,推广祭祀祭奠桑经的当属罗布桑丹毕扎拉桑的最大的历史功绩。罗布桑丹毕扎拉桑作为佛教大师将一系列祭奠祭词和形式创造性地引用到苏力德祭祀上。他在《圣主苏力德桑》里说:

> "具有巨大无比的力量,
>
> 在那须弥山之巅,
>
> 让举世无双的圣主天帝,
>
> 在你面前屈膝,
>
> 向圣(博格达)苏力德供奉膜拜。"

这在蒙古文化史上是件大事,值得惊叹,值得强调。因为谁都知道,天帝是萨满教最高的神物。可是,博格达苏力德令它屈膝膜拜。只有真正了解苏力德信仰的人,才能这样描述,只有分得清萨满教和苏力德信仰本质区别,才能如此表述。

总而言之,伊金苏力德、博格达苏力德,是古代奇颜苏力德和成吉思汗祭奠的哈日苏力德、查干苏力德发展的必然结果。由于如此准确地命名苏力德信仰的崇拜物,为科学地概括苏力德信仰系统打下了坚实的基础。由此,苏力德信仰找到了转向科学信仰的广阔道路。

伊金苏力德、博格达苏力德的理念,突出人的本质力量,倡导人们当家做主,依靠自己的聪明才智不断提升自己,追求继续促进社会进步,它与宗教信仰中依靠某一个上帝、神仙的无所不能的恩典的迷信或盲目崇拜有着本质的区别。蒙古人自古以来严格坚持伊金苏力德、博格达苏力德理念,并结合历史实际不断丰富发展,使其成为苏力德信仰的中心、核心或精髓。以伊金苏力德、博格达苏力德为核心或灵魂的苏力德信仰构成了独立的、独具特色的世俗信仰系统。纵观世俗信仰及其渊源、发展、本质和发展趋势,它必然要转向科学信仰并意气风发地沿着这个方向前进。可喜可贺!

苏力德信仰的奠基人成吉思汗

一、信仰形成的两种路线方向

分析成吉思汗信仰观,特别是他的苏力德信仰,首先要弄清人们信仰的历史轨迹及其主要内容和基本特点。由于人的本性、本质,人的信仰总体上按着两个路线方向来产生、形成和流行。人的本质是顾命的,而人的生命质量的提升却要通过舍命来实现。因为人的本性和本质具有社会性。因此,人们从顾命和舍命的统一上关心自己的能力。据我愚见,这就叫终极关怀。换句话说,终极关怀不仅仅是关心吃喝拉撒睡或传宗接代等生命的常态,而是要追求生命的质量,即生命的最大意义、最大价值。这种追求和渴望只属于人类的悟性和精神。信仰是这个悟性和精神的最高表现形式,又通过人的终极关怀来完全展示和实现。因此,应该正确理解和掌握终极关怀的这些鲜明特征。首先,它是以文化悟性为主的整体性关怀。所以,它一方面贯穿于人的整个思想、情感、毅力、作风和行动;另一方面通过一系列文化内容、模式来体现人的社会属性和社会性。如果没有文化的丰富多彩的内容和灵活多样的形式,怎么能体现出人的生命质量的贵贱、好坏和高低呢? 其次,终极关怀必须是以人的生命质量为主的具有价值观性质的关怀。终极关怀之所以从价值观角度去关爱人的生命和整个生活,才能够反映人的思想境界的高尚。终极关怀虽然通过文化的多方面来体现,但必须要准确认识和把握它的最关键性途径是自我超越。所谓自我超越就是人追求生命价值的自我要超越肉体的自我;远见卓识的自我要超越只顾眼前的自我;考虑氏族、国家民族利益的自我要超越只顾自身利益的自我,或者用集体主义思想或时代精神来指导自己的行动,都属于自我超越。概括起来说,终极关怀的功能在于通过自我超越的方法或途径,从顾命和舍命的统一上实现自我关怀。

准确认识和把握实现顾命与社会性的统一的环节,又是一个关键性的问题。这个环节就是伊金理念。伊金悟性是人最初、最基本、最重要的悟性,而这个悟性的形成不是一帆风顺的,而是在千百年来的生活、奋斗中人们通过反复观察,不断思考,不懈努力,才逐渐认识到必须要有伊金悟性。可是,这个伊金悟性是如何产生形成的,又是如何启发和引导人们的?或者说是如何通过自我超越的途径来实现顾命和社会性的统一的?总体上有两种路线方向:一种是把人的本质力量抽象化、超越化,直至异化来实现终极关怀。我们把它叫作宗教信仰的路线和方向。这里把人的本质力量超越化、异化,认为人之外存在的天帝或佛祖、神仙等外力成为人的"主",掌控一切;而另一种是世俗信仰的路线方向。世俗信仰的情况也是很复杂,不过就它的主流、本质而论,它与宗教信仰有着原则区别,它属于具有自己鲜明的、独具特色的信仰路线方向。它的基本特点是,人们通过某种形式直接依靠自己本质力量和智慧。当然,这个特点起初主要靠经验或文化传统来传承。其中,蒙古苏力德信仰在表现或体现人的本质力量方面却是属于很有个性、很有创造性、很有自觉性的世俗信仰。所以,它作为世俗信仰的经典之作,为人类信仰史上奉献了具有蒙古特色的信仰思想系统。这个系统的中心或核心,就是成为蒙古人思想和精神的"伊金"(主)的苏力德理念。它起初通过生活、斗争中的经验积累来形成发展,后来经过大师罗布桑丹毕扎拉桑等的努力,形成了较为理论性的、系统性的苏力德理念。它集中表现在《伊金苏力德桑》和《圣主苏力德桑》里所记载的"伊金苏力德""博格达苏力德"概念上。这里一方面称苏力德为"伊金",把它与宗教信仰中的神和"护身"区别开来,表明苏力德是人自己的伊金(主);另一方面称苏力德为博格达,表明苏力德如同宗教信仰中的神和灵魂一样神圣、崇高和权威的伊金。所以,伊金苏力德、博格达苏力德的概念是苏力德信仰升华到理论化、系统化新阶段的具体体现。如果说,前面我们是从人的本质和本性的视角分析了信仰,那么,下面我们把它更为具体化,将蒙古人游牧经济及其文化状况作为切入点,对他们信仰展开进一步深入讨论。

二、蒙古文化伊金理念的产生和形成

游牧生活的鲜明特点,主要以个体依靠自然生活来体现。所以,人总在孤立状态。这表明与农耕经济的工作分工,商品经济发达的现代工业有着明显的区别。很显然，个体依靠自然孤立地或独立劳动，也以人们选择自由状态来集中体现。马克思非常敏锐地观察到这一点，并进行科学的深刻论述，我们可以在他的《资本论》里看到。这对研究牧业自由劳动和自由权，具有方法论的意义。比如，当看到马克思评述独立人格的概念、游牧劳动特点的时候，感到多么亲切，多么贴近啊。游牧生活中的个体劳动的特点是，养什么牲畜，怎么养和怎么利用，选择什么样的草场，怎么样安置营盘等等，注重以选择来体现的人的自由权，因为谁在选择是关键。游牧生产生活的主体是牧民。称古代蒙古为答儿列斤蒙古、尼鲁温蒙古，就是形容他们"以故土为根基，以腰杆为支撑"。这是主要以经济状况体现出来的他们社会生活及社会关系的总体状况。简言之，如果说游牧生活对于人的个体劳动具有决定性作用，那么，个体劳动对于人们主人翁意识也有决定性作用。如果我们从文化和政治的角度重新审视，生活中的这种自由选择的权力表明了文化和政治方面人的个体性和个性虽然是原始的，但有了相当的发展。如果用哲学语言表述，其主体性、悟性虽然是原始的，但表明已经较为清晰了。这说明古代蒙古人民主相当发达，是能够用"也可额耶"制度来选举产生氏族领袖和"达鲁花赤"（首长）的重要前提。把成吉思汗坚持"也可额耶"制度，遵循汗和可汗的选举制度的功劳单单归功于成吉思汗的天才的解释是不全面的。成吉思汗的丰功伟绩和天才，主要在于创造性地继承和发展蒙古优秀文化传统。换句话说，如果没有蒙古文化尊重个体，尊重人的个性的优秀传统，成吉思汗"众人可畏，深水可殆"的政治观和置"法律"于皇权之上的民主观怎能大放其彩呢？蒙古文化这些优秀传统概括起来说，它虽然是原始的，但已经形成了独立的人格。这才是"伊金苏力德"真正的直接前提和源泉。

三、成吉思汗是伊金苏力德信仰的真正奠基人

建立并推广统一的信仰，是蒙古地区时代的紧迫要求。众所周知，13世纪初之前，蒙古高原有很多蒙古语种的氏族。因为他们没有统一的信仰，所以，自然崇拜、图腾崇拜、萨满教、苏力德信仰以及外来的佛教、伊斯兰教、基督教等共同相处，从各自的渠道流传扩散。这也是蒙古地区战乱不已，群雄争霸，逐鹿高原的思想方面的一个主要原因。据世界宗教研究者认为，任何一个宗教都是排斥异己，唯我独尊，主张推广自己的宗教。这也是那些学者们在宗教研究上的

共识。因此,在实际生活中,不允许一个人一方面信奉这个教,如萨满教,另一方面又信奉另外一个教,如佛教。这对一个国家民族的领导和领袖来说也是如此。换句话说,信了这个教就不信那个教。

那么,成吉思汗是怎么样处理那些众多宗教间的内部关系,解决那些众多宗教信徒间的内部矛盾,实现社会和睦和谐,从而成就大业的呢?这里首先一个问题是,要有体现众多宗教信徒共同利益的共同点和能够代表他们思想的纲领。那就是结束当时的战乱,实现社会的安定,发展畜牧业的纲领。这个纲领的主要内容就是成吉思汗所提出的"我祖先的故土决不让别人占有,祖先所制定的制度和约孙决不允许破坏"。下一个问题就是,在思想方面如此麻烦、如此复杂的情况下,即那么多部落相互争夺,那么多宗教相互对立的形势下,必须要具备能够统一和带动大家思想的统一意志和文化才能。实事求是地说,成吉思汗作为大蒙古国最高掌权者,创造性地继承和发展祖先的约孙,落实推广苏力德信仰,是具有深远意义的功德无量的事情,它的意义无论怎么评价都不过分。据我拙见,成吉思汗一系列巨大贡献中第一个功劳就是推崇和发展苏力德信仰。其一,在"祖先所制定的制度和约孙决不允许破坏"的前提下,创造性地继承和发展"额尔古纳昆传说"中的奇颜精神,"阿兰豁阿夫人传说"中的"额耶坦"传统和奇颜苏力德的崇拜制度;其二,按照国家的约孙,彻底推崇和推广苏力德信仰和崇拜,比如,哈日、查干、阿拉格苏力德祭祀祭奠规范化,苏力德抽象内涵和具体形式形状从此固定下来;其三,以苏力德为象征的蒙古意识提升为从大蒙古国角度出发的蒙古意识,比如,在可汗玉玺上刻有"敬之""畏之"字样;注重苏力德信仰的基本观点;以"必力克""札撒"的形式宣扬和推广成吉思汗思想,也加深了对哈日苏力德、查干苏力德的理解。总而言之,以苏力德信仰为核心或灵魂的民族思想意识和精神已经形成,民族团结得到了加强,为全民族昂首挺立跨入世界民族之林奠定了思想基础。数百年来,经过以鄂尔多斯达尔扈特为代表的广大牧民群众和具有远见卓识的思想家们的艰苦努力,创作了有关苏力德祭祀祭奠的各种仪式和桑经、颂祝词、经文等书籍,通过"伊金苏力德""博格达苏力德"的名称,将苏力德信仰提升到理论化、系统化的高度。历史证明,所有这些都是在成吉思汗奠定的基础上得以实现。

四、成吉思汗不是萨满教信徒

成吉思汗不仅仅是简单地继承苏力德信仰传统,而是创造性地继承和发展苏力德信仰,并成为苏力德信仰的真正奠基人。苏力德信仰作为世俗信仰的一个典型形态,为人类信仰思想史上奉献了具有蒙古族特色的信仰观及风俗。在成吉思汗领导下成就的伟业充分证明了成吉思汗是自觉地,并且是彻底的苏力德信仰者,而且成吉思汗的"那可儿"(同志、朋友)团队和军民的共同努力和辉煌成就也证明了这一点。成吉思汗亲自参加对哈日苏力德、查干苏力德的祭祀祭奠活动,赞誉那些英雄豪杰的赞颂,特别是对孛斡儿出的赞美之词,是体现他苏力德观的最具典型性的经典。成吉思汗说孛斡儿出"由于你有豪侠气概,才愿意做伴的","你还有很多英豪行为,难以尽述"(《蒙古秘史》第 205 节)。这真是充分反映"英杰"与"英豪"之间友谊的描述。再举罗布桑丹津在《黄金史》中写的成吉思汗的一段话:

> "与友邻来往时,
> 如一头温驯的花牛犊,
> 与仇敌厮杀时,
> 如一只凶猛的狮子和老虎。
> 为了消灭敌人,
> 不顾自己性命的,
> 心之骏英雄孛斡儿出。"

所谓"心之骏",就是心心相印的朋友,由衷赞美的"苏力德"英雄。虽然角度不一样,但表示出与札木合对成吉思汗所说的"安答因 速勒迭列 答鲁黑答罢 必"(意为被安答的苏力德屈服)同样的内容,都是对蒙古英杰苏力德精神的赞美。

成吉思汗作为伟大的思想家对信奉苏力德精神具有很高的自觉性,总是将体现"宇宙之理,众人之道"的客观规律放在胆气、实践之首位。正如成吉思汗所说的:

　　　　"向着高山的山麓走，

　　　　向着大海的渡口去；

　　　　不要惧怕路途遥远，

　　　　坚持走就能抵达；

　　　　不要畏惧担子沉重，

　　　　只要扛就能举起。"

（罗布桑丹津《黄金史》第 219 节）中，把客观规律比喻为"山麓"和"渡口"，令人赞叹。更为令人赞叹的是，这些还作为"不知疲倦的努力"和"百折不挠的奋斗"的前提来出现。成吉思汗在信奉苏力德信仰，强调人的精神和风貌时，能够把客观规律看作前提和基础，所以，他的智慧、思想、精神、风貌得到了充分的展示，事业取得丰硕成果。这是世俗信仰的又一个重要特征。总而言之，无论是纵览成吉思汗的整个实践，还是研读他的教诲和"札撒""必力克"，或者是观察他亲自主持完成祭祀祭奠活动，完全可以说，成吉思汗是苏力德信仰的真正奠基人。

　　苏力德信仰从本质上说是人的本质力量的信仰。所以，它不像别的宗教似的排斥异己，而是采取尊重其他宗教，团结其他宗教的政策。成吉思汗虽然是苏力德信仰者，但他尊重自然崇拜、图腾崇拜、萨满教、佛教、伊斯兰教等其他宗教，和他们平等相处，团结共事。当然，成吉思汗少年时期萨满教在蒙古地区基本上处于统治地位，所以他不可避免地受此影响。这一点，在《蒙古秘史》中可见一斑。但是，不能因此就认为成吉思汗就是萨满教信徒吧？认为成吉思汗是萨满教信徒的也大有人在，可是，萨满教研究者们能够证明成吉思汗是萨满教信徒的有根有据的研究论文实际上至今未曾出现。当然，认为成吉思汗是萨满教徒的说法，也不完全是凭空捏造的无稽之谈，从文献上清楚地看到，成吉思汗也曾经多次说"借长生天之力""天赐"之类的话，他在年轻时也多次向山水祈祷保佑。不管怎么样，原始的祖先崇拜、自然崇拜，特别是萨满教影响在他身上肯定存在。但是，成吉思汗的思想、世界观的主流，信仰观的主导肯定不是萨满教，这一点非常清楚。如果成吉思汗世界观的核心是萨满教的话，那么，把在蒙古地区较为普遍，甚至是处于统治地位的萨满教按照"札撒"升格为国家的宗教,用政权的力量来巩固其统治地位岂不更容易？可是在"札撒"规定里没有这一点。如果成吉思汗真的是萨满教信徒,那么,他的教诲和箴言的内容肯定会以萨满教内容为主。但是,至今找到的"大札撒""必力克"中很难看到此类内容。如果成吉思汗是萨满教信徒,在遵照蒙古祖先的规矩任命兀孙老人为别乞那颜(官名)时,对于他的职责、地位,甚至连服饰都讲得清清楚楚,怎么能不提他在萨满教方面的职责呢？如果成吉思汗是萨满教信徒,怎么能够包容蒙古地区的那么多宗教,如此成功地实施平等相待的政策呢？排斥异己,是所有宗教的共性。这不是全世界宗教研究者公认的常识吗？萨满教是如何对待其他宗教的,这是大家有目共睹的事情。如果成吉思汗是萨满教信徒,他会像向兀孙老人交代任务一样向阔阔出·帖卜腾格理交代责任,尤其是他不会不考虑阔阔出·帖卜腾格理在萨满教徒中的地位、威望和功劳,不会如此将其一杀了之。

更值得强调的是,如果成吉思汗是萨满教信徒,在推举捏坤太子、阿勒坛、撒察、台出等为奇颜汗时,不会仅仅依据祖先传下来的"也可额耶",还会提出萨满教的教令。可是据《蒙古秘史》第179节的记载,成吉思汗不是没曾提起过萨满吗？比如,成吉思汗说得很清楚:"因为你是捏坤太子的儿子,我辈中让你当汗,你却不肯。阿拉坛,因你父忽图拉·汗曾统辖过我们,让你继承父位当汗,但你也不肯。依长幼之序,撒察、台出,因你二人是巴儿坛·巴特尔的子嗣,因而请你们俩都做汗,也不肯。你们终于不肯当汗,我却被你们推举为汗了。"其实,当时在萨满教理论和逻辑方面,能够证明伟大的思想家成吉思汗已经发展到了令人宾服的程度的依据不是至今也很难找到吗？

苏力德约孙

一、苏力德理念是古代蒙古人惊人智慧的结晶

苏力德理念不是固有的,也不是哪一个专家、学者突然发明的名词,而是在古代蒙古人游牧生活基础上按着蒙古语发展规律所形成的苏力德概念,后来升华为苏力德理念而流行起来的。所以,现在我们主要探讨一下苏力德的理念。苏力德理念,最早以苏力德概念来出现,它的发展过程中语言表述也有变化。也就是说,苏力德理念的意思很早以前用"速、速台"(蒙古语第五个元音,国际音标 su:,汉语没有对应的音)表述。简言之,"速、速台"是指卓绝、卓越,精力充沛、精神焕发,生命力或睿智、雄姿等意思。后来,运用了(祖勒特·苏力德)概念的意思,创立了无与伦比的苏力德概念,反映了古代蒙古人思维水平和语言表达能力。可是,当时甚至是接下来的相当一段时间内,由于各种原因,蒙古族内部宗教和信仰相互参透,相互交叉,特别是由于文化与科学、文化与精神文化之间尚没有清晰的划分,所以,也将苏力德的意思解读为护神、神灵,甚至为灵魂、神。其实,这种现象或认识至今还在老百姓当中广为流传。

只有我们正确运用马克思主义信仰观,准确划分宗教与信仰的区分,准确认识文化与精神文化的区别,才能真正继承和发展苏力德文化的优秀传统,提高人的素质,改进人的全面修养,用完整的人格修养不断完善和提高自己。所以说,马克思主义信仰观,是正确解读苏力德约孙的前提和关键所在。

只有用马克思主义信仰观,才能准确把握文化与科学、文化与精神文化之间的关系,科学地掌握蒙古族文化理念,从开启人的睿智角度创造性地继承和发扬蒙古族智勇双全的传统。有关专家认为,猿变成现代人经过了四大阶段,即古猿人—人猿—早期智人—现代智人。这个划分是有道理的。因为以智慧来作衡量标准或象征,是符合人的本质力量和本性的观点。纵观各民族的历史,有的民族,比如蒙古族的文字及其概念或逻辑思维发展较晚,或科学及工业

技术发展较晚或近代以来才得到发展,但他们智慧状况和发展,他们形象思维和灵感思维,他们想象力和颖悟机灵,在游牧生活和在与大自然的直接接触中得到了很大的发展,人们在自我提升过程中能够推动社会进步。如果说蒙古人的祖先奇颜人靠自己的天性悟到了这个道理,那么,伟大的思想家成吉思汗真正自觉地认识到人的智慧的巨大力量和伟大意义,成就了如此宏伟的事业。成吉思汗说过:

> "如果知道阴阳相辅,
> 就能降服一切强者。
> 如果不懂阴阳转化,
> 写在掌心的东西记不住也。"

这是成吉思汗关于必力克(智慧)的经典教诲。尹湛纳希是蒙古文化方面造诣很深,对成吉思汗研究和了解很深的伟大的作家和思想家。他关于蒙古文化必力克(智慧)写过一首诗:

> "身体英雄者乃一代之英雄,
> 智慧英雄者乃万代之英雄。"

看来,尹湛纳希很清楚蒙古族中有很多人对英雄(巴特尔)有错误的理解。实践证明,一个人只有对智慧之英雄有正确的认识,并能准确地把握,才能朝着真正英雄的方向自我提升。如果说西方关于"知识就是力量"的理性理解,对人类文化发展做出了很大贡献,那么,蒙古文化的理解就是"必力克(智慧)就是力量"。成吉思汗成就伟业的核心,就是蒙古人必力克(智慧)的胜利。

只有掌握马克思主义信仰观,才能准确分清宗教与信仰的关系和区别,以游牧经济和生活为基础,以人的本质力量为出发点,通过阐明苏力德信仰与宗教信仰之区别的过程,才能体现出苏力德信仰的世俗信仰之特征。这样,一方面能够弄清苏力德信仰是具有蒙古族特色的、独立的信仰体系,另一方面又能体现出苏力德信仰作为世俗信仰是如何升华为科学文化精神的。人的科学精神,首先通过人的素质和人格修养、提升来体现。苏力德向来就以蒙古文化精神的集中表现或以蒙古人优秀的人格来展示于世。蒙古人传统祝词中说"祝你精神焕发""祝你精神振奋",这是很平常却广为使用的一句话,又是保留蒙古语语言特色的最深刻且非宗教含义的祝词。特别是,苏力德理念不但非常出色地体现了蒙古文化以人为本的传统,又展现了蒙古语丰富的表现力。这就是蒙古人的必力克(智慧)也。

二、德薛禅关于苏力德约孙的解读

翻阅历史文献,发现最先论述苏力德的功勋思想家当属弘吉剌部落德薛禅。他的确是位名符其实的具有远见卓识的聪慧之人。也速该巴特尔为儿子求婚途中遇上德薛禅,他敏锐地发现这个机遇,紧紧抓住具有说服力的"奇颜苏力德"这个话题,定下了铁木真与孛儿帖的这门亲事。他是第一个对"奇颜苏力德"做了最经典的解读的著名人物。现在,我们再一次拜读一下著名的《蒙古秘史》研究学者阿尔达扎布先生的《新译集注〈蒙古秘史〉》第62～66节:

德薛禅说:"也速该亲家,你特意来谁家?"也速该说:"要到我这个儿子的母舅家斡勒忽讷兀惕氏百姓里,(给他)求婚。"德薛禅说:"你这个儿子是个眼中有火,脸上有光的孩子啊!"

德薛禅接着说:"也速该亲家!昨夜我做了一个梦,[梦见]一只白海青抓着太阳、月亮两个[天体]飞来,落在我臂上。我把这个梦[曾]讲给人说:'太阳、月亮是[常]看得见的;如今,这海青[却]抓着拿来落在我手臂上了。白色自天而降,这无疑是将要让[我]看见什么的好[兆头]吧!'也速该亲家!你领着这个儿子前来,应了我的这个梦。我做了好梦!会是什么梦呢?[一定是]你们乞牙惕氏百姓的圣灵指教[托的梦]。"

德薛禅接着又说:

"俺翁吉剌惕氏百姓,自古以来:
以外甥的相貌(堂堂而盖世),
以女子的姿色(艳美而闻名),
从不(与人)争夺国土(与百姓)。

让脸蛋儿俊秀的女子们，

乘坐着您的合罕的高轮大车里，

驾驭着黑青色的公骆驼，

颠跑着去，

与合罕并肩坐在合敦的座位上，

我们不与别人争夺国土与百姓，

俺养育着姿色俊美的女子们，

坐在(你的合罕的)有沿的(蓬)车里，

驾驭着黑青色的公驼，

同合罕并肩坐在高位上，

俺翁吉剌惕百姓，

自古以来，

以合敦作为团牌，

有女儿代为陈情，

以外甥的相貌(堂堂而盖世)，

以女子的姿色(艳美而闻名)。"

德薛禅说："(向来)，我们的男儿们，守看营地；我们的女儿们，靠她的姿色(容貌)。也速该亲家！请你去我家吧！我的小女年纪还小，全家(请)看看吧！"说着，德薛禅便引他们到了家。

也速该看了他的女儿，脸上有光，眼中有火。他看此女子合了自己的心意。(她)比铁木真大一岁，有十岁了。名叫孛儿帖。

当夜住下，第二天(向德薛禅)求他的女儿。德薛禅说："只有多次被求而许给，才被重视。只有少次被求而许给，会被凌辱。(话虽如此，但)女人家的命运，不老在生下的门里，把我的女儿给你吧！再把你儿子当作女婿留给我回去吧。"

也速该说："把我儿子当作女婿留下吧。我的儿子怕狗。亲家！不要让狗惊吓了我的儿子。"说完，就把牵来的一匹从马作为聘礼赠送了。把铁木真留下当女婿,(自己)回去了。①

　　提到奇颜苏力德,首先要回答什么叫奇颜。奇颜惕(乞牙惕),是奇颜的复数,即指奇颜百姓。那么,奇颜是什么意思? 奇颜有多种解释。它的主要意思是查干或策根(指白颜色)。精通蒙古语的近代著名作家尹湛纳希曾经把奇颜作查干使用,可现在的年轻人绝大多数已经不知道这个意思了。拉施特在《史集》中记载:"蒙古语奇颜,是从山崖奔流而下的激流(瀑布)",并把它的别意解释为"奇颜人"。由此可以联想到为什么有人叫也速该巴特尔为"也速该奇颜"了。因此,奇颜显然是直接关系到古代蒙古史上很多重大事件的重要信息或一个特别的概念。比如,《多桑蒙古史》中写道:"到了朵奔巴彦时代,人口众多,分出了若干部落,各自起了名字,不再沿用奇颜这个名字了。现在,重新恢复了"②,突出记载了合不勒汗文化自觉性。值得说明的是,或信奉某某力士或信奉某某阴谋之人,用他来命名自己或做象征的,我们叫作图腾崇拜。比如,有的民族以狼或以熊做图腾。可是,古代蒙古和他们不同,他们自认为"刚毅、勇敢、大无畏",从山崖上奔流而下的激流、瀑布的不可阻挡的力量和自己一样,所以,以奇颜为姓氏的名字。这是突出主观物体或自身力量的绝妙的智慧。人的力量和奇颜,能够互为验证。而古代蒙古人以自己力量为前提,首先表明自己的力量像奇颜,以此显示自己的聪明才华,表明与当时的图腾的不同之处。如果说,我像奇颜一样有力量,虽然可以表明奇颜志气,那么,说奇颜像我,才能够表明奇颜独有的智慧。只有深刻了解奇颜名称以及奇颜志气与奇颜智慧的关系和区别,才能够有可能深刻理解德薛禅所说的奇颜苏力德(圣灵)之意。

　　说到奇颜苏力德,还是有必要搞清楚什么叫苏力德。前面章节里,在探讨必力克的时候,我们已经讲过苏力德内容及其各种延伸出来的意思。在这里主要讲一下德薛禅所说的苏力德的几个具体特点:第一,他所说的苏力德,是主要以精神苏力德来体现的抽象苏力德和具体苏力德的统一。这就是以神奇的白海青来象征出现的奇颜苏力德。这是现在的哈日苏力德、查干苏力德、阿拉格苏力德神圣的三个苏力德的原始状态。由于历史的或地区、氏族的不同,或者外来民族文化或各宗教影响的不同,苏力德具体形状不尽相同,但它所象征的

---

　　①阿尔达扎布:《新译集注〈蒙古秘史〉》,内蒙古大学出版社 2005 年版,第 106～114 页。
　　②［瑞典］多桑:《多桑蒙古史》(蒙古文版),内蒙古人民出版社 1988 年版,第 1 页。

智慧、力量、精神，都是指蒙古文化基本精神。第二，他所说的苏力德作为奇颜文化精神的集中体现，它既是奇颜共同的苏力德，又是奇颜每一个百姓个人的苏力德。如果不是，就不会有"祝你精神焕发"的祝词产生。德薛禅说铁木真"眼中有火，脸上有光"，就是指铁木真精神焕发的意思。随着奇颜文化升华为蒙古文化，奇颜苏力德也升华为蒙古人的苏力德。苏力德之所以既是共同的，又是个人的，其根本原因是由它精神文化性质所决定的。在蒙古文化的发展过程中，苏力德以既是共同的，又是个人的有机统一来展现，就是它最突出的特征。这也是蒙古人民族觉悟高的一个重要原因。如果不了解这一点，蒙古人很难正确认识自己，甚至会出现差错。如果外来民族了解了蒙古苏力德的这个特征，也就真正认识蒙古人了。第三，德薛禅（薛禅，蒙古语聪慧，又作神箭手）的确是个名符其实的聪慧之人。他一方面神化奇颜苏力德，信奉其无限能量，以白海青抓着太阳落在他臂上来做象征。众所周知，萨满教是当时在蒙古地区广为流行的宗教，而且它的神灵就是太阳。如此大的神灵落在德薛禅臂上，是什么好兆头？神化苏力德，也许是当时的普遍现象，可是，白海青抓着太阳落在他臂上，一定是德薛禅的独创。这不是预示着将来的可汗要做他的女婿吗？另一方面，把奇颜苏力德拟人化，把铁木真象征为苏力德的化身，以此表达把苏力德约孙和象征苏力德的精神文化加以人格化的愿望。这应该是从信仰观和政治观的统一上宣传铁木真的最有力且最有影响、最深刻而最生动的苏力德教育。

三、诃额伦兀真所悟到的苏力德约孙

遵循前人可汗提名接班人后，通过"也可额耶"或"忽里勒台"推戴可汗的规矩，继合不勒汗之后，俺巴孩、忽图剌先后继位。但是，忽图剌汗逝世之前尚未来得及提名其接班人。所以，他的堂弟也速该巴特尔统领全蒙古。也速该巴特尔继承俺巴孩汗、忽图剌汗遗志，对塔塔儿进行征战，战胜了塔塔儿部的帖木真·兀格、豁里·不花。但是，后来中了塔塔儿部的奸计，中毒身亡。也速该巴特尔去世以后，奇颜部落进入了最为复杂、最为艰难的时期。

也速该奇颜被害，不仅仅是诃额伦兀真母子一家的不幸，而且也成了支撑全体蒙古的奇颜部落的灾难，使他们面临分裂和衰落。这看起来似乎是偶然，其实是缘于蒙古地区多年来文化历史状况的必然。也就是说，从部落联盟的汗国转向以地域为基础的国家,必然要经过复杂的社会斗争。此时斗争的主要焦点和社会发展的重点问题,是奇颜部落继续在部落联盟中发挥主导作用,恢复合不勒汗的全体蒙古,还是另外一个别的部落来完成这一历史使命？泰亦赤兀惕氏的塔儿忽台·乞邻勒秃黑等趁也速该巴特尔被害死之机,勾结俺巴孩汗的两个夫人斡儿伯、莎合台等,撇弃诃额伦兀真母子,企图替代奇颜掌握统领其他部落的权力,要当全体蒙古的可汗。其关键问题是举什么旗,走什么路的问题。

蒙古历史关键时刻,"生来贤能"(《蒙古秘史》第 74 节)的诃额伦兀真继承祖先的优秀传统,打着"奇颜苏力德"(纛旗),选择了一条自力更生之路,经过多年不折不挠的英勇斗争,终于取得了伟大胜利。《蒙古秘史》第 72 ~ 75 节里这样写道:

两个合敦(即俺巴孩两个夫人——译者注)又说:"(搬走时)设法把他们母子们撇在营地,不要把他们带去。"

从第二天起,泰亦赤兀惕氏的塔儿忽台·乞邻勒秃黑、脱朵延·吉儿帖等泰亦赤兀惕人,顺着斡难河启动了,把诃额伦兀真母子们撇下搬走了。晃豁塔歹氏的察勒合老人上前劝阻时,脱朵延·吉儿帖说:

"深水已经干枯了,
明石已经破碎了。"

说完,便搬走了。还对察勒合老人说:"你凭什么来劝阻!"就从背后用枪刺中了老人的脊肉。

察勒合老人受伤后,回到家里痛苦地躺着,铁木真前来看望。那时,晃豁塔歹氏的察勒合老人说:"你慈父聚集起来的我们的众百姓,都要被领着搬走时,我上前劝阻,竟被他们刺伤了。"于是,铁木真就哭着出来了。

诃额伦兀真亲自上马,打着纛旗,劝阻住了一部分百姓。但是,那些被劝阻回来的百姓,还是没有安定下来,又跟在泰亦赤兀惕氏人的后边迁走了。

泰亦赤兀惕氏人把诃额伦兀真孤儿寡母撇弃在营地里,搬走了。

诃额伦兀真生来是贤能的妇人，

养育了幼小的孩子们。

固姑①梳得紧凑，

穿短衣，紧系带，

奔跑在斡难河畔，

采拾杜梨、稠梨，

日夜辛劳为糊口。

生来有胆识的兀真母亲，

养育了有福分的孩子们。

拿起削尖的杉木橛，

奔跑在斡难河畔，

挖掘地榆根、狗舌草，

日夜辛劳为糊口，

养育孩子们成长。

母亲兀真以野韭、山葱养育的儿子们，

终将成为可汗。

耐心的兀真母亲，

用山丹根养育的儿子们，

终将成为英明的统帅。

美丽的兀真，

以野韭、山葱养育的，

强悍的儿子们，

成了有规范的大器，

成了敢于争斗的好汉。

他们商议：

"咱们要奉养母亲！"

他们坐在母亲般的斡难河畔，

---

①固姑：指固姑帽，蒙古妇女戴的帽子，又作罟罟等。

制备了钓钩，

去钓残疾的鱼。

用针烘弯成钩，

去钓细鳞鱼和鲹鲦鱼。

结套绳，做成拦河网，

捞取小鱼，

奉养着慈惠的母亲。

　　这里值得注意的是，第一，晃豁塔歹氏的察勒合老人对铁木真所说的"你慈父聚集起来的我们的众百姓，都要被领着搬走时，我上前劝阻，竟被他们刺伤了"，反映了这次斗争由于它的政治性质所决定，到了流血的程度，而证明挑起这次斗争的是泰亦赤兀惕氏人。第二，诃额伦兀真亲自上马，打着纛旗，劝阻住了一部分百姓。这是必须引起高度重视的关键性问题，因为，晃豁塔歹氏的察勒合老人，是成吉思汗的堂叔，在奇颜部落算是德高望重的长者。可是，他的劝阻都不奏效，反而差点被刺死。在这种情况下，诃额伦兀真亲自上马，打着纛旗，用苏力德（纛旗）的权威，把那些百姓劝阻回来，同时宣布：奇颜苏力德仍在铁木真家里这一事实。如果当时奇颜苏力德尚未到崇拜物的程度，《蒙古秘史》里怎么会浓墨重彩地写诃额伦兀真亲自上马，打着纛旗的情节呢？第三，《蒙古秘史》里说诃额伦兀真是"生来是贤能的妇人""生来有胆识的兀真母亲""耐心的兀真母亲"，这是确切而高度的评价。概括起来说，铁木真一生的整个政治活动，正是从诃额伦母亲亲自上马，打着纛旗开始的，也正是从此开始一步一步地沿着自力更生，自强不息的道路，从胜利走向新的胜利。

　　总而言之，诃额伦兀真在历史发展的关键时刻，用自己实际行动创造性地继承和发展文化优秀传统，在为子女和整个社会做出典范的同时，从思想、智慧方面真正推崇了奇颜苏力德。这是在关键时刻，抓住关键问题，真正信奉蒙古文化生命线的巨大功劳。如果没有诃额伦兀真和德薛禅具有权威性、说服力强的关于苏力德信仰的教育，不会对铁木真的成长和以后的事业产生如此大的影响，铁木真成吉思汗1204年4月16日的苏力德祭奠也许不会受到如此高度的重视。

四、札木合所理解的苏力德

札木合,是以"薛禅"(聪慧)著称的"坤都 抹儿秃"(意为大名头的人,有身份的人)①历史人物。他怀有当全体蒙古的可汗的野心,最终被成吉思汗所打败。可是,他所总结的被打败的原因的论述既深刻又很准确,尤其是他从成吉思汗的角度总结的几条既细致又有条理(见《蒙古秘史》第201节)。比如,他说"安答有贤明的母亲"。这里把诃额伦兀真的教诲和以身作则的作用,作为成吉思汗取得胜利的首要因素或前提。这个评价是准确的。诃额伦兀真在政治斗争的第一步举起纛旗,绝不是简单的事情。这是她凭借多年的实践,创造性地继承和发展了奇颜文化"刚毅、勇敢、大无畏"的优秀传统。其次,札木合把铁木真的"生来英豪",作为铁木真取得胜利的主要原因,也是有道理的。说成吉思汗"生来英豪",既符合奇颜文化发展规律和本质,又符合成吉思汗整个实践。无论是一个人或一个国家民族,只有自力更生,艰苦奋斗,是唯一正确的选择。如果丢弃了这一条,再有什么好的条件,也一事无成。再其次,札木合说成吉思汗"你有多才的弟弟们"和"豪强的那可儿(安答、朋友)",认识到成吉思汗广交朋友的优势,说明札木合的"薛禅"称号名不虚传。成吉思汗关于"众人可畏,深水可殆"(《蒙古秘史》第277节)的教诲,是成吉思汗政治观和哲学观的惊人统一,也是他成就伟业、威震世界的关键原因所在。最后,札木合以"因而被应天而生的安答制胜"来做总结。如果"贤明的母亲""多才的弟弟们"和"豪强的那可儿(安答、朋友)"的基本信仰观,守故土的政治观没有统一在苏力德信仰上,怎么能够打败人数比自己多,实力比自己强的札木合呢?苏力德信仰如同其他信仰一样有着激励人、凝聚人和指导人的作用。因此,它的能量是无限的。

五、成吉思汗崇尚苏力德约孙,使其扎根于蒙古人心中

纵览从奇颜名称到奇颜苏力德的几千年的光辉历史,特别是从孛儿帖赤那、豁埃马阑勒到也速该巴特尔的二十几代的英雄历史,人们信仰思维和众多

---

①满昌解释为"坤都 抹儿太"汉语音译。额尔登泰、乌云达赉的《蒙古秘史》校勘本中译为"他又是大名头的人";阿尔达扎布的《新译集注〈蒙古秘史〉》第381页中译为"对他这样大有来历的人"。——译者

信仰，比如，自然崇拜、祖先崇拜、图腾崇拜、萨满教直至佛教、基督教、伊斯兰教、天主教都曾在蒙古地区共存。其中，苏力德信仰在本质上属于世俗信仰范畴，以人们主张靠自己的能力、精神、智慧来改善自己的生活而形成自己的特征。也就是说，一般信仰，是人们为了改造世界的方法而存在，而苏力德信仰是由古代蒙古人掌握自己命运而创立的信仰思维来形成。由于德薛禅、诃额伦兀真以这样的思维崇尚苏力德信仰，所以，如此有力地影响了铁木真，使他经过多年的艰苦卓绝斗争和深思熟虑，最终以军事斗争最高统帅的身份，于1204年4月16日对乃蛮发动具有决定意义的征战的动员大会上祭过苏力德，于1206年在斡难河畔建立大蒙古国，出任可汗时立起了九斿白旗。这是第一个作为大蒙古国崇拜物而立起的苏力德。由此，苏力德信仰成为整个蒙古人的正统信仰而传承至今。这是在苏力德信仰历史上的时代的最高峰。这一方面宣布奇颜苏力德升华为全体蒙古的苏力德，另一方面以九斿查干苏力德、哈日苏力德、阿拉格苏力德的主体为象征，推崇苏力德理念，将独立的苏力德信仰崭新体系奉献给人类文化宝库。因此，如果把九斿白旗与蒙古人的崇拜理念割裂开来，只理解为如今人们所说的国旗，那将是不全面的，甚至有违原意，给人以误解。如果它只是有国旗、国徽的意义，那么，随着大蒙古国的消亡，它也会退出历史舞台。然而，蒙古人的苏力德信仰多年来未曾中断，即使是进入当今时代，它仍然作为伊金苏力德激励着人们齐心协力、团结合作，引领人们把蒙古族文化推向繁荣昌盛的大道上。

　　成吉思汗以苏力德信仰为指导，崇尚人们信仰观和智慧，注重人们的行动和实践。他说过：

　　　　　"向着高山的山麓走，
　　　　　向着大海的渡口去；
　　　　　不要惧怕路途遥远，
　　　　　坚持走就能抵达；
　　　　　不要畏惧担子沉重，
　　　　　只要扛就能举起。
　　　　　吃肉的牙长在嘴里，

吃人的牙长在心里。

身强者可胜独夫,

智强者可胜众敌。"

成吉思汗的形象思维和艺术联想令人赞叹。在这里用"山麓"和"渡口"来比喻客观规律,用"不要惧怕"来比喻胆识,以"走""举"来比喻人们的实践,用"吃人的牙"和"智强"来表达"理论智慧"和睿智的无限力量。这就是苏力德约孙的具有时代特征的完整体系。成吉思汗如此出色地运用形象思维和艺术联想,以苏力德理念为核心,塑造查干苏力德形象,将苏力德约孙发展到历史新水平。

成吉思汗创造性地继承祖先的约孙,树立九斿白旗,将苏力德信仰纳入国家约孙。在大蒙古国玉玺上刻有"敬之""畏之"字样,就是一个证明。所以,如果把这种信服之象征与其信仰精神割裂开来,或者仅仅理解为国家的徽旗,就不符合成吉思汗信仰观,更不符合九斿白旗的理念和形象或者形状。这是对于苏力德认知上容易出现的错误理解。这是由于忽略了苏力德约孙的信仰性质,仅仅把它理解为国家徽旗的习惯所致。对于苏力德约孙方面还有一个错误理解是,一说到苏力德,只指苏力德实物,而忽略苏力德理念。苏力德理念是既清楚又准确的。在坚持它主要内容的基础上,体现这个理念的样式、形状,可以是灵活的,比如,哈日苏力德、查干苏力德、阿拉格苏力德等等。再比如,嘿毛日或嘿毛日祭祀、敖包祭祀,实际上都属于苏力德信仰范畴。我们再拿九斿白旗的具体形状来举例,九斿白旗也和其他颜色、形状的苏力德一样,是立体的苏力德。立体,不是个简单的事情,这与蒙古文化的"尼鲁温蒙古"传统和蒙古人思维特点,有着直接关系。以立体形状有别于其他民族的旗帜,立体的苏力德犹如站立的人一样,这与苏力德理念的人的本质力量的象征或人的意气、威风、力量、毅力体现的意思是相辅相成的。他们创立蒙古文字,实际上也坚持了立体的原则,仿效犹如站立的人的形状。成吉思汗九斿白旗的构造或具体形状的有一个特点是表现力量。关于苏力德顶部的三叉矛头形状,学者们有的说是代表弓箭,有的说是火焰,还有的说是举起双手的人的上身云云。苏力德上、中、下三个部位的圆形,在罗布桑丹津《黄金史》中解释为"额耶额布"(和谐和睦)的力量,即三叉矛头的火焰状是圆形的,三叉矛头下端的"查儿"(圆盘)是圆形的,圆盘沿边固定的缨穗是圆形的。再往下看,九斿缨穗犹如蒙古袍的下摆,也是圆形的,从上而下垂直下来,犹如倾泻而下的瀑布势不可挡也。只有掌握蒙古传统的形象思维和艺术联想的特点,才能深刻感悟到这些。

　　总而言之,苏力德约孙是遵循古代蒙古人视自己力量或勇敢是不可限量的,无可阻挡的原始认识的轨迹,一方面把自己区别于人世之外某一神灵是主宰人的"主"的宗教观,另一方面又不同于上帝启迪人的心灵,形成一种特殊的理念来指挥人的"伊金(主)"观,而是将自己本质力量、精神文化作为人的真正的主人。蒙古人这种觉悟,我们认为是苏力德约孙的中心内容。按照苏力德约孙,自己当自己的主人,做到"胸中有胆识""百折不挠""意气风发的英雄""智谋双全""精神焕发,兴高采烈",这是蒙古人最高境界的幸福观和价值观,是继续提升自己人格和素质的约孙,也是民间所说的"信仰疑问相伴成其为人,志气胆识相伴成就英雄"之理。成吉思汗天才地深悟、牢牢地掌握这个道理,形成苏力德信仰体系,为世界文化发展做出了贡献。

关于查干苏力德

九斿白旗(蒙古语叫查干苏力德),是成吉思汗的伟大发明。圣祖成吉思汗创造性地继承和崇尚古代"奇颜苏力德",将查干苏力德定为大蒙古国徽旗。至此,神圣的三个苏力德 —— 哈日苏力德(黑苏力德,又作黑纛)、查干苏力德(白苏力德,又作白纛)、阿拉格苏力德(花苏力德,又作花纛),成为蒙古人发明的苏力德理念的载体、化身或苏力德信仰的象征。提到查干苏力德,必须要说说《蒙古汗国九斿白旗祭祀经文》(以下简称《经文》)、《蒙古汗国九斿白旗桑》(以下简称《桑》)、《蒙古汗国九斿白旗桑祭祀》(以下简称《祭祀》)等。本文简要谈一下相关问题。

《经文》突出特点之一,根据圣祖成吉思汗创立大蒙古国九斿白旗之前的蒙古文化历史情况,记述了有关苏力德的原始说法。这对于了解苏力德概念的形成、发展和内涵提供了具体依据。比如,"神灵"(蒙古语读音 soo jali)是苏力德概念的原始提法。蒙古人原先把旗和苏力德相提并论,所以,《经文》中说:"立起九斿白旗。"这里所说的"从上九十九天而下""神灵的起源"[1],就是指在"奇颜苏力德时期"萨满教很盛行。

《经文》一方面指出九斿白旗是"圣祖铁木真创立",清楚地表明九斿白旗具有"国威"[2]"国主"[3]"全体之可汗"[4]之深远意义,是蒙古人思想的主心骨。圣祖成吉思汗创造性地继承和发扬"奇颜苏力德"之传统,将九斿白旗奉为"冠顶之主"[5]"博格达查干苏力德"[6]。这在蒙古文化历史上是件大事。另一方面,

---

①《蒙古汗国九斿白旗祭祀经文》(新注解的《成吉思汗金册》),内蒙古文化出版社 2000 年版,第 231、232、442 页。

②同上。

③同上。

④同上。

⑤同上。

⑥同上。

这也反映了成吉思汗深谋远虑,高瞻远瞩,体现了成吉思汗思想的高境界。

查干苏力德信仰,作为具有世俗信仰独特特点的经典标志,在千百年的历史长河中与蒙古人一起战胜种种艰难险阻,保持了旺盛的生命力,今天已经迈上历史发展的新阶段。

《经文》另一个突出特点是,清楚地表明圣祖成吉思汗创立查干苏力德,不是随心所欲创立的,而是"奉长生天之命创立"①,"奉高高的苍天之命创立"②。蒙古族传统文化的理解中,"长生天"③,不是宗教信仰中的抽象神化的天,而是指自然界的蓝天。《经文》里所说的"主""博格达",只是对成吉思汗和苏力德而说的,因为苏力德文化从不承认宗教中所说的所谓创造和主宰人类的"神"或"天"。这在《祭祀经文》里表达得非常清楚:

"赐予幸福吉祥,

去除邪恶吧!

赐予长命百岁,

赐予年年幸福!

赐给我们安答朋友,

赐给我们福禄!"④

《祭祀经文》结尾有句话:"祝愿无灾无难,长命百岁。"⑤古代蒙古文化中"ju"和"mur",都是指规律的意思相近的两个字。因此,不能把苏力德的所谓"神力"的作用与"无灾无难之道"和"平安无事之道"割裂开来加以神化。

《桑》的主要特点是,借用佛教经书的语言表述查干苏力德和圣祖成吉思汗真正是全体蒙古人的"主、偶像、守护神"⑥。苏力德信仰作为世俗信仰的经典

---

①《蒙古汗国九斿白旗祭祀经文》(新注解的《成吉思汗金册》),内蒙古文化出版社 2000 年版,第231、232、442 页。

②同上。

③同上。

④同上。

⑤同上。

⑥额尔和斯钦:"关于九斿白旗的探讨",载《传统文化》2007 年 1~2 期。

标志,一方面并不承认所谓主宰人类、主宰世间一切的抽象神化了的天的存在,另一方面认为人的真正主人是作为人的本质及其载体的苏力德。

《祭祀》中明文记载"无灾无难""平安无事"不是件简单的事情。它反映了苏力德文化的内涵中理性认识已经有了明确的位置,苏力德信仰的世俗信仰性质正自觉地沿着科学信仰的轨道行进。

总之,苏力德不同于灵魂,不是抽象化地制造的陌生的宗教概念,而是蒙古人在长期的劳动实践中总结陶冶情操,提高素质的经验教训而得来的成果。奇颜姓氏的来源,"奇颜苏力德"的神力和圣祖成吉思汗创立的九斿白旗,是带给蒙古人"平安之道""福禄之源"的人的本质的载体和化身。如此理解苏力德,是蒙古人正确认识,准确把握人的本质,坚持依靠自己力量,改进自己的关键所在。

一、查干苏力德是苏力德的最典型形态

查干苏力德信仰是苏力德信仰的最集中体现,所以其内涵非常丰富、非常深刻,普遍性也最明显。成吉思汗创造性地继承其祖先的约孙,于1206年建立大蒙古国时,把奇颜部落的苏力德奉为徽旗。从此,神圣的三个苏力德,即哈日苏力德、查干苏力德、阿拉格苏力德成为蒙古人统一的苏力德文化的象征,开始形成苏力德信仰,以其强大的生命力扬名天下,如今迈入新世纪门槛,跨上了新的发展阶段。神圣的三个苏力德的形状虽然各式各样,但是它所包含的基本理念就是统一的苏力德概念。就像宗教信仰中的神一样,苏力德是蒙古人的崇拜物。无论是九足、九尾、九斿等称呼,写法不同,或哈日(黑)、查干(白)、阿拉格(花)等颜色不同,但都是体现统一的苏力德信仰。这也许是蒙古人基于游牧经济而形成的世俗信仰性质所决定的,采取灵活多样的形式。比如在《蒙古祭祀》中根据民间传说,说哈日苏力德是"军旗"①,《哈日苏力德桑》一书中说它是"震慑黑心恶人者"②,《十善福白史册》中说"黑大纛是震慑别人的象征"③,由此可

---

① 《蒙古汗国九斿白旗祭祀经文》(新注解的《成吉思汗金册》),内蒙古文化出版社2000年版,第252页。

② 阿尔宾巴雅尔、S·纳尔松:《鄂尔多斯蒙古祭祀祭奠》,内蒙古文化出版社2005年版,第19页。

③ 留金锁:《十善福白史册》,内蒙古人民出版社1981年版,第85页。

以清楚地了解哈日苏力德的产生及留传下来的历史文化根据。

阿拉格苏力德虽然不像哈日苏力德、查干苏力德那样广为普及，但在《蒙古秘史》中清楚地记载着"哈剌苏力德、阿拉格苏力德在你们那里"，说明阿拉格苏力德是英雄的忙古特的胜利的旗帜。这一点当然不能忽略。特别是，哈撒尔阿拉格苏力德及其祭祀留传至今。要特别注意在《阿拉格苏力德桑》中清楚地记载着"圣祖成吉思汗的阿拉格苏力德"。所以，作为苏力德理念的象征，阿拉格苏力德和哈日苏力德、查干苏力德并没有本质的区别。在一些学者的论文中也把成吉思汗手下的一员大将哲别指挥战争所用的花纛称之为哲别的"阿拉格苏力德"。所以说，阿拉格苏力德是传统的神圣三个苏力德之一。学者认为，它是把黑公马和白公马的鬃毛掺在一起做的旗穗儿，黑白掺在一起自然就变成花颜色，所以就叫"阿拉格苏力德"。那么，为什么把黑白掺在一起？有什么原因？也许考虑行军打仗时携带方便，把黑穗儿、白穗儿掺在一起。但是，查干苏力德、哈日苏力德，还是苏力德最基本的两个样式。

要说苏力德的黑白两种颜色，首先应该了解蒙古人传统文化思维中关于白颜色的解读。学者们一般都认为，蒙古人有崇尚白颜色的传统，所以，称每年的首月（正月）为"查干萨日"，称蒙古文七个原音为"查干陶拉盖"，称最高的礼节为献"查干哈达格"（白颜色的哈达），称国旗为"九斿白旗"。但蒙古族到底为什么崇尚白颜色？这方面深入研究和宣传普及尚不够。这其中虽然有多方面的原因，但是既懂得自己民族语言文字，又了解民族历史文化的高级知识分子们没有从民族文化发展的高度去发挥应有的作用，是它的根本原因所在。"查干"（白颜色）就是力量，这个解读在蒙古族历史上由来已久。正如古代蒙古人崇尚英雄，崇尚力量，称自己为奇颜（山崖上跌落而下的瀑布）一样，近代思想家、文学大师尹湛纳希把查干（白颜色）和巴特尔（英雄）两个字并用赞颂成吉思汗："你是腾格里克族无敌的巴特尔，你是查干雅苏坦人至高无上的巴特尔。"①这样文化思维的表达在当代文学作品中屡见不鲜，如"吸吮着蒙古母亲查干苏（白色的乳汁）长大的男子汉，何须惧怕流淌巴特尔（英雄）鲜红的血"。②

①尹湛纳希：《青史演义》（蒙古文版），内蒙古人民出版社1981年版，第649页。译文引自尹湛纳希：《青史演义》，黑勒、丁师浩译，内蒙古人民出版社2010年版，第343页。——译者
②高中《语文》课本（第一册），内蒙古教育出版社1982年版，第99页。

以此理念激发蒙古人发扬英雄主义传统。总之,查干苏力德、哈日苏力德、阿拉格苏力德等具体的苏力德,是苏力德理念的载体和化身,是蒙古人关于力量,特别是对自身力量的原始理解的诠释。

二、蒙古文化中为什么崇尚白颜色

前面说过蒙古族崇尚白颜色的普遍性。那么,蒙古族崇尚白颜色到底到了什么程度? 自从 1206 年成吉思汗创建大蒙古国,把九斿白旗定为国旗以来,白颜色就被蒙古人奉为国旗、嘿毛日(禄马风旗)苏力德的颜色而流传下来。《蒙古秘史》第 61~66 节中德薛禅对也速该讲起他的梦,说:"也速该亲家呀,昨夜我做了个梦。梦见一只白海青抓着日月落在我的手上。白海青落在我的手上,不知此梦是什么吉兆? 原来是你奇颜的神灵来预告我的哟。"这里所说的"查干"(白),不只是指白海青的白颜色,日月发出的白光,而是指奇颜部落神奇的查干苏力德(白纛)。由此,我们起码可以感悟以下几点:一是,很显然,当时奇颜部已经有了自己神奇的查干苏力德;二是,此苏力德已经有了理念和具体形状的体现。故"白海青落在我的手上",是指苏力德理念和苏力德的具体形状,如,从白海青的白颜色和日月白色光芒的统一上神化了苏力德。这里白颜色便是奇颜苏力德。这在反映古代蒙古人是如何崇尚白颜色的同时,又预示了与此后所记述的查干苏力德之间的关系。换言之,把苏力德的颜色定为白色,与蒙古人把白颜色理解为力量有直接关系,即蒙古人视白颜色为原色、吉祥颜色而崇尚之。

据《蒙古秘史》的记载,"长生天的力气",是最大、最神奇、最值得"敬之""畏之"的力量。这里包括日月无可阻挡的灿烂的白光、从山崖跌落而下的瀑布(奇颜)和雷鸣电闪的白光等自然界的力量。因为古代蒙古人无限崇尚这些力量,所以,在他们心目中开始形成天的力量、力气、气力这样的概念和理念。古代蒙古人以奇颜不可阻挡的力量比喻自己"刚毅、勇敢、大无畏",实际上就是古代蒙古人以天的气力的理念,"借长生天的气力",希望自己具有无比强大的力量的结果。然而,值得指出的是,他们并没有把天的气力加以神化。所以,出现

"借长生天气力,以可汗的苏力德"①的说法,表明把自然界的力量和自己力量的统一作为人的信仰的尝试走上了具有自己特色的崭新之路。因为,所谓可汗的苏力德,显然不是只指成吉思汗一个人的苏力德。

总之,从茫茫宇宙中日月的灿烂的白光到日常生活当中的燧石打出的白色火苗,都给了人类以力量。这就是他们为什么崇尚白颜色的基本原因所在。正如一首歌中唱道的那样"心地善良的蒙古人战胜了无数的困难",如果蒙古人没有崇尚自己力量的情感,怎么能会借天的气力即自然界的力量呢? 不是迷信神的力量,而是从自然界的力量和人自己力量的统一上追求兴旺发达,是蒙古文化永葆青春活力的一个突出特点。

三、查干苏力德结构的基本特征

哈日苏力德、查干苏力德、阿拉格苏力德不但颜色不同,同时由于地域、氏族的不同,查干苏力德具体形状也不尽相同,有所差别,这也很正常。但是,它的基本结构和构造是一样的,并且是固定的。

第一,蒙古苏力德是立体形状的。古代蒙古人非常注重个性,所以创立的畏兀儿斤文字不像其他所有民族文字那样横写的,而是竖写的,同样,蒙古苏力德(旗)也和其他民族和国家的旗子不一样,是立体形状的。这种珍惜自己民族文化特色的文化思维传统是绝不可以忽视的。古代称尼鲁温(也作尼伦)蒙古人,尼鲁温,即腰、腰杆,就是指这些腰杆硬的人。

第二,苏力德结构中突出"独贵"(圆形),以此来象征和凸显合力和精气神。苏力德原本就是基于人的精气神而延伸出来的理念,所以,往往用"面上有光,目中有神"和"有面子,腰杆硬"来形容一个人的精气神。蒙古语祝词中祝福人要有精神,要有正气,常常用"苏力德"这个字。比如,哈日苏力德、查干苏力德、阿拉格苏力德,就是随着人们要有精神,要有正气的愿望相伴而生的。由起初的一个家庭,后发展到一个氏族,一个部落的宴请、聚会、那达慕以及出门远行、应征打仗时树起苏力德预祝好运,最终被奉为国旗。这真是体现了"乡邻同心,乡党②同德"。如果仅仅使用于个人的运气、精气神,那么,哈日苏力德、查干

---

① 道布:《畏兀儿斤蒙古文文献》,民族出版社 1983 年版,第 41 页。
② 乡党:古汉语中乡、乡亲的意思。——译者

苏力德、阿拉格苏力德的具体形状不会如此丰富多彩。

第三,苏力德最重要的特征是白色。额尔和斯钦在《关于〈九斿白旗〉的探讨》这篇精彩的论文中非常生动、非常详细地介绍了查干苏力德的构造:"主苏力德的杆子长度为13尺、半径为五寸剥了皮的笔直的黑松木(图格钦即旗手称其为明该毛都)做成的,其顶端为一尺长度的镀金三叉铁矛,三叉矛头下端是半径约一尺、一寸厚的'查尔'(圆盘),圆盘沿边的白毡块儿和白布中间缝住白公马的鬃毛加以固定。"①由此可见,查干苏力德的立体形状和"独贵"(圆形)象征形状,而三叉铁矛象征火焰,沿边白鬃缨穗象征奔流而下的瀑布(奇颜)。

苏力德是整个蒙古文化的主要组成部分,并且在蒙古文化历史上一直发挥着极其重要的作用。查干苏力德,是苏力德文化的经典载体或化身。它深深地扎根于蒙古文化的沃土里苗壮成长,与宗教的神和灵魂的概念有着本质的区别。蒙古人在以游牧生活为基础的选择营盘,驯化饲养野生动物的自由生活中,以世俗信仰的感悟创立了具有蒙古特色的苏力德信仰。查干苏力德信仰,成为苏力德信仰的最经典形式。其一,宣布了蒙古传统信仰有了自己的化身;其二,有了自己的《桑经》《祈祷》等经文;其三,拥有了像宗教的庙宇、经堂似的具有自己特色的神圣的场所和场地,如"苏力德祭祀大敖包"等,以游牧生活为基础的具有自己特色的苏力德祭祀场地、场所得到普及;其四,打下了具有苏力德信仰特色的世俗信仰教育的基础。

①额尔和斯钦:"关于〈九斿白旗〉的探讨",载《传统文化》2007年1～2期。

关于"众人可畏，深水可殆"

　　窝阔台可汗按古代蒙古之约孙，"以古训为本，以祖训为据"，继承教育子弟和属民的传统，根据当时的情况，严词训诫道："听说在出征的途中，凡有屁股者，一无幸免地被你鞭挞了屁股，使军人的威严受到了挫折。你以为那些斡鲁速惕百姓畏怯了你的盛怒，就降服了吗？你以为你独自征服了斡鲁速惕百姓，自居而骄傲，就敢于与兄长作对吗？在我父亲成吉思汗圣旨里，不是曾经说'（人）多使（人）怕，（水）深教（人）死'么？你以为你独自征服了敌人，其实你是在速别额台和不者克两个人的遮护下，靠众人群力，才征服了斡鲁速惕、乞卜察兀惕的。你只是掳得一二个斡鲁速惕、乞卜察兀惕人，连一个山羊羔子的蹄子还未置得，就充好汉！你首次出征，好像是甚么都独自能完成似的，惹起是非来了！"（见《蒙古秘史》第277节）

　　需要说明的是，此段里的"人多使人怕，水深教人死"，就是"众人可畏，深水可殆"的另一种译法。这句话，是成吉思汗诸多条圣旨、箴言中最具有典型性的经典。它既是成吉思汗成就大业的最准确最深刻的总结，又是成吉思汗政治观、哲学观的集中体现。

一、成吉思汗提出的"众人可畏，深水可殆"，是在理论和实践上具有深远意义的开创性约孙

　　蒙古人具有崇尚英雄的传统，特别是对个人英雄形象尤为喜爱，创作出了很多英雄史诗。这既是蒙古文化优秀传统的一个重要内容，也是其突出特点。可想而知，所有这些肯定会对成吉思汗的思想、行为甚至是事业潜移默化地产生影响。

　　著名蒙古学学者符拉吉米尔佐夫（俄）在《成吉思汗传》中引用《史集》《元史》中的一段话，写道："有一天，又有尊贵的伯剌诺颜向他（成吉思汗）提问：'都说你是英明果敢、所向无敌的英雄，有什么兆头能够证明你的这种行为？'

（成吉思汗）回答道：'在我登上汗位之前，有一次单人独马走在征途上，迎面有六个敌人阻住我的去路，想害我。我没有迟疑，毫不犹豫地冲向他们。箭矢如雨点般射来，从身边飞过，可是没有一支射中我。我将他们统统砍杀掉，成功地突出了重围。当我回来再次经过这里时，六具尸体还躺在那里，他们的坐骑分散在附近，因为抓不到，我将它们赶回来了。如果说有什么兆头，仅此而已。'"根据这段记载，符拉吉米尔佐夫得出这样的结论："'奉长生天之命，我来治理万民'，这就是'具有天才的野人'的哲学。"符拉吉米尔佐夫的解释中，把它理解为成吉思汗的哲学，这虽然很准确，但是，仅仅认为奉天之命，是个人英雄主义，这就不符合成吉思汗的实际情况了。所以，他的话岂能成为完美的科学论断乎！

　　成吉思汗单人独马路遇六个敌人，一没有策马逃遁，二没有低头求饶，而是凭着自己本质力量和勇敢精神，和他们针锋相对，坚决斗争，终于战胜了敌人。成吉思汗对那位尊贵的诺颜的回答，正好突出了他的传统的勇敢精神和英勇形象。从《蒙古秘史》中反复出现的同类例子看，显然成吉思汗对这个问题有着清楚而准确，深刻而全面的科学认识。换句话说，成吉思汗认识到自己之所以"所向无敌"，建立大蒙古国，登上汗位，是人民大众英勇斗争的结果。比如，成吉思汗在历述孛斡儿出、木华黎等功臣的功绩时说："孛斡儿出、木华黎二人，对正当的事，赞助了我；不对的事，劝阻了我，才使我坐在这个高位上。"（《蒙古秘史》第205节），同时，也嘉奖宿卫和散班的功劳，说"是你们使我就此高位。"（《蒙古秘史》第230节）。这些对于准确解读成吉思汗与那位尊贵的伯剌诺颜之间的问答提供了有力的依据。换言之，那也许是成吉思汗针对伯剌诺颜当时的实际故意说的。（原文为病句）

　　实际上，这个故事是"天才的蒙古人"的哲学。因为，蒙古文化是蒙古人生存的基本象征或基本特征。蒙古文化也和其他文化一样，是人们自我掌控、自我创立、自我发展的方法。蒙古文化的深邃内涵，是蒙古人的哲学。蒙古人的哲学在这方面却有非常鲜明的特点。成吉思汗从小耳濡目染，深刻感悟和真正领会这个哲学，不但没有惧怕劫去他八匹淡黄色骟马的"强盗"，把那些淡黄色骟马赶了回来，而且也不曾惧怕人数比自己多且实力强的泰兀赤兀惕，由此走上以少胜多的创业路，终于成就大业。这是蒙古文化英雄传统的胜利。故事里针对伯剌诺颜的提问的回答，虽然突出个人英雄主义的色彩较为明显，但如果从成吉思汗的伟业和思想系统观察，从个人英雄主义和集体英雄主义的统一上超越了传统的个人英雄主义，创立了符合时代潮流的新的英雄主义。这是历史事实，又是符合逻辑的内容。成吉思汗正是从历史与逻辑的统一上深刻领会并创造性地发展了蒙古文化英雄传统，创立了"众人可畏，深水可殆"理念。这其中，一方面通过"身强者可胜独夫，智强者可胜众敌"来突出"智慧之英雄"；另一方面，突出"众人之道""众人之力"，建立了独具特色的"众人可畏，深水可殆"的集体主义思想体系。认识到众人的力量，能够发挥集体的勇敢精神，是成吉思汗的睿智。这和蒙古族谚语，即"宇宙之理，众人之道"相辅相成，从哲学高度非常生动、非常简要地表达了"众人之力""众人之道""众人利益"之基本原则的深远意义。依传统蒙古文化的观点，人是知道该惧怕什么，该信服什么的高智商动物。成吉思汗深悟众人之力，信服众人之道，崇尚众人之利益，况且也深刻了解自己，能够把个人英雄主义传统与集体英雄主义有机地结合在一起，因而创立了独具特色的崭新的英雄主义约孙，把蒙古文化发展推向新的阶段。这就是"众人可畏，深水可殆"之约孙也。窝阔台可汗自然会把这个约孙理解为人民大众的力量和约孙，以此来教育、训诫其子孙们。《蒙古秘史》清楚地把它记录了下来。这句谚语也许古来有之。从窝阔台可汗引用这句谚语来看，成吉思汗显然早已深悟这句谚语之意，特别是掌权以后，一方面针对那些文武大臣及子弟们内部不团结，出现"多头蛇"现象；另一方面针对他们居功自傲，忽视甚至欺压百姓的现象，常常用"众人可畏，深水可殆"的道理教育、警示他们。

二、"众人可畏，深水可殆"约孙的基本内涵

1. 要弄清"众人可畏，深水可殆"约孙，必须准确理解"众"之概念。《蒙古秘史》第 277 节，窝阔台可汗引用"众人可畏"，这个"众"，很明显是指"军民"，即被征服的国家及民族的"民众"。这句话各种版本译法不尽相同。原汉译为"多教怕，深教死"，如果译为"众人可畏，深水可殆"（本书采用此译法），更为贴切。要掌握"众"的概念，不可忽视或忽略民众。就是说，这里所说的"众"，首先是指"民众"。如果离开了这个意思，只是抽象地说"多"，将会冲淡其政治方向或性质。成吉思汗讲过的"多头蛇"的多，也不是"多"吗？

2. 要弄清"众人可畏，深水可殆"约孙，必须准确理解怕（可畏）、死（可殆）

的意思。依传统蒙古文化的观点,人是从惧怕和敬畏的统一上寻找生存之路的高智商动物。"巴彦(牲畜多的富人)扛不住一场大灾,巴特尔(英雄好汉)抵不住一支箭矢"这句谚语,一方面反映人与自然的关系,说明生产力尚未很好地发展;另一方面从人与人的角度说明社会化程度尚不高,反映人的生命之脆弱、可怜。在这种情况下,人的生命状态,是人人所面临的紧迫而重要的问题。成吉思汗毕生的奋斗目标,就是针对社会的实际情况,在运用政权的权威、威望,用"众人可畏"的力量,建立"也可额耶"制度的大蒙古国,治理社会的同时,在他创立的大蒙古国的玉玺上刻上"借长生天之气力,大蒙古国汗圣旨所到之处臣民敬之,畏之"的字样。以此说明,政权不仅仅有让人"畏之"的力量,也有让人"敬之"的力量。因为,政权也是众人之力、众人之理和众人之利益的成果和代表。也就是说,新建立起来的大蒙古国文武大臣,如果狂妄自大,居功自傲,忽略了众人之力,违背了众人之道,那么,他必然会威望扫地,最终将成为孤家寡人。成吉思汗警示、训诫他们不要忽略民众,这是成吉思汗的智慧,又是爱护。成吉思汗生前他的下属团队、集体基本没有出现分裂和腐败,也没有背离"众人之道"的事情发生。这是成吉思汗民众观的胜利。

一个国家政权的君臣以及大大小小的官员,如果不依靠民众,甚至欺压百姓,背离"众人之道",就会引起众怒,面临"众人可畏",最终必然要导致灭亡。所以,成吉思汗把大蒙古国政权职能融入"札撒""必力克"系统,以"哈日""查干"苏力德为象征来治理社会,进一步繁荣发展传统的蒙古文化,使之提高到历史新阶段。这是成吉思汗从政权与"众人"的统一上警示"众人可畏"的有力佐证。因此,我们认为,"众人可畏,深水可殆"是成吉思汗政治观(政权建设观)的集中体现。概言之,成吉思汗将个人英雄主义转变为集体英雄主义时分两步走:第一步提倡要当部族的英雄;第二步鼓励和提倡适应时代之要求,以国家利益为核心的英雄主义。成吉思汗说过:"在千万个人之中,知约孙者为上也。"这是由成吉思汗众人主义时代性所决定的说法。我们必须从成吉思汗整个思想系统去深刻理解他的众人主义思想的哲学性。

3. 要弄清"众人可畏,深水可殆"约孙,必须重视相关专家对这个问题的解读。

C·达姆丁苏荣(蒙古)解释为"人多力量大,水深危险大";D·策仁索德诺姆(蒙古)解释为"多则怕,深则死";札奇斯钦解释为"(人)多则(人)怕,(水)

深则（人）死"；道润梯步解释为"人多则让人怕，水深则溺人死"；满昌解释为"众人可畏，深水可殆"。这些译法、说法或解释，各有各的依据，各有各的特色。如果说，著名学者Ｃ·达姆丁苏荣主要从文化的角度解释这句话的基本含义，那么，札奇斯钦、道润梯步等为让人们准确领会这句话的主要意思，对原文做了意译。这样做，也许在用词方面或完整地表达其深远的含义方面略欠火候。著名学者巴雅尔采用原文音译"奥兰 阿由古力 古讷 乌忽古力"，突出了原来的读音，内涵更加深刻，更加生动了。

　　真正掌握"众人可畏，深水可殆"的关键在于准确认识其在成吉思汗思想系统中所占的地位和作用。蒙古文化突出特点之一，就是崇尚力量。成吉思汗把是否重视"众人"或"众人之力"同政权的生死存亡联系起来，充分体现了成吉思汗思想认识的高度。崇尚民主，是蒙古文化的又一个显著特点。成吉思汗实施"也可额耶"民主制度，教育人们"额耶布赫（团结牢固）可战胜敌人"，是对"众人可畏"约孙的进一步丰富和发展。"额耶"者智慧也。众人之力在于团结，敬畏之力也在于团结。"众人可畏，深水可殆"约孙创造性地继承发扬了传统蒙古文化，崇尚民众的力量。它是成吉思汗整个思想的核心内容，对他思想系统的形成发挥着主导性作用。简言之，具备正确的民众观，是那些伟大的政治家的共同特点。"众人可畏，深水可殆"约孙之内涵，就是成吉思汗民众观，它集中体现了成吉思汗政治观和哲学观。在此附带说明的是，成吉思汗众人观这个提法，是为了有别于马克思主义的群众观，同时为了接近于古代蒙古人"宇宙之理，众人之道"的提法。众人观的哲学性，直接源于人的社会性。

三、"众人可畏，深水可殆"，是成吉思汗哲学观的集中体现

　　依蒙古文化传统观，人是用敬之、畏之的统一来改善生活的高智商动物。这其中关键理念就是力量。这被称之为"宇宙之理，众人之道"也。这是不以人们的意志为转移的"力"或"智力"。成吉思汗提出"众人可畏，深水可殆"，正是以古代蒙古文化传统为基础，一方面要求每一个人牢记"伊和约孙""莫里约孙"，争当"坤都 抹儿秃""有心劲"的英雄，遵循"身强者可胜独夫，智强者可胜众敌"之古训；另一方面激励人们推崇"众人之力"，明白敬之、畏之的统一及哈

日、查干苏力德的精神,加强内部团结互助,弘扬英雄民族的优秀传统,立于世界先进民族之林。所以说,"众人可畏,深水可殆",是众人之力、众人之道及众人利益的综合之理。这个综合之理,当然既是政治,又是哲学。

要掌握"众人可畏,深水可殆",必须要从"约孙""札撒"和"额耶"理念的有机结合着手。成吉思汗说:"凡是一个民族,子不尊父教,弟弟不聆兄言,夫不信妻贞,妻不顺夫意,公公不赞许儿媳,儿媳不尊敬公公,长者不保护幼者,幼者不接受长者的教训,大人物信用奴仆,而疏远周围亲信以外的人,富人者不救济国内人民,轻视习惯和法令,不通情达理以致成为当国者之敌;这样的民族,窃贼、撒谎者、敌人和各种骗子将遮住他们营地上的太阳,这也就是说,他们将遭到抢劫,他们的马和马群得不到安宁,他们(出征)打先锋所骑的马筋疲力尽,以致倒毙、腐朽,化为乌有。"

成吉思汗所说的"凡是一个民族",当然是指当时在成吉思汗领导下的,聚居于蒙古高原的、遵循"约孙""札撒""额耶"的新蒙古。蒙古人如果忽视"约孙"和"札撒",不懂得"额耶额布",莫说发挥众人之力,连自己的生存都保不住,甚至"他们营地上的太阳也被遮住",最终导致衰亡。

成吉思汗把"众人可畏,深水可殆"约孙与他的"约孙""札撒"及"也可额耶"理念紧密地结合起来,在建立蒙古社会治理思想体系的基础上,着重提出"凡是一个民族"、一个团队的领袖和领导的重要性。这方面,伊朗志费尼有详细的描述:"他(成吉思汗)习以为常地敦促着去巩固诸子、诸兄弟之间的和睦大厦,增强他们之间的友爱基础;并且时时不间断地在他的诸子、诸弟、族人的心胸中撒下团结的种子,在他们的脑海里绘出同舟共济的图画。而且,他拿譬喻去加牢那座大厦,充实那些基础。有天,他把儿子们召来,从箭袋里抽出一支箭,折为两段。接着,他抽出两支箭,也折为两段。他越加越多,最后箭多到大力士都折不断了。然后,他对儿子们说:'你们也这样。一支脆弱的箭,当它成倍地增加,得到别的箭的支援,哪怕大力士也折不断它,对它束手无策。因此,只有你们弟兄相互帮助,彼此坚决支援,你们的敌人再强大,也战不胜你们。但是,如果你们当中没有一个领袖,让其余的弟兄、儿子、朋友和同伴服其决策,听其指挥,那么,你们的情况又会像多头蛇那样了。一个夜晚,天气酷寒,几个头为了御寒,都想躲进洞里去。但一个头进去,别的头就反对它;这样,它们全冻死了。另外一条只有一个头和多条长尾巴的蛇,它爬进洞里,给尾巴和肢体找好安顿之地,从而抗住严寒而获全。'他举了许多这样的譬喻,想让他们在思想中坚信他的告诫。故此,他们后来始终遵守这个原则。"①由此可见,面对"众人可畏",必须内部"相互帮助,彼此坚决支援",要有领袖,并且要"服其决策,听其指挥",不然就像多头蛇一样,全部完蛋。概括来说,成吉思汗"众人可畏,深水可殆"约孙,从力量(奇颜)和额耶坦(也可额耶)的有机统一的角度表明了他的众人观。所以说,成吉思汗众人观,是他哲学观的集中体现。

综上所述:一、六个敌人被一个人打败的例子,一方面说明他们虽然人多,但他们背离"约孙",胆敢侵扰奇颜英雄;另一方面成吉思汗以少胜多,宣扬"智强者可胜众敌"。其实是宣扬政权约孙或大蒙古国约孙。二、成吉思汗举例"凡是一个民族"的兴衰,指出任何一个团体生存兴衰的关键,在于"三个治理"(约孙、札撒、额耶)的原则,指出:如果忽略或丢弃了"三个治理","众人"团队必然会四分五裂。三、以"多头蛇故事"为例,告诉人们,"众人"如果没有领袖和总管,仍然不能发挥"众人"之作用。因此,必须全面、准确领会和掌握"众人可畏,深水可殆"约孙(道理)。四、"众人可畏,深水可殆"约孙,一方面表明这是成吉思汗从小到大、由弱到强的根本原因,另一方面表明这是成吉思汗整个思想体系的核心。如果不能够全面领会"众人可畏,深水可殆"之道理,岂能够正确认识成吉思汗呢?

---

① [伊朗]志费尼:《世界征服史》(汉文版),内蒙古人民出版社1980年版,第44~45页。——译者

参 考 书 目

一、蒙古文文献部分

[1]巴雅尔.蒙古秘史(三卷)[M].呼和浩特:内蒙古人民出版社,1980.

[2]贡布扎布.恒河之流[M].乔吉,校注.呼和浩特:内蒙古人民出版社,1980.

[3]留金锁.黄金史纲[M].呼和浩特:内蒙古人民出版社,1980.

[4]答尔玛.金轮千辐[M].乔吉,校注.呼和浩特:内蒙古人民出版社,1987.

[5]华努德·S·巴特尔.蒙古思想史[M].呼和浩特:内蒙古人民出版社,2002.

[6]内蒙古蒙古语言文学历史研究所.二十一卷本词典[M].呼和浩特:内蒙古
人民出版社,1977.

[7]仁钦道尔吉、东如布扎木苏.纳仁汗传[M].北京:民族出版社,1981.

[8]中国民间文学集成内蒙古分卷编委会.蒙古民歌集成(1~2)[M].海拉尔:
内蒙古文化出版社,1993.

[9]罗布桑却丹.蒙古族风俗鉴[M].哈·丹碧扎拉桑,校注.呼和浩特:内蒙古
人民出版社,1981.

[10]道布.畏兀儿斤蒙古文文献[M].北京:民族出版社,1983.

[11]S·纳尔松.鄂尔多斯风俗[M].呼和浩特:内蒙古人民出版社,1989.

[12]孛儿只斤·额尔敦宝鲁德等.成吉思汗金书[M].海拉尔:内蒙古文化出版
社,2000.

[13][蒙古]Q·珠格德尔.蒙古封建社会——政治、哲学情感[M].乌仁其木
格,转写,呼和浩特:内蒙古教育出版社,1994.

［14］［韩］金正洛.千年历史人物［M］.北京：民族出版社，2003.

［15］尹湛纳希.青史演义（3卷）［M］.呼和浩特：内蒙古人民出版社，1979.

［16］额尔登泰、阿尔达扎布.《蒙古秘史》还原注释［M］.呼和浩特：内蒙古教育出版社，1986.

［17］C·达姆丁苏荣.蒙古秘史［M］.呼和浩特：内蒙古人民出版社，1957.

［18］C·达姆丁苏荣.蒙古古代文学一百篇［M］.呼和浩特：内蒙古人民出版社，1979.

［19］斯钦朝克图.蒙古语词根词典［M］.呼和浩特：内蒙古人民出版社，1988.

［20］［德］黑格尔.美学［M］.呼和浩特：内蒙古人民出版社，1988.

［21］［瑞典］多桑.多桑蒙古史［M］.阿莎拉图、额尔德穆特古斯，译.呼和浩特：内蒙古人民出版社，1988.

［22］松迪.蒙初达（MONGQOOD）［M］.海拉尔：内蒙古文化出版社，1998.

［23］［蒙古］D·策仁索德诺姆.《蒙古秘史》译注［M］.北京：民族出版社，1993.

［24］泰赤·满昌.新译注释《蒙古秘史》［M］.呼和浩特：内蒙古人民出版社，1985.

［25］罗布桑丹津.黄金史［M］.乔吉，校注.呼和浩特：内蒙古人民出版社，1999.

［26］［苏联］B·Y·弗拉基米尔佐夫.成吉思汗传［M］.宝音德力格尔，译.呼和浩特：内蒙古人民出版社，1981.

［27］赛熙亚乐.成吉思汗（上、下）［M］.呼和浩特：内蒙古人民出版社，1987.

［28］彭大雅.黑鞑事略［M］.孟和吉雅，译.哈尔滨：黑龙江人民出版社，1979.

［29］格·孟和.成吉思汗思想研究［M］.沈阳：辽宁民族出版社，1997.

［30］阿巴拉嘎孜巴特尔汗.蒙古诸汗源流［M］.策仁道尔吉，译.海拉尔：内蒙古文化出版社，1999.

［31］［伊朗］志费尼.世界征服者史［M］.阿拉坦巴根，译.呼和浩特：内蒙古人民出版社，1988.

［32］余大均.一代天骄成吉思汗——传记与研究［M］.呼和浩特：内蒙古人民出版社，2002.

［33］赵珙.蒙鞑备录［M］.孟和吉雅，译.哈尔滨：黑龙江人民出版社，1979.

［34］留金锁.十三～十七世纪蒙古史记［M］.呼和浩特：内蒙古人民出版社，

1980.

[35][蒙古]D·贡格尔.喀尔喀传(上、下)[M].包金刚、呼日乐巴特尔,转写,呼和浩特:内蒙古教育出版社,1990.

[36]道·德力格尔仓.成吉思汗智慧之光[M].海拉尔:内蒙古文化出版社,1993.

[37][蒙古]高陶布·成吉思汗箴言集[M].额尔敦苏布达,转写,呼和浩特:远方出版社,2005.

[38]江川.蒙汉合璧成吉思汗箴言书法作品集[M].海拉尔:内蒙古文化出版社,1994.

[39][意]普兰·卡尔宾、威廉·鲁布鲁克.蒙古游记[M].格尔乐朝格图,译.呼和浩特:内蒙古教育出版社,1983.

[40]那·布和哈达.乌珠穆沁民间传说、歌曲[M].呼和浩特:内蒙古人民出版社,2005.

[41]那·浩拉达诺日布.九斿查干苏力德祭奠[M].呼和浩特:内蒙古人民出版社,2006.

[42]内蒙古社科院《蒙古族哲学和社会思想史历史文献选编》编委会.蒙古族哲学和社会思想史历史文献选编[M].呼和浩特:内蒙古教育出版社,1988.

[43][美]杰克·威泽弗德.成吉思汗与今日世界之形成[M].乌兰巴托,2005.

[44]达林泰.蒙古军事研究[M].呼和浩特:内蒙古人民出版社,1993.

[45]那仁敖其尔.奇颜必力克[M].呼和浩特:内蒙古教育出版社,1994.

二、汉文文献部分

[1]韩儒林.穹庐集[M].石家庄:河北教育出版社,2000.

[2]巴拉吉尼玛.千年风云第一人:世界名人眼中的成吉思汗[M].北京:民族出版社,2003.

[3]道润梯布.新译简注《蒙古秘史》[M].呼和浩特:内蒙古人民出版社,1991.

[4]额尔登泰、乌云达赉.《蒙古秘史》校勘本[M].呼和浩特:内蒙古人民出版社,1980.

［5］元史［M］.北京：中华书局，1976.

［6］扎奇斯钦.《蒙古秘史》新译并集注［M］.台北，1979.

［7］阿尔达扎布.新译集注《蒙古秘史》［M］.呼和浩特：内蒙古大学出版社，2005.

［8］［波斯］拉施特.史集［M］.余大均、周建奇，译.北京：商务印书馆，1983.

［9］［法］勒内·格鲁塞.成吉思汗［M］.北京：国际文化出版公司，2002.

［10］朱耀廷.成吉思汗传［M］.北京：人民出版社，2004.

［11］泰勒.原始文化［M］.南宁：广西师范大学出版社，2005.

［12］草原文化研究(1)［M］.呼和浩特：内蒙古人民出版社，2005.

［13］奇格.古代蒙古法制史［M］.沈阳：辽宁民族出版社，1999.

［14］那仁敖其尔.领导智慧［M］.呼和浩特：内蒙古人民出版社，2006.